DICCIONARIO
DE COMPORTAMIENTOS
LA TRILOGÍA

Tomo 2

Coordinación
de la serie Martha Alles
Gabriela Scalamandré

Diseño de tapa
Juan Pablo Olivieri

MARTHA ALICIA ALLES

DICCIONARIO
DE COMPORTAMIENTOS
LA TRILOGÍA
Tomo 2

1500 comportamientos relacionados
con las competencias mas utilizadas
en Gestión por competencias

GRANICA

ARGENTINA - ESPAÑA - MÉXICO - CHILE - URUGUAY

© 2009, 2011, 2012, 2015 *by* Ediciones Granica S.A.
© 2009, 2011, 2012, 2015 *by* Martha Alles S.A.
noviembre 2015, 2ª edición

ARGENTINA
Ediciones Granica S.A.
Lavalle 1634 - 3° G / C1048AAN Buenos Aires, Argentina
Tel.: +54(11) 4374-1456 Fax: +54(11) 4373-0669
granica.ar@granicaeditor.com
atencionaempresas@granicaeditor.com

MÉXICO
Ediciones Granica México S.A. de C.V.
Valle de Bravo N° 21 El Mirador Naucalpan Edo. de Méx.
53050 Estado de México - México
Tel.: +5255-5360-1010 Fax: +5255-5360-1100
granica.mx@granicaeditor.com

URUGUAY
Ediciones Granica S.A.
Scoseria 2639 Bis
11300 Montevideo, Uruguay
Tel: +59 (82) 712 4857 / +59 (82) 712 4858
granica.uy@granicaeditor.com

CHILE
granica.cl@granicaeditor.com
Tel.: +56 2 8107455

ESPAÑA
granica.es@granicaeditor.com
Tel.: +34 (93) 635 4120

www.granicaeditor.com

GRANICA es una marca registrada

ISBN 978-950-641-874-8

Hecho el depósito que marca la ley 11.723

Impreso en Argentina. *Printed in Argentina*

Alles, Martha Alicia
    Diccionario de comportamientos: 1500 comportamientos relacionados
con las competencias mas utilizadas en gestión por competencias /
Martha Alicia Alles. - 2a ed. - Ciudad Autónoma de Buenos Aires:
Granica, 2015.
    336 p. ; 23 x 17 cm. - (Trilogía; 2).

    ISBN 978-950-641-874-8

    1. Recursos Humanos. I. Título.
    CDD 658.3

Índice

Introducción
Diccionario de comportamientos.
La Trilogía. Tomo 2

Un *diccionario de comportamientos* siempre está relacionado con un *diccionario de competencias.* Por lo tanto, el primer diccionario de comportamientos que fue publicado estaba relacionado tanto con la primera como con la segunda edición de *Gestión por competencias. El Diccionario.*

En aquella oportunidad, ambos trabajos fueron elaborados con el propósito de presentar al lector una gama muy amplia de definiciones y opciones de competencias, y los comportamientos relacionados con ellas. Incluso fueron incluidas varias definiciones de una misma competencia, y diversas competencias de escasa difusión, que completaban un panorama amplio de posibilidades. A la luz de la experiencia de todos estos años, con cientos de modelos llevados a la práctica, se ha preparado una nueva versión de ambas obras, presentando al lector un nuevo enfoque y libros preparados *desde cero,* es decir, totalmente renovados y diferentes de sus antecesores.

Para estas obras se han elegido las competencias más utilizadas en este momento, preferidas por las empresas para alcanzar sus estrategias organizacionales de cara al futuro, analizando y pensando cómo deberían ser los integrantes de cada una de ellas para alcanzar metas y objetivos a diez años, a veinte años…

Como se expresara en la Introducción de *Diccionario de competencias. La Trilogía. Tomo 1,* un modelo de competencias siempre se piensa y diseña de cara al futuro. El pasado ya transcurrió, por lo tanto las organizaciones deben prepararse para enfrentar el futuro, siendo este incierto, difícil, competitivo, globalizado, entre otras características que hoy se pueden prever de algún modo, más otras aún desconocidas. Ese es el reto a asumir por los especialistas en esta materia y por todos en general: cómo diseñar métodos de trabajo para que todos los integrantes de una organización, en su conjunto, respetando los valores y políticas internos, trabajen mancomunadamente para alcanzar los referidos objetivos.

Este nuevo enfoque dio como resultado una obra cien por ciento diferente a las versiones anteriores.

No es un capricho de autor. Los textos de management, como es el caso de la obra que usted tiene en sus manos, son objetos vivos, que tienen su propia independencia y es obligación de su autor interpretar los cambios, analizarlos, reescribir los textos para brindarlos nuevamente al lector. El libro tendrá nuevas transformaciones y –quizá, no lo sé aún– dentro de unos años surgirá una nueva versión, o también podría ocurrir que sea esta la definitiva.

La Gestión por competencias no es un tema nuevo; en lo personal trabajo con esta metodología desde hace unos veinte años. Sin embargo, entre aquellos años iniciales y hoy, se ha producido un cambio muy profundo, especialmente en la forma de encarar la puesta en la práctica.

Esta nueva versión del *Diccionario de comportamientos* se ha preparado con un doble propósito: presentar nuevos conceptos sumamente requeridos en este momento y, además, ofrecer una selección de las competencias más utilizadas.

Las competencias se presentan en tres grupos:

1. Competencias cardinales

2. Competencias específicas gerenciales

3. Competencias específicas por área

Es importante tener en cuenta que un *diccionario de comportamientos* siempre –sin excepciones– se prepara luego de haber confeccionado un *diccionario de competencias*. De allí la interrelación existente entre las obras de *La Trilogía*.

Cómo utilizar esta obra

Para cada una de las competencias que se exponen en la obra *Diccionario de comportamientos,* se han redactado ejemplos de comportamientos con la siguiente distribución de conceptos:

1. Nombre y definición de la competencia, igual que en la obra principal, *Diccionario de competencias.*

2. Cinco ejemplos de comportamientos para cada uno de los grados de la competencia: A, B, C y D.

3. Cinco ejemplos que reflejan ausencia de la competencia (que hemos denominado grado "no desarrollado").

Por lo tanto, por cada competencia el lector encontrará 25 comportamientos, distribuidos del siguiente modo:

- *Grado A:* 5 ejemplos de comportamientos que representan el grado.

- *Grado B:* 5 ejemplos de comportamientos que representan el grado.

- *Grado C:* 5 ejemplos de comportamientos que representan el grado.

- *Grado D:* 5 ejemplos de comportamientos que representan el grado.

- *No desarrollado:* 5 ejemplos de comportamientos que representan el grado.

La presentación de los comportamientos se realiza siguiendo la estructura del *Diccionario de competencias*. Como ya se explicó, las competencias han sido agrupadas en tres categorías: competencias cardinales, competencias específicas gerenciales y competencias específicas por área.

Sin embargo, cada competencia podría estar en una categoría diferente a aquella en la que se la ubicó, y no necesariamente deben utilizarse con la clasificación aquí expuesta; podrían usarse de otro modo, por ejemplo: *Iniciativa*, que se ha incluido como cardinal, podría ser una específica para un área en particular, y *Dinamismo y energía* podría definirse como una competencia cardinal. Aunque hay que tener en cuenta que, en todos los casos, el *diccionario de comportamientos* se diseña con la misma estructura que el *diccionario de competencias*.

Presentación de la obra

Usted tiene en sus manos una de las obras que integran *La Trilogía*. En esta ocasión nos hemos planteado una nueva versión de las tres obras para adaptarlas a las nuevas realidades; por otro lado, el uso intensivo de la metodología en empresas clientes en todos los países hispanoparlantes nos ha dado una visión regional relevante; nos ha permitido interrelacionarnos con empresas que plantean sus estrategias a 20 años, a 10 años, y esto ha implicado posicionarnos de cara al futuro. El observar la temática relacionada con los recursos humanos desde una nueva perspectiva nos ha permitido proponer otros caminos para que las organizaciones puedan enfrentar posibles situaciones problemáticas con otras herramientas.

Frente a estos retos presentamos una nueva versión de las tres obras, lo que resulta necesario considerando que las mismas están directamente relacionadas entre sí. Los aspectos más relevantes son:

- Selección de las 60 competencias más utilizadas en el siglo XXI −es decir en las nuevas implementaciones y en la revisión de modelos definidos con anterioridad−. En la selección realizada se incluyen conceptos que representan la estrategia a futuro de las organizaciones hispanoparlantes y que, además, reflejan sus necesidades de cambio organizacional.

- Se han incorporado nuevos conceptos, como por ejemplo: *Responsabilidad personal, Compromiso con la rentabilidad* y *Respeto,* entre muchos otros.

- Se han elaborado nuevas definiciones para las competencias publicadas en las primeras ediciones, y se han incorporado otras totalmente nuevas con sus respectivos comportamientos relacionados.

- Nuevos capítulos relacionados con Gestión por competencias:
  - *Las buenas prácticas en Recursos Humanos* (incluye un glosario de términos).
  - *La Trilogía. Los tres diccionarios en Gestión por competencias. Su aplicación práctica.*
  - *Diccionario de Comportamientos. Cómo utilizarlo.*

- Tres anexos que complementan la obra. En el titulado *Cómo tratan la temática de competencias otros autores* se presenta, a modo de estado del arte, a los autores que han tratado la temática, desde diferentes vertientes. En el anexo *Libros de Martha Alles sobre Gestión por competencias* se explica el tratamiento de la temática en las diversas obras de la autora. *Herramientas de la Metodología Martha Alles International para Gestión por competencias* es un apartado en el que se describen las herramientas diseñadas con el propósito de poner en práctica los diferentes aspectos relacionados con Gestión por competencias.

Comportamientos asociados a las 60 competencias más utilizadas en el siglo XXI

Para la confección de esta obra hemos considerado unas competencias como cardinales y otras como específicas; sin embargo, es muy importante destacar que cualquiera de ellas puede ser considerada en una categoría u otra, según se requiera.

Las competencias seleccionadas como ejemplos de cardinales en la preparación de esta obra son:

1. *Adaptabilidad a los cambios del entorno*
2. *Compromiso*
3. *Compromiso con la calidad de trabajo*
4. *Compromiso con la rentabilidad*
5. *Conciencia organizacional*
6. *Ética*
7. *Ética y sencillez*
8. *Flexibilidad y adaptación*
9. *Fortaleza*
10. *Iniciativa*
11. *Innovación y creatividad*
12. *Integridad*
13. *Justicia*
14. *Perseverancia en la consecución de objetivos*

15. *Prudencia*

16. *Respeto*

17. *Responsabilidad personal*

18. *Responsabilidad social*

19. *Sencillez*

20. *Temple*

Las competencias seleccionadas como ejemplos de específicas gerenciales en la preparación de esta obra son:

21. *Conducción de personas*

22. *Dirección de equipos de trabajo*

23. *Empowerment*

24. *Entrenador*

25. *Entrepreneurial*

26. *Liderar con el ejemplo*

27. *Liderazgo*

28. *Liderazgo ejecutivo (capacidad para ser líder de líderes)*

29. *Liderazgo para el cambio*

30. *Visión estratégica*

Las competencias seleccionadas como ejemplos de específicas por área en la preparación de esta obra son:

31. *Adaptabilidad - Flexibilidad*

32. *Calidad y mejora continua*

33. *Capacidad de planificación y organización*

34. *Cierre de acuerdos*

Las definiciones relativas a las competencias que originaron los comportamientos que se presentan en esta obra, en sus distintos grados, las podrá encontrar en *Diccionario de competencias. La Trilogía. Tomo 1*. Las preguntas indicadas para explorar las 60 competencias contempladas, el lector las podrá encontrar en *Diccionario de preguntas. La Trilogía. Tomo 3*.

PARA TODOS LOS LECTORES

Disponible en formato digital un Anexo donde se ha realizado un análisis detallado de libros y subsistemas que complementa las temáticas abordadas en esta obra.

PARA PROFESORES

La *Trilogía* está compuesta por tres obras relacionadas entre sí:

❖ *Diccionario de competencias*

❖ *Diccionario de comportamientos*

❖ *Diccionario de preguntas*

Para una mejor explicación de la aplicación práctica de la *Trilogía* hemos preparado:

➔ Casos prácticos y/o ejercicios para una mejor comprensión de los temas tratados.

➔ Material de apoyo para el dictado de clases.

Los profesores que hayan adoptado esta obra para sus cursos, tanto de grado como de posgrado, pueden solicitar de manera gratuita las obras:

• *Trilogía. CASOS PRÁCTICOS*

• *Trilogía. CLASES*

Únicamente disponibles en formato digital en *www.marthaalles.com*

Las buenas prácticas en Recursos Humanos. Gestión por competencias

Si bien la metodología de Gestión por competencias posee una fuerte base teórica, lo que se expondrá en esta obra está avalado, además, por las buenas prácticas profesionales y el trabajo de campo de nuestra firma consultora.

Durante todos estos años he sido –y sigo siendo– una lectora incansable de la bibliografía técnica disponible sobre competencias. Como complemento de este trabajo, he preparado el Anexo I, *Cómo tratan la temática de competencias otros autores,* en el cual, a modo de estado del arte, se presentan aquellos autores que han tratado el tema, desde diferentes vertientes. Como se podrá apreciar allí, la Gestión por competencias no es una moda, sino un método sólido con muchos años de vigencia que, como es lógico, ha sufrido cambios y transformaciones, para adaptarse a las realidades del contexto, y ha evolucionado –básicamente– en sus detalles y aplicaciones.

Si bien la metodología que se expondrá es la que surge tanto de mis investigaciones y trabajo profesional como de la labor del equipo que conforma nuestra firma, no representa una opinión más de un autor, sino que es el fruto de la experiencia, de ver resultados positivos en empresas y organizaciones a lo largo de toda Latinoamérica.

Por lo tanto, la Gestión por competencias, así como los aspectos más salientes de la metodología que se va a describir a continuación, conforman las buenas prácticas en materia de Recursos Humanos.

La Metodología de Gestión por competencias de Martha Alles International

Nuestra firma consultora ha desarrollado una metodología para la puesta en marcha de modelos de competencias, basada en dos grandes pilares: la teoría preexistente y la experiencia profesional –ya mencionada–

trabajando con este método, el cual ha sufrido algunas transformaciones a través del tiempo. Esto implica haber tenido la oportunidad de realizar un sinnúmero de implantaciones de sistemas de competencias, conocer muchos modelos en organizaciones de todo tipo en países diversos, ajustar modelos diseñados por otros, buscar soluciones a distintos problemas, etcétera.

Conocer muchos modelos diferentes, además de los propios, brinda un panorama muy amplio. La riqueza del conocimiento en materia de competencias se obtiene no sólo por conocer buenos métodos de trabajo, sino también por haber hecho la experiencia con otros que no han sido satisfactorios. Se aprende mucho al observar qué procesos no han dado resultado. Si bien un dicho popular afirma que el hombre es el único animal que tropieza dos veces con la misma piedra, en la actividad profesional tratamos de que esto no ocurra.

Definición de *competencias* para Martha Alles International

En varias partes de la obra el lector encontrará definiciones de algunos términos; además, podrá hallar un *Glosario* al final de este mismo capítulo. La inclusión de las definiciones cumple un doble propósito: clarificar el significado de ciertos términos, para los que no estén familiarizados con ellos, y, al mismo tiempo, fijar nuestra posición respecto de aquellos casos en que puedan existir diversas interpretaciones o corrientes relacionadas con ellos. En consecuencia, estas palabras serán utilizadas a lo largo de toda la obra con el significado que les atribuimos en las correspondientes definiciones.

Existen diferentes acepciones del concepto de *competencia;* en nuestro trabajo se utilizará la que incluimos a continuación.

Competencia. Competencia hace referencia a las características de personalidad, devenidas en comportamientos, que generan un desempeño exitoso en un puesto de trabajo.

Modelo de competencias. Conjunto de procesos relacionados con las personas que integran la organización que tienen como propósito alinearlas en pos de los objetivos organizacionales o empresariales.

Si bien los modelos de management en relación con competencias hacen referencia, en todos los casos, a las denominadas *competencias conductuales,* existen autores y profesionales del área de Recursos Humanos que confunden la temática englobando bajo el nombre de *competencias* tanto a estas como a los conocimientos. Si bien puede decirse que los conocimientos son competencias técnicas y las competencias conductuales son competencias de gestión –en obras anteriores hemos mencionado esta cuestión–, cuando queramos referirnos a conocimientos usaremos sólo este término (conocimientos), a los efectos de no confundir al lector, en especial al que no es un especialista del área, a quien también dirigimos nuestro trabajo.

Conocimiento. Conjunto de saberes ordenados sobre un tema en particular, materia o disciplina.

Modelo de conocimientos. Conjunto de procesos relacionados con las personas que integran la organización que permiten definir los conocimientos necesarios para los diferentes puestos.

Ejemplos de conocimientos y competencias:

Conocimientos	Competencias
Informática (por ejemplo, un software)	Iniciativa - Autonomía
Contabilidad financiera	Orientación al cliente interno y externo
Impuestos	Colaboración
Leyes laborales	Comunicación eficaz
Cálculo matemático	Trabajo en equipo
Idiomas	Liderazgo

Tanto los conocimientos como las competencias son necesarios para realizar cualquier tipo de trabajo. Sin embargo, la relación entre ellos es diferente.

Los conocimientos constituyen la base del desempeño; sin los conocimientos necesarios no será posible llevar adelante el puesto o la tarea asignada. No obstante, el desempeño exitoso se obtiene a partir de poseer las competencias necesarias para dicha función.

Relación entre conocimientos y competencias

Competencias

Conocimientos

Competencias: generan un comportamiento exitoso

Conocimientos: son necesarios y constituyen la base del desempeño

Veamos un ejemplo: si se está realizando una selección, lo más sencillo será evaluar los conocimientos de la persona que se postula, los cuales –por otra parte– suelen ser excluyentes en los procesos de búsqueda; por lo tanto, se sugiere comenzar la evaluación *por lo más fácil de medir y que es, a su vez, excluyente: los conocimientos requeridos*. De este modo los candidatos que posean los conocimientos excluyentes serán evaluados a continuación en sus competencias o características más profundas.

Las competencias difieren según la especialidad y el nivel de los colaboradores dentro de la organización. En ocasiones, una misma competencia, por ejemplo *Liderazgo*, puede ser requerida para jóvenes profesionales y, al mismo tiempo, para los máximos ejecutivos, pero tener diferente importancia (que se indica mediante el *grado requerido*) entre ambos niveles. También podría ocurrir que una competencia sea definida como requerida para niveles iniciales y no incluirse en los niveles de dirección.

Comenzando por el principio

Para la implantación de modelos de competencias existen diversos caminos, algunos ya dejados de lado al ser superados por nuevas tendencias. Si bien, en los primeros tiempos, para la definición de competencias se partía del estudio de ciertos referentes dentro de la organización, esto fue dejado de lado al comprobarse que se transfería a los modelos no sólo las virtudes de estos referentes, sino también algunas características no convenientes. Asimismo, el sentido común indicó otros cambios, tales como la simplificación de las definiciones de modelos, para asegurar su puesta en marcha y posterior vigencia. El lector encontrará en el Anexo I el marco teórico utilizado.

Para definir un modelo de competencias se parte, en todos los casos, de la información estratégica de la organización: su misión y visión, y todo el material disponible en relación con la estrategia. Este punto de partida puede darse en función de la información disponible o bien redefiniendo todos estos aspectos, para asegurarse de que se trabajará con información actualizada.

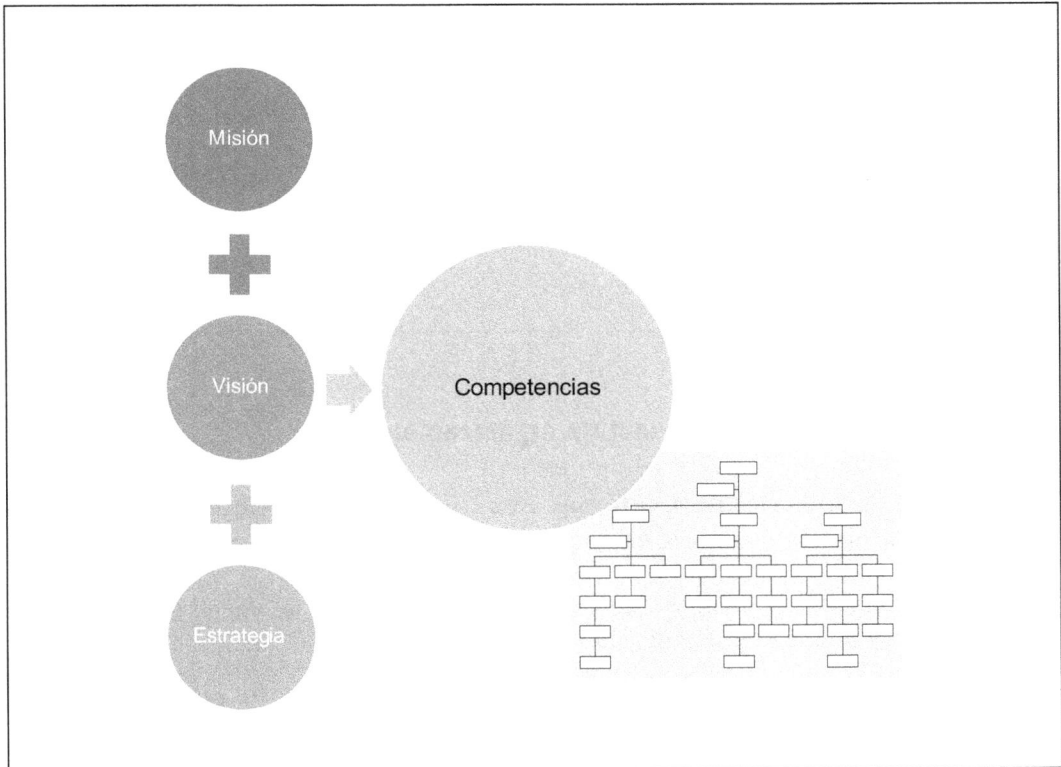

Las competencias se definen en función de la *misión,* la *visión* y la *estrategia* de la organización. Aunque no se defina un modelo de competencias, el mero sentido común indica que para alcanzar los objetivos estratégicos será necesario que las personas que integran la organización, tanto directivos como colaboradores de todos los niveles, posean ciertas características. Estas se denominan *competencias* en la aplicación de esta metodología.

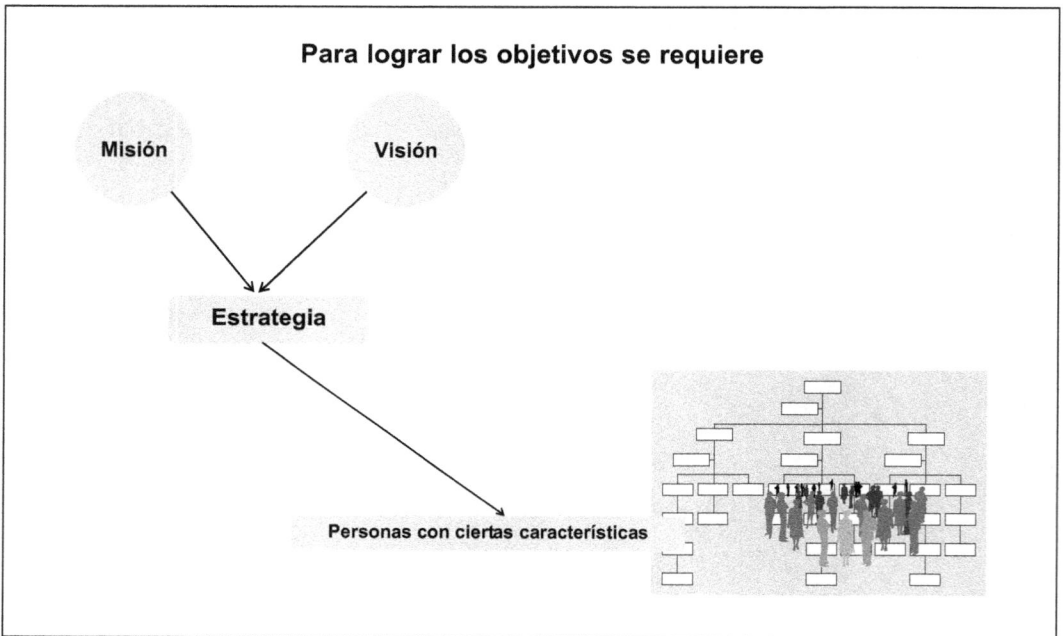

Para lograr los objetivos se requiere

Misión

Visión

Estrategia

Personas con ciertas características

Cómo incorporar valores a la cultura organizacional

Las organizaciones definen, además, sus valores. Estos pueden ser incorporados al modelo de competencias o ser tratados por separado.

Valores. Aquellos principios que representan el sentir de la organización, sus objetivos y prioridades estratégicas.

Modelo de valores. Conjunto de procesos relacionados con las personas que integran la organización que permiten incorporar a los subsistemas de Recursos Humanos los valores organizacionales.

Una de las preocupaciones de muchos directivos de empresas es cómo llevar los valores organizacionales a la práctica, a la gestión.

La clave está en cómo transformar esos valores en herramentales prácticos, para que dejen de ser sólo conceptos a los cuales "se adhiere", y se conviertan, además, en verdaderos indicadores de gestión.

En la sección dedicada a las competencias cardinales el lector encontrará ciertos conceptos que tambíen pueden ser considerados valores, tratados aquí como competencias. Ejemplos: *Ética, Fortaleza, Prudencia, Temple,* sólo por citar algunos.

Si se desea el tratamiento por separado de los valores, implementando para ello un *modelo de valores*, se sugiere operacionalizarlos a través de su incorporación a los subsistemas de Recursos Humanos, en especial a los procesos de Selección, Desempeño y Desarrollo. La idea se expresa en el gráfico siguiente.

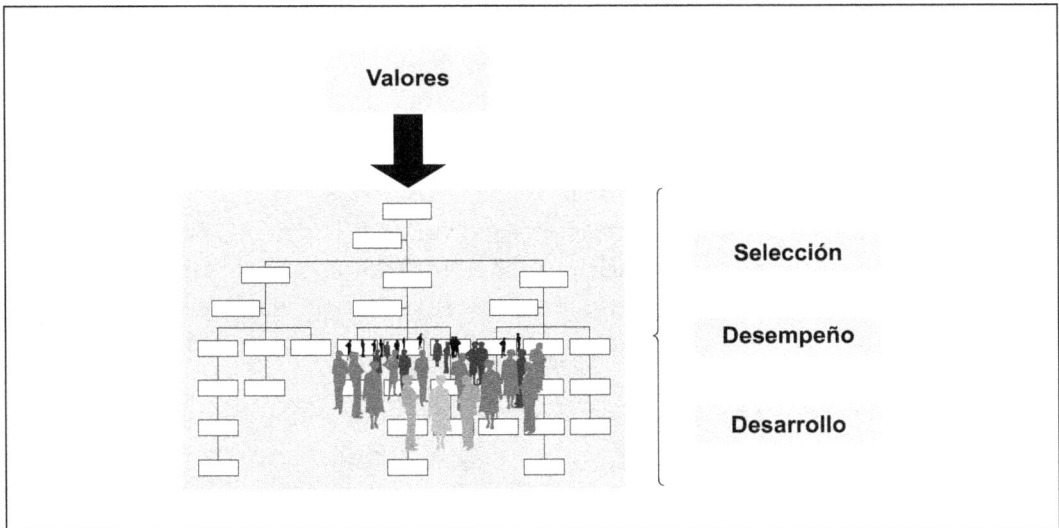

En los últimos años las organizaciones han comenzado a preocuparse por los temas éticos, al menos en una mayor proporción que antes, producto de ciertos escándalos financieros donde quedó en evidencia que los valores personales, tales como la ética y la integridad, no se relacionan sólo con la esfera individual o con la vida privada, sino que, por el contrario, los comportamientos no éticos de un directivo, por ejemplo, pueden provocar la quiebra de la organización en donde se desempeña.

Ahora bien, la mera confección de *códigos de ética,* aunque es necesaria, no resulta suficiente. Definir *Ética* como valor organizacional tampoco lo es. Desde nuestra perspectiva, la ética debe tomar la forma de una competencia, para que las personas sean seleccionadas según comportamientos éticos y, una vez que ya pertenezcan a la organización, sean evaluadas en su desempeño considerando los aspectos éticos como una competencia más. Por último, los planes de desarrollo deben trabajar, también, sobre la ética para reforzar los comportamientos adecuados en las personas.

Como se vio en párrafos anteriores, otra opción es diseñar un *modelo de valores* por separado para lograr que estos lleguen a todos los subsistemas de Recursos Humanos y sean utilizados, realmente, en la práctica organizacional.

El rol de los directivos en la definición del modelo de competencias

Uno de los pasos más importantes es involucrar a los directivos de la organización en la definición del modelo de competencias. Este involucramiento implica participar activamente en la definición de cada competencia y, luego, aprobar los textos donde se plasman las diversas definiciones, en su versión final.

Los directores de la organización, por su experiencia y compenetración en el negocio o actividad, son quienes mejor pueden aportar las ideas básicas para construir el modelo. A partir de estos conceptos será luego el experto quien llevará estas ideas al formato de competencias y, de ese modo, construirá un modelo que no sólo sea aplicable, sino que, por sobre todo, permita alcanzar la mencionada estrategia organizacional.

La participación de los altos ejecutivos es imprescindible en la definición de las competencias cardinales y específicas gerenciales. Luego, para las restantes, será conveniente incluir –además– a los niveles siguientes (por ejemplo, los directores de área y sus segundos niveles).

La Metodología de Martha Alles International

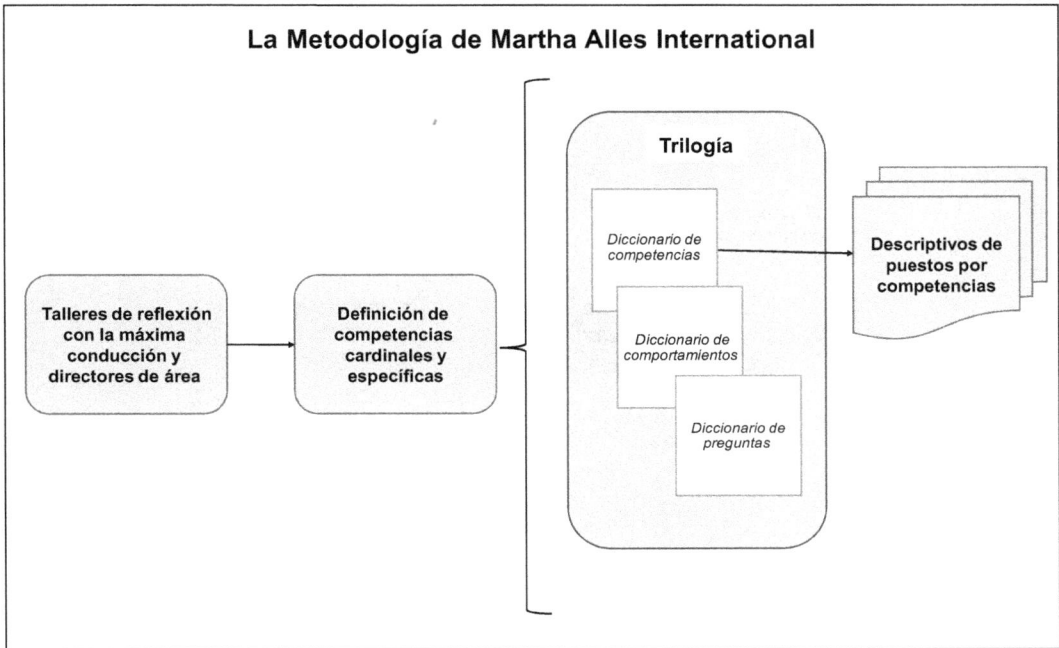

Definiciones

Competencia cardinal. Competencia aplicable a todos los integrantes de la organización. Las competencias cardinales representan su esencia y permiten alcanzar la visión organizacional.

Competencia específica. Competencia aplicable a colectivos específicos, por ejemplo, un área de la organización o un cierto nivel, como el gerencial.

Como se desprende del gráfico siguiente, un modelo de competencias está conformado por diferentes conjuntos de competencias.

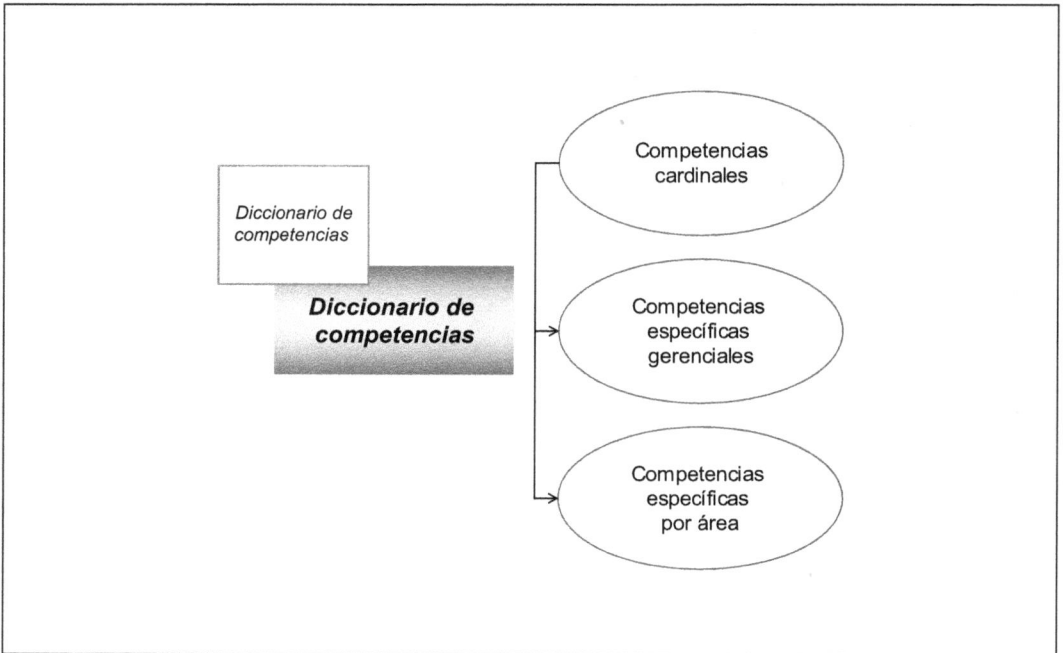

En los párrafos siguientes daremos una breve explicación de cada uno de los grupos que integran el modelo de competencias.

Cómo elegir los diferentes conceptos que conformarán el modelo de competencias

Una vez más, es importante considerar que los modelos se definen a medida de cada organización, por lo cual lo que usted tiene en sus manos es sólo un libro, no un modelo de competencias.

Otros aspectos que deben tenerse en cuenta son la claridad de los conceptos, el correcto uso del idioma y, además, que muchos de ellos se relacionan con otros y en ciertos casos se solapan entre sí. Veamos un ejemplo.

Interrelación de conceptos

Comunicación
eficaz

Liderazgo

Trabajo en
equipo

Aun sin analizar las definiciones de estas tres competencias, es fácil deducir que no será posible trabajar en equipo sin una comunicación eficaz ni se podrá poseer liderazgo sin ella.

Del mismo modo, un líder fomentará el trabajo en equipo y la comunicación eficaz y una persona que posea comunicación eficaz será mejor líder o trabajador en equipo.

En otras definiciones más complejas se da la misma situación, lo que debe analizarse en cada caso, evitando la duplicidad de conceptos dentro de un modelo de competencias.

Las competencias cardinales

Estas competencias hacen referencia a lo principal o fundamental en el ámbito de la organización; usualmente representan valores y ciertas características que diferencian a una organización de otras y reflejan aquello necesario para alcanzar la estrategia. Otros autores les dan otras denominaciones, como *core competences,* generales o corporativas.

Por su naturaleza, las competencias cardinales les serán requeridas a todos los colaboradores que integran la organización.

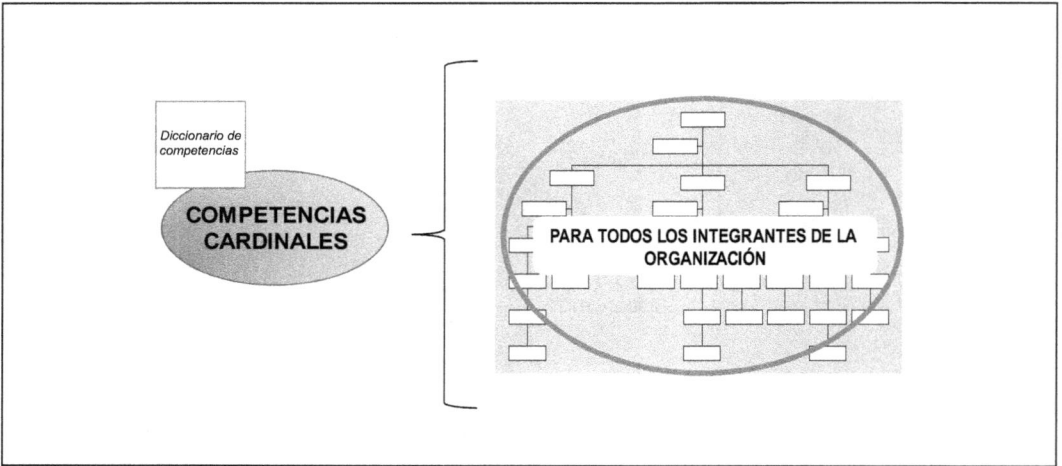

Las competencias específicas gerenciales

Las competencias específicas, como surge de su definición, se relacionan con ciertos colectivos o grupos de personas. En el caso de las específicas gerenciales, se refieren –como su nombre lo indica– a las que son necesarias en todos aquellos que tienen a su cargo a otras personas, es decir, que son jefes de otros.

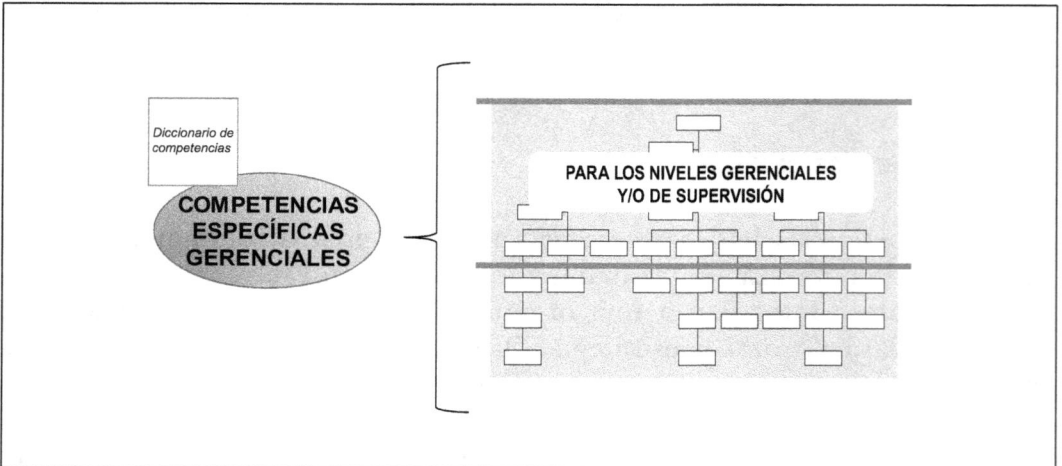

Las competencias específicas por área

Por último, las competencias específicas por área, al igual que las competencias específicas gerenciales, se relacionan con ciertos colectivos o grupos de personas. En este caso se trata –como su nombre lo indica– de aquellas competencias que serán requeridas a los que trabajen en un área en particular, por ejemplo, Producción o Finanzas.

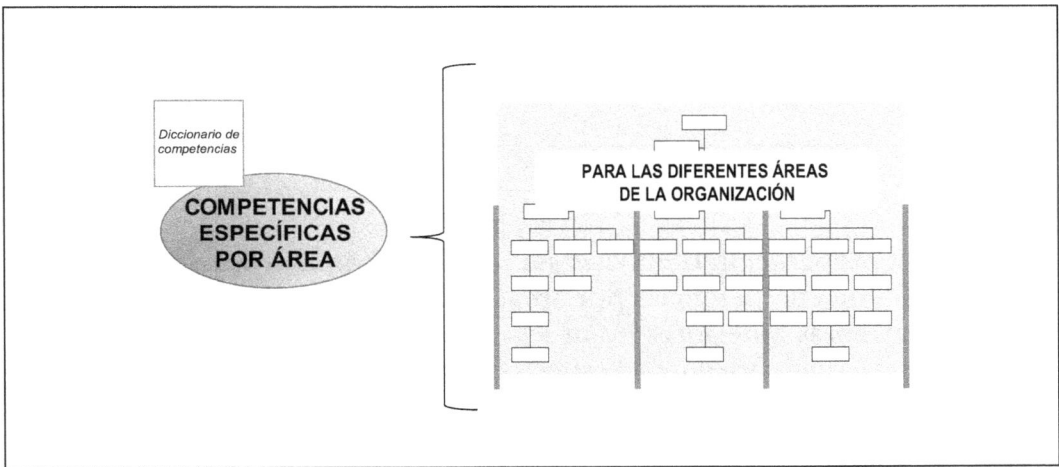

Una vez que se han definido las competencias cardinales, específicas gerenciales y específicas por área, se conforma el *Diccionario de competencias,* y en base a este se procede a realizar el paso siguiente: determinar las competencias y grados necesarios para cada puesto de trabajo.

Definición de competencias específicas por procesos

En algunas organizaciones se diseñan métodos de trabajo por procesos. En el caso de que se lo considere necesario, podría reemplazarse la definición de competencias específicas por área, por la definición de competencias específicas por procesos. La idea se grafica a continuación.

Definición de competencias específicas por procesos

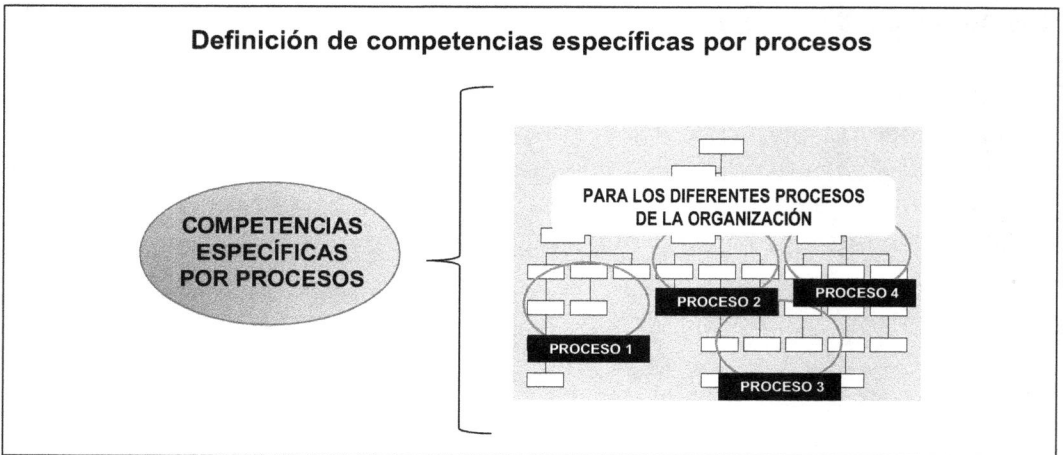

Para la preparación de la *Trilogía* se le ha dado mayor protagonismo a la definición de competencias por área, dado que es la de mayor aplicación práctica. En obras anteriores he utilizado la denominación *familias de puestos* y es quizá la más adecuada respecto de este tema. Estas familias podrán ser definidas por:

- Área.
- Proceso.
- Combinación de área y proceso.
- Etcétera.

En resumen, se deberán buscar aquellas familias de puestos con características similares para, de ese modo, definir las competencias que les serán requeridas de manera conjunta.

Armado del modelo

La etapa inicial para la implantación de un modelo de competencias se compone de los talleres de reflexión con la máxima conducción y la definición de cuáles competencias conformarán el modelo, tal como se ha explicado hasta aquí. Retomando un gráfico que se expuso en páginas anteriores, luego de esta etapa inicial se preparan los diccionarios donde se refleja el modelo: la *Trilogía*.

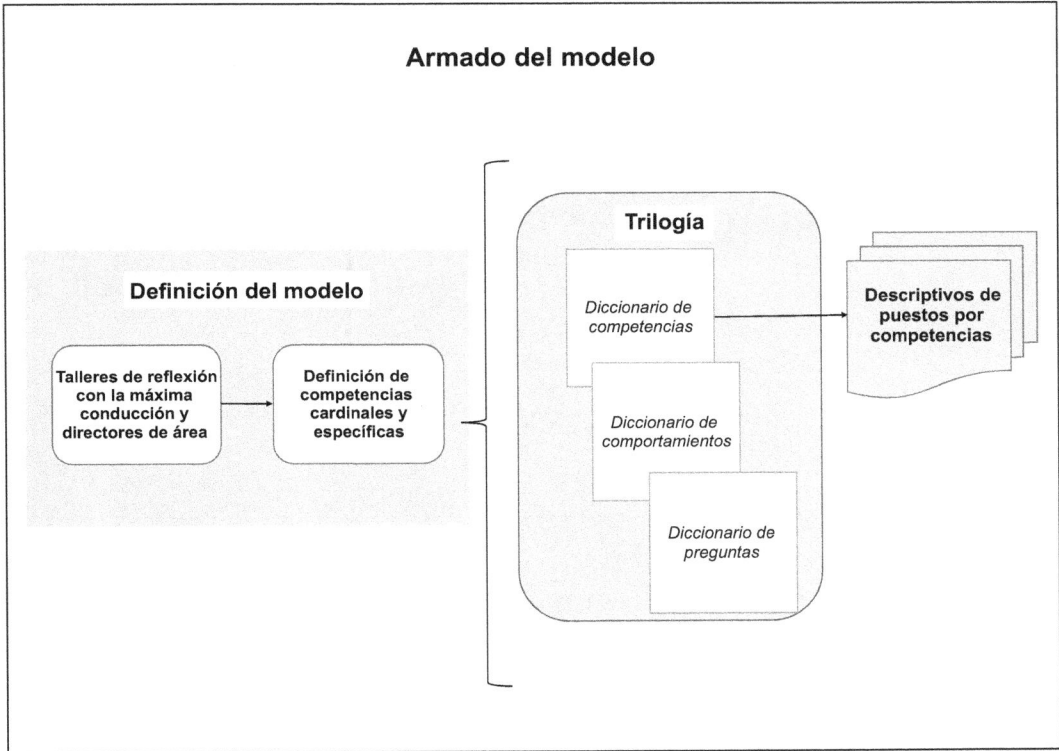

Armado del modelo

Definición del modelo

Talleres de reflexión con la máxima conducción y directores de área → Definición de competencias cardinales y específicas

Trilogía

Diccionario de competencias

Diccionario de comportamientos

Diccionario de preguntas

Descriptivos de puestos por competencias

Es decir, se define el modelo; a continuación se prepara el *Diccionario de competencias;* luego los ejemplos de comportamientos, compilados en un documento que se denomina *Diccionario de comportamientos,* que también es a medida de cada organización.

Para la confección del *Diccionario de competencias,* estas se abren en cuatro grados o niveles. La mencionada apertura se realiza del mismo modo para todas las competencias del modelo. Nuestra sugerencia es emplear una escala de cuatro grados; si se optara por una cantidad de grados diferente, se deberá respetar la coherencia dentro del modelo.

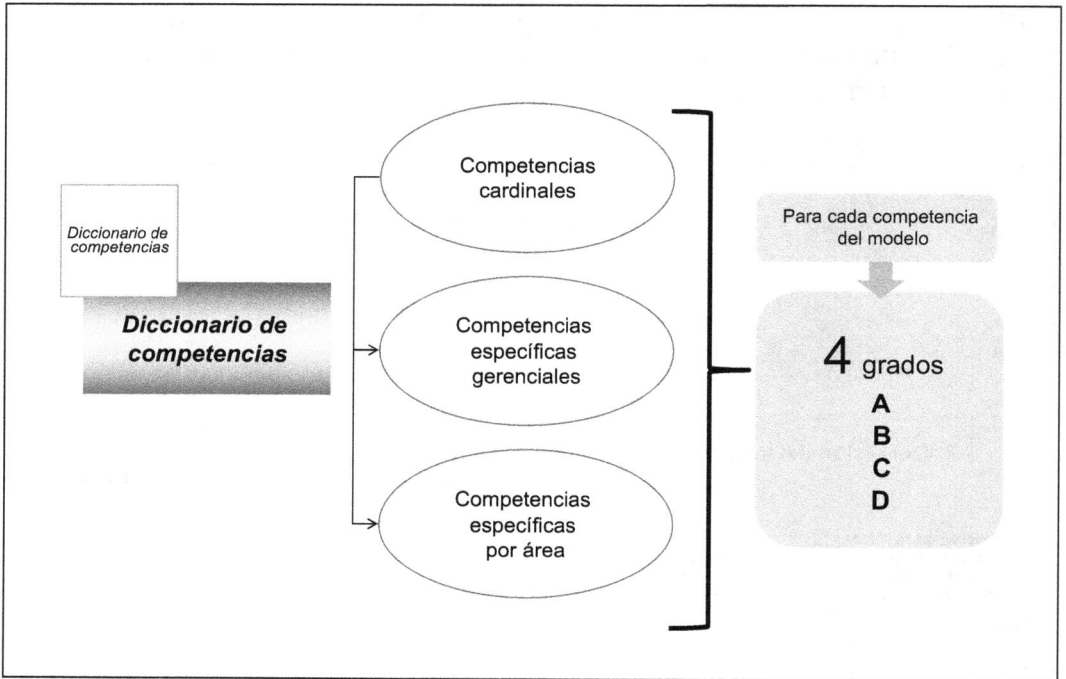

A continuación se expone un ejemplo de una competencia abierta en cuatro grados. Como puede apreciarse, la competencia se presenta con nombre y definición general, así como la definición correspondiente a cada uno de los niveles establecidos (A, B, C, D) (ver gráfico en la página siguiente).

Colaboración

Capacidad para brindar apoyo a los otros (pares, superiores y colaboradores), responder a sus necesidades y requerimientos, y solucionar sus problemas o dudas, aunque las mismas no hayan sido manifestadas expresamente. Implica actuar como facilitador para el logro de los objetivos, a fin de crear relaciones basadas en la confianza.

A Capacidad para brindar apoyo y ayuda a los otros (pares, superiores y colaboradores), responder a sus necesidades y requerimientos, mediante iniciativas anticipadoras y espontáneas, a fin de facilitar la resolución de problemas o dudas, aunque las mismas no hayan sido manifestadas expresamente. Capacidad para apoyar decididamente a otras personas y para difundir formas de relación basadas en la confianza. Capacidad para promover el espíritu de colaboración en toda la organización y constituirse en un facilitador para el logro de los objetivos planteados. Capacidad para implementar mecanismos organizacionales tendientes a fomentar la cooperación interdepartamental como instrumento para la consecución de los objetivos comunes.

B Capacidad para brindar ayuda y colaboración a las personas de su área y de otros sectores de la organización relacionados, mostrar interés por sus necesidades aunque las mismas no hayan sido manifestadas expresamente, y apoyarlas en el cumplimiento de sus objetivos. Capacidad para crear relaciones de confianza. Capacidad para utilizar los mecanismos organizacionales que promuevan la cooperación interdepartamental, y para proponer mejoras respecto de ellos.

C Capacidad para apoyar y colaborar activamente con los integrantes de su propia área mediante una clara predisposición a ayudar a otros, incluso antes de que hayan manifestado expresamente la necesidad de colaboración. Capacidad para escuchar los requerimientos de los demás y para ayudarlos en el cumplimiento de sus objetivos, sin descuidar los propios.

D Capacidad para cooperar y brindar soporte a las personas de su entorno cuando se lo solicitan, y tener en cuenta las necesidades de los demás.

Nota: El grado D indica que la competencia está desarrollada en un nivel mínimo.

Definiciones

Comportamiento. Aquello que una persona hace (acción física) o dice (discurso). Sinónimo: conducta.

Comportamiento observable. Aquel comportamiento que puede ser visto (acción física) u oído (en un discurso).

En el gráfico siguiente se muestra un ejemplo de definición de una competencia y los comportamientos asociados. En todos los casos será necesaria, además, la definición de aquellos comportamientos por los cuales se evidencia que la competencia no está desarrollada. La idea expresada se podrá encontrar con mayor detalle en el capítulo *La Trilogía: los tres diccionarios en Gestión por competencias. Su aplicación práctica.*

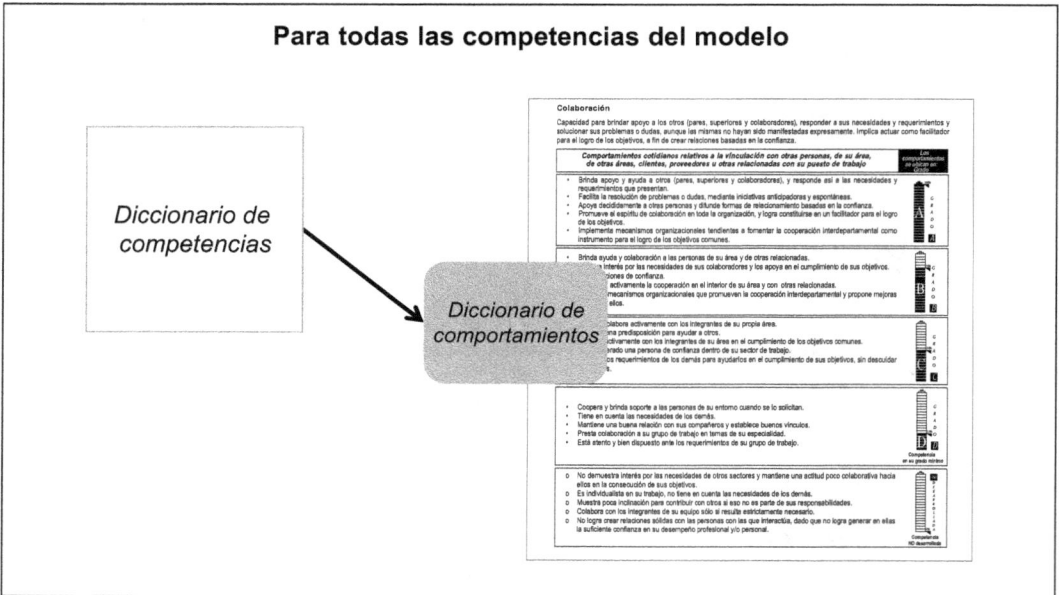

Algunas organizaciones preparan un único documento, mezclando los conceptos de competencias y comportamientos. En nuestra metodología se confeccionan dos documentos por separado: el *Diccionario de competencias,* con la definición y apertura en grados de cada una de las que integran el modelo, y el *Diccionario de comportamientos.* En este último se preparan, como mínimo, cinco ejemplos de comportamientos por cada grado. Estos ejemplos son conductas observables que se utilizan para detectar y medir las competencias.

La existencia de dos documentos por separado se fundamenta en lo siguiente:

- Las competencias definen las características de personalidad (capacidad para hacer las cosas de una determinada manera) que un puesto requiere para ser desempeñado exitosamente o con una *perfor-*

mance superior; por ello en los descriptivos de puestos se indican las competencias así como las otras capacidades (en primera instancia, conocimientos) que los puestos requieren: estudios formales, conocimientos especiales, experiencia requerida, etcétera.

• Los comportamientos son indicadores que permiten la medición de las competencias.

El *Diccionario de comportamientos* será el documento que usará tanto el especialista de RRHH como el cliente interno para evaluar competencias en los distintos subsistemas de Recursos Humanos. Utilizando un lenguaje simple podríamos decir que los comportamientos observables son los indicadores a utilizar para evaluar o medir competencias. El lector encontrará una explicación más detallada sobre este diccionario y su utilización en esta obra *(Diccionario de comportamientos. La Trilogía. Tomo 2).*

Para todas las competencias del modelo, también se prepara el *Diccionario de preguntas* y de este modo se completa la *Trilogía.*

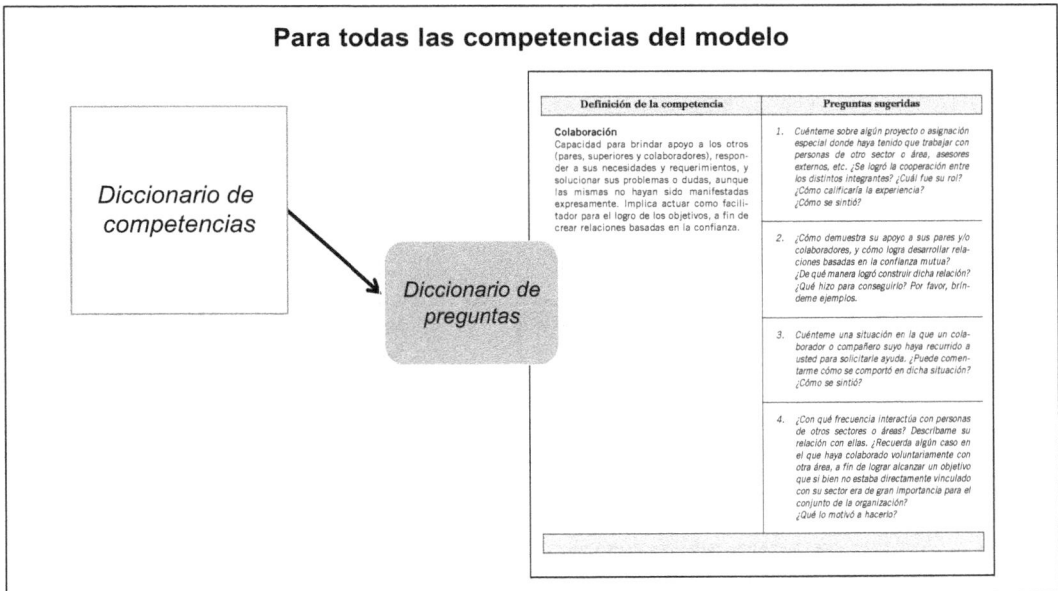

Para todas las competencias del modelo

Las preguntas diseñadas deberán permitir evaluar competencias en el transcurso de una entrevista. El lector encontrará una explicación más detallada sobre este diccionario y su utilización en la obra *Diccionario de preguntas. La Trilogía. Tomo 3.*

El armado final del modelo se completa con la asignación de competencias a los diversos puestos de la organización.

La asignación de competencias a puestos

La asignación de competencias a puestos se hace a partir del *Diccionario de competencias.* En los *Descriptivos de puestos,* las competencias se indican con su nombre y grado o nivel. La definición de las competencias, así como su apertura en grados, se encuentran en el documento denominado *Diccionario de competencias,* confeccionado a medida de cada organización.

Asignación de competencias a puestos

Diccionario de competencias

Diccionario de competencias

Colaboración

Capacidad para brindar apoyo a los otros (pares, superiores y colaboradores), responder a sus necesidades y requerimientos, y solucionar sus problemas o dudas, aunque las mismas no hayan sido manifestadas expresamente. Implica actuar como facilitador para el logro de los objetivos, a fin de crear relaciones basadas en la confianza.

A Capacidad para brindar apoyo y ayuda a los otros (pares, superiores y colaboradores), responder a sus necesidades y requerimientos, mediante iniciativas anticipadoras y espontáneas, a fin de facilitar la resolución de problemas o dudas, aunque las mismas no hayan sido manifestadas expresamente. Capacidad para apoyar decididamente a otras personas y para difundir formas de relación basadas en la confianza. Capacidad para promover el espíritu de colaboración en toda la organización y constituirse en un facilitador para el logro de los objetivos planteados. Capacidad para implementar mecanismos organizacionales tendientes a fomentar la cooperación interdepartamental como instrumento para la consecución de los objetivos comunes.

B Capacidad para brindar ayuda y colaboración a las personas de su área y de otros sectores de la organización relacionados, mostrar interés por sus necesidades aunque las mismas no hayan sido manifestadas expresamente, y apoyarlas en el cumplimiento de sus objetivos. Capacidad para crear relaciones de confianza. Capacidad para utilizar los mecanismos organizacionales que promuevan la cooperación interdepartamental, y para proponer mejoras respecto de ellos.

C Capacidad para apoyar y colaborar activamente con los integrantes de su propia área mediante una clara predisposición a ayudar a otros, incluso antes de que hayan manifestado expresamente la necesidad de colaboración. Capacidad para escuchar los requerimientos de los demás y para ayudarlos en el cumplimiento de sus objetivos, sin descuidar los propios.

D Capacidad para cooperar y brindar soporte a las personas de su entorno cuando se lo solicitan, y tener en cuenta las necesidades de los demás.

Nota: El grado D indica que la competencia está desarrollada en un nivel mínimo.

En grandes organizaciones: asignación de competencias por grupos de puestos o cargos

DESCRIPCIÓN DEL PUESTO

Datos básicos
Organigrama
Síntesis del puesto
Responsabilidades del puesto
Requisitos del puesto
COMPETENCIAS
Cardinales
Específicas

Es importante remarcar cómo se define cada competencia, ya que con frecuencia hay organizaciones que, como producto de incorrectas definiciones del modelo, trabajan de manera equivocada. Si los distintos niveles se definen sólo con una palabra (por ejemplo, "grado A como un nivel excelente de la competencia"), sin una definición del grado y sin los ejemplos de comportamientos observables, no se dispone realmente de un modelo de competencias.

Para todos aquellos que no estén familiarizados con estos temas, queremos precisar una vez más qué es una competencia y la importancia de su apertura en grados.

En una primera instancia, y frente a una pregunta concreta, cualquier futuro jefe le dirá que *desea que su colaborador posea la máxima iniciativa, o iniciativa elevada o en alto grado.* Frente a una repregunta sobre el grado de decisión que, por ejemplo, el vendedor posee, casi con certeza le responderá que deberá tener iniciativa "dentro de las pautas", es decir, cumpliendo las directivas recibidas. Por lo tanto, la iniciativa tiene un límite de referencia, es decir, un grado definido de la misma que –generalmente– no coincide con la primera descripción.

Una vez que se han descrito las competencias junto con sus grados, se realiza la asignación de competencias a puestos. Como es fácil apreciar, el análisis realizado en párrafos anteriores será definitorio en esta instancia.

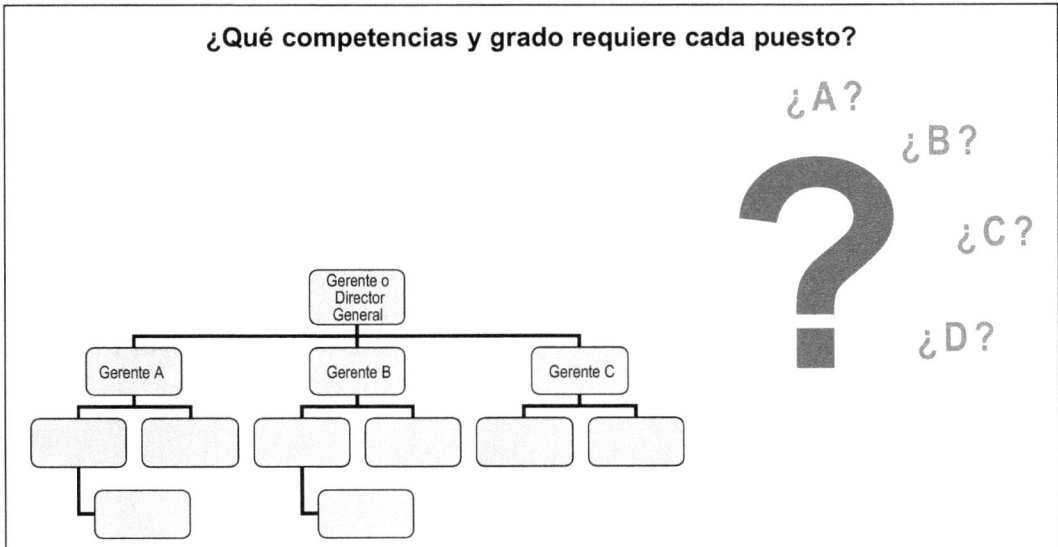

¿Qué competencias y grado requiere cada puesto?

Si se hubiese optado por la definición de competencias específicas por área o por procesos, estas deberán asignarse, en todos los casos, a los puestos y, para ello, se deberá consignarlas en los *Descriptivos de puestos*.

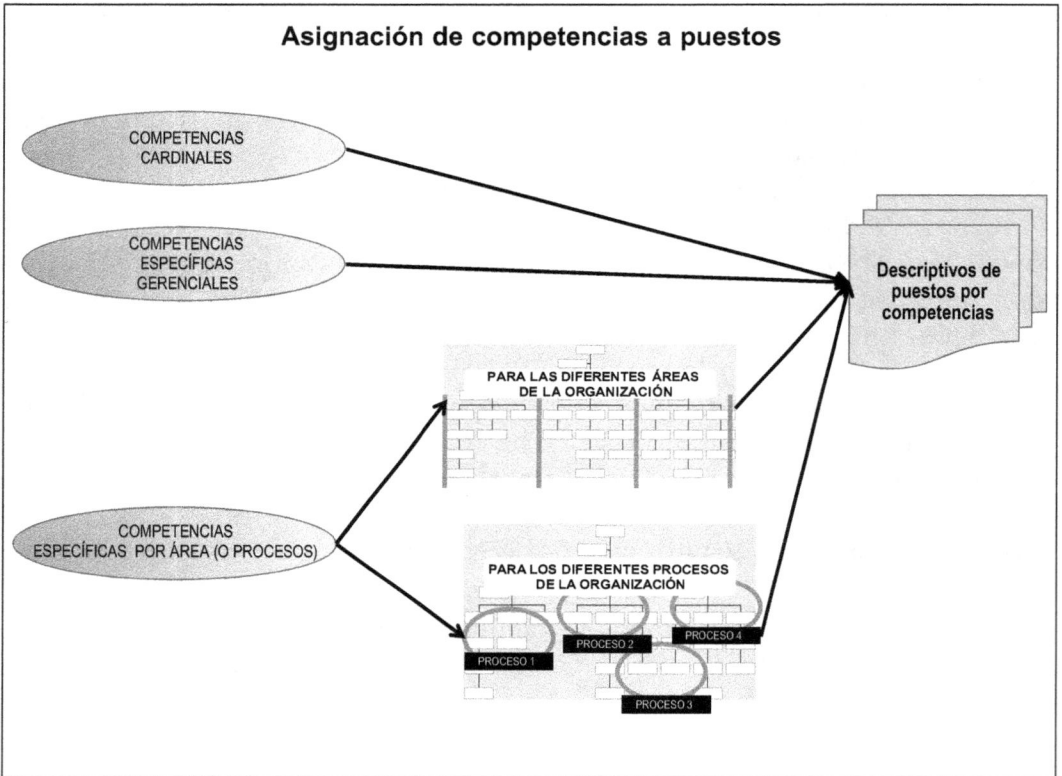

Asignación de competencias a puestos

COMPETENCIAS CARDINALES

COMPETENCIAS ESPECÍFICAS GERENCIALES

COMPETENCIAS ESPECÍFICAS POR ÁREA (O PROCESOS)

Descriptivos de puestos por competencias

PARA LAS DIFERENTES ÁREAS DE LA ORGANIZACIÓN

PARA LOS DIFERENTES PROCESOS DE LA ORGANIZACIÓN

PROCESO 1
PROCESO 2
PROCESO 3
PROCESO 4

A continuación se expone un ejemplo de asignación de competencias a puestos. El lector encontrará una explicación más detallada respecto de este tema en esta misma obra, en el capítulo titulado *Diccionario de comportamientos. Cómo utilizarlo*.

Competencias asignadas a un puesto

DESCRIPCIÓN DEL PUESTO

Datos básicos
Organigrama

Síntesis del puesto

Responsabilidades del puesto

Requisitos del puesto

COMPETENCIAS

Cardinales

Específicas

ÁREA DE RECURSOS HUMANOS

PUESTO: GERENTE DE RRHH

Competencias cardinales	A	B	C	D
Calidad y mejora continua	X			
Colaboración	X			
Competencias específicas gerenciales				
Conducción de personas		X		
Competencias específicas área RRHH				
Aprendizaje continuo		X		
Capacidad para entender a los demás	X			
Credibilidad técnica	X			

Nota: Sólo se consignan 6 competencias para la presentación del tema en un gráfico

Cuando se implanta un modelo de competencias, los distintos subsistemas de Recursos Humanos resultan afectados, y se relacionan con él.

Gestión de Recursos Humanos por Competencias

GESTIÓN INTEGRAL POR COMPETENCIAS

Atracción, selección e incorporación

Análisis y descripción de puestos

Desarrollo y planes de sucesión

DIRECCIÓN ESTRATÉGICA DE RECURSOS HUMANOS

Remuneraciones y beneficios

Formación

Evaluación de desempeño

Modelo de competencias.
Armado e implantación

La implantación del modelo requiere ciertos pasos iniciales, a los cuales hemos dedicado las páginas precedentes. El armado del modelo comienza por la definición de competencias, junto con su apertura en grados, y a continuación se asignan estas competencias (con sus correspondientes grados) a los diferentes puestos.

En resumen se podría decir que los pasos iniciales son:

1. Definición de competencias, en base a la misión, la visión y la estrategia de la organización. Se sugiere considerar, además, los valores organizacionales.

2. Preparar diccionarios *(Trilogía)*.

3. Asignar competencias a puestos.

4. Inventario. Determinación de brechas.

Una vez que se han cumplimentado estos pasos, se sugiere hacer un relevamiento del grado de desarrollo de competencias de todos los colaboradores de la organización. A este paso lo denominamos *Inventario*. Su propósito es determinar, por comparación (el inventario *versus* las competencias asignadas a cada puesto), las brechas existentes entre lo requerido y lo real. Para el *Inventario* se utilizan las *Fichas de evaluación* (ver Anexo III, *Herramientas de la Metodología Martha Alles International para Gestión por competencias*).

Esta determinación de brechas se realiza con un único propósito: diseñar acciones de desarrollo a la mayor brevedad posible.

Pasos iniciales

1 — **Definir competencias**
En base a misión, visión y estrategia

MODELO DE COMPETENCIAS

2 — **Preparar diccionarios**
Trilogía

TRILOGÍA → ASIGNACIÓN A PUESTOS → INVENTARIO

Diccionario de competencias

Diccionario de comportamientos

Diccionario de preguntas

3 — **Asignar competencias a puestos**

4 — **Inventario**
Determinación de brechas

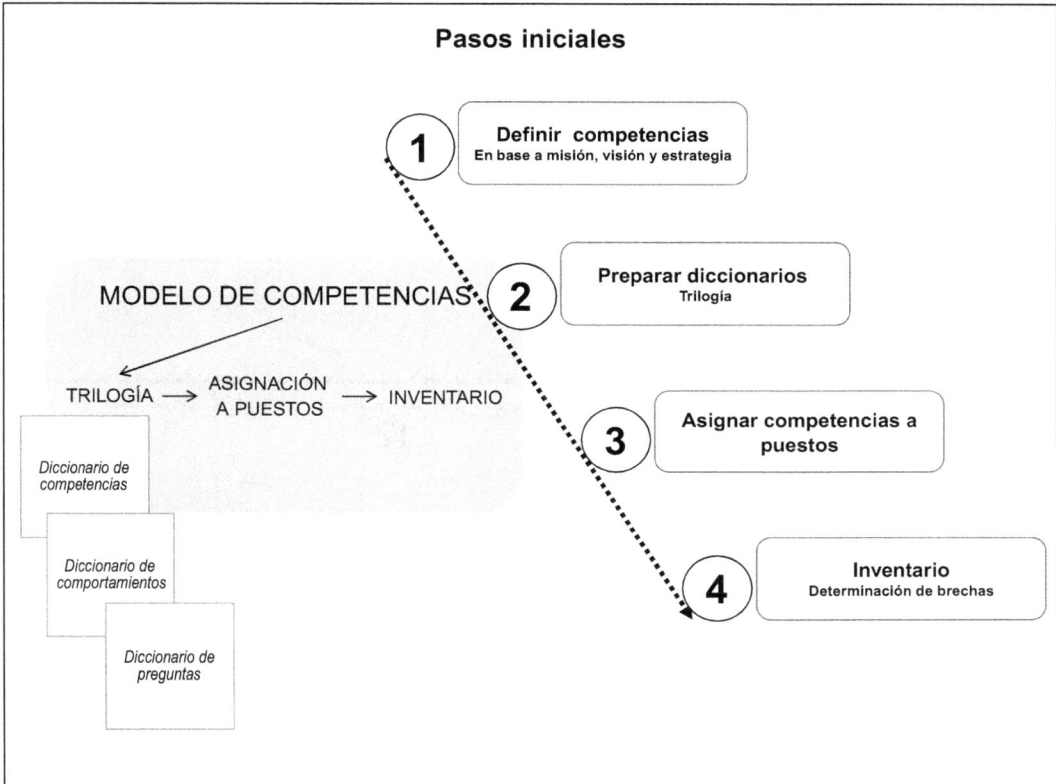

Para que se comprenda adecuadamente la importancia de este paso (determinación de brechas al inicio de la implantación del modelo), sugerimos al lector tomar en cuenta el gráfico de la página siguiente.

Sobre la izquierda del gráfico se ven los pasos iniciales para el armado del modelo. Una vez finalizadas dichas instancias, y de manera inmediata, es posible comenzar con las acciones de desarrollo de competencias a fin de achicar o reducir las brechas determinadas en el paso 4, *Inventario* (ver gráfico *Pasos iniciales*).

Luego de armado el modelo, este puede ser utilizado en la evaluación del desempeño, cuyos resultados estarán disponibles al final del período evaluado (en este supuesto, luego de 12 meses). Una vez finalizado el proceso de evaluación, se estará en condiciones de realizar acciones de desarrollo de competencias basadas en el resultado obtenido.

Determinación de brechas al inicio

Inicio del proceso de
evaluación del desempeño.
Resultados al final del
ejercicio

Resultado de las
evaluaciones del
desempeño en los
primeros meses del
segundo año a partir
de la puesta en
marcha del modelo

MODELO DE COMPETENCIAS

TRILOGÍA → ASIGNACIÓN A PUESTOS → INVENTARIO

0   Año 1   **12**   Año 2

Acciones de desarrollo al inicio
de Gestión por competencias

Acciones de
desarrollo después de la
evaluación del desempeño

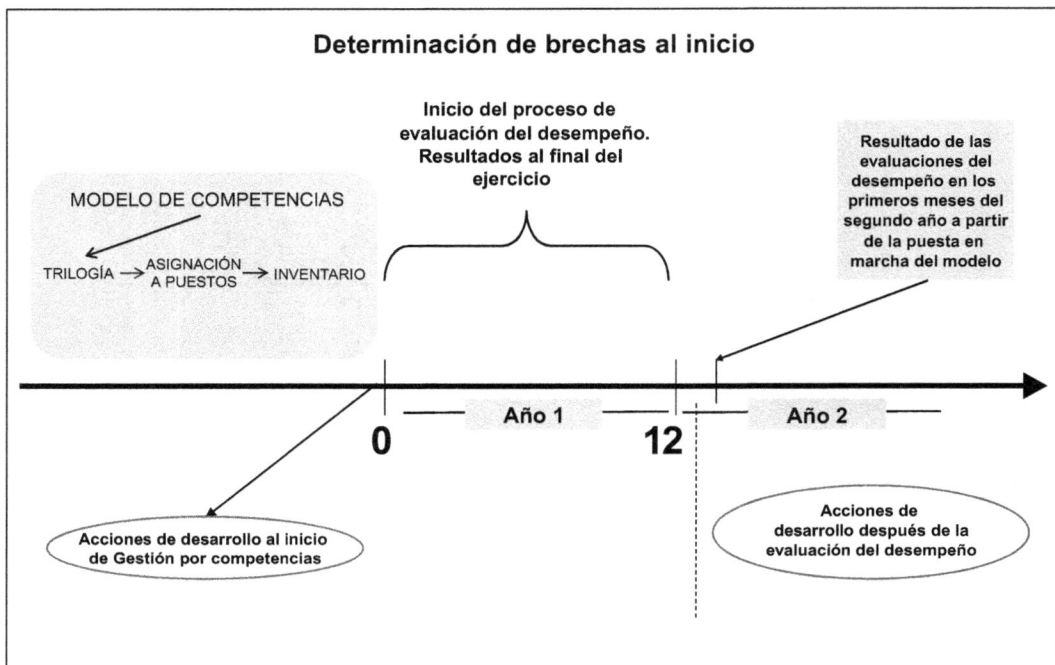

Aplicación del modelo

Cuando el modelo de Gestión por competencias está funcionando, uno de los pilares –como se verá a continuación– es Selección; es decir que, a través de diversos métodos, se debe lograr que no ingresen a la organización personas que no posean las competencias necesarias y en el grado requerido, según el modelo de competencias y el puesto de trabajo a ocupar. Por lo tanto, los nuevos colaboradores serán seleccionados en función del modelo de competencias.

Además, el desempeño se evaluará en función del modelo de competencias, así como las acciones de formación y desarrollo relacionadas deberán definirse teniéndolo como guía. Veamos el gráfico siguiente.

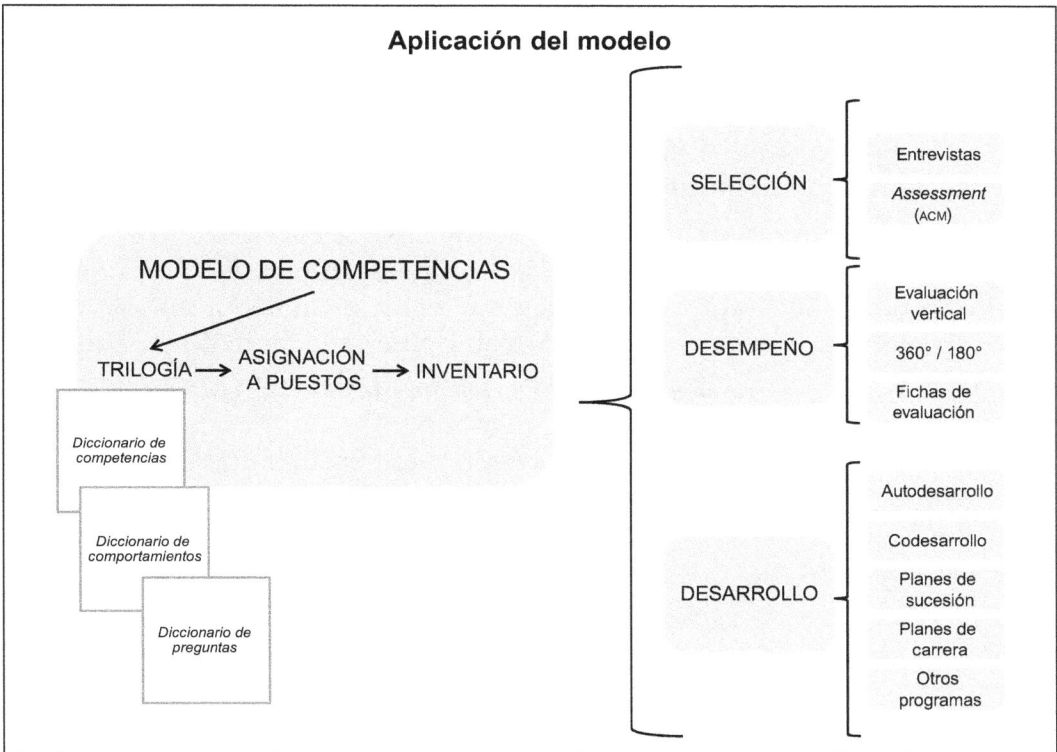

Aplicación del modelo

Una vez que se completó el armado del modelo de competencias, se observa que los tres grandes pilares de su implementación son Selección, Desempeño y Desarrollo. En cada uno de ellos se pueden mencionar los principales temas relacionados.

- *Selección.* Entrevistas y *Assessment Center Method.*

- *Desempeño.* Evaluación vertical, evaluaciones de 360° y 180°, fichas de evaluación y diagnósticos circulares.

- *Desarrollo.* Autodesarrollo, codesarrollo, planes de sucesión, planes de carrera, otros programas.

Sólo hemos mencionado algunos de los aspectos más relevantes en relación con competencias; no son los únicos.

Le sugerimos al lector, como complemento de este capítulo, la lectura de los tres anexos siguientes:

- **Anexo I.** *Cómo tratan la temática de competencias otros autores*
  En esta sección, a modo de estado del arte, se presentan los diversos autores que han tratado la temática, desde diferentes vertientes.

- **Anexo II.** *Libros de Martha Alles relacionados con Gestión por competencias*
  Se ha tratado la temática de Gestión por competencias en una serie de libros de la autora previos al que el lector tiene en sus manos. En esta sección se explica el tratamiento que se le ha dado en ellos.

- **Anexo III.** *Herramientas de la Metodología Martha Alles International para Gestión por competencias*
  En esta sección se describen las diferentes herramientas diseñadas para poner en práctica los distintos aspectos de Gestión por competencias.

PARA TODOS LOS LECTORES

Disponible en formato digital un Anexo donde se ha realizado un análisis detallado de libros y subsistemas que complementa las temáticas abordadas en esta obra.

PARA PROFESORES

La *Trilogía* está compuesta por tres obras relacionadas entre sí:

❖ *Diccionario de competencias*
❖ *Diccionario de comportamientos*
❖ *Diccionario de preguntas*

Para una mejor explicación de la aplicación práctica de la *Trilogía* hemos preparado:

→ Casos prácticos y/o ejercicios para una mejor comprensión de los temas tratados.
→ Material de apoyo para el dictado de clases.

Los profesores que hayan adoptado esta obra para sus cursos, tanto de grado como de posgrado, pueden solicitar de manera gratuita las obras:

- *Trilogía. CASOS PRÁCTICOS*
- *Trilogía. CLASES*

Únicamente disponibles en formato digital en *www.marthaalles.com*

Glosario de términos de Gestión por competencias

El glosario de términos que se incluye a continuación está tomado de la obra *Diccionario de términos de Recursos Humanos.*

Assessment Center Method (ACM)	Método o herramienta situacional para evaluar competencias mediante el cual, a través de la administración de casos y ejercicios, se plantea a los participantes la resolución práctica de situaciones conflictivas similares a las que deberán enfrentar en sus puestos de trabajo.
Autodesarrollo	Acciones que realiza una persona, por su propia iniciativa, para mejorar.
Autodesarrollo dentro del trabajo	Acciones que realiza una persona, por su propia iniciativa, para mejorar dentro del ámbito laboral y en relación con su puesto de trabajo.
Autodesarrollo dirigido	La organización ofrece a su personal una serie de "ideas" para el autodesarrollo de competencias y/o conocimientos. Usualmente se realiza a través de las guías de desarrollo que se difunden en la intranet de la organización.
Autodesarrollo fuera del trabajo	Acciones que realiza una persona, por su propia iniciativa, para mejorar fuera del ámbito laboral y sin relación alguna ni con su puesto de trabajo ni con actividades laborales.
Behavioral Event Interview (BEI) Entrevista por eventos conductuales o Entrevista por incidentes críticos	Entrevista estructurada que evalúa competencias en profundidad explorando los incidentes críticos y los comportamientos de cada persona.
Brecha	Distancia entre lo requerido y la evaluación de la persona. El término se aplica en relación con los diferentes tipos de capacidades.
Capacidades	El término incluye conocimientos, competencias y experiencia.

Cargo	Ver *Puesto.*
Carrera	Camino que una persona recorre en el ámbito de una organización y que contempla los intereses de ambas partes, empleado-empleador, en una relación ganar-ganar.
Carrera como especialista	Documento organizacional que describe esta modalidad de carrera organizacional, sus diferentes niveles o estratos, sus relaciones con otros niveles de la misma organización, así como sus principales responsabilidades y funciones. Señala y destaca la importancia de los especialistas en el ámbito de una organización ofreciendo a estos oportunidades de crecimiento a través de la profundización de sus puestos de trabajo. Los distintos niveles o estratos de la carrera como especialista se relacionan con la escala de remuneraciones de la organización.
Carrera gerencial	Documento organizacional que describe los distintos niveles o estratos organizacionales, sus relaciones, principales responsabilidades y funciones. Señala un camino a seguir y permite que una persona vaya recorriéndolo ascendiendo hacia la Dirección de la organización. Los distintos niveles o estratos de la carrera gerencial se relacionan con la escala de remuneraciones de la organización.
Cliente externo	Organización o personas que adquiere/n los productos o servicios de la organización oferente. Por extensión se utiliza para denominar a aquellos que reciben un determinado servicio brindado por una ONG, entidad de bien público de cualquier tipo, un organismo del Estado, etcétera.
Cliente interno	Áreas o personas de la misma organización que interactúan con la propia, puede ser en rol de cliente interno estrictamente dicho, recibiendo un producto o servicio, o bien ser un proveedor.

Codesarrollo	Acciones concretas que de manera conjunta realiza el sujeto que asiste a una actividad de formación guiado por un instructor para el desarrollo de sus competencias y/o conocimientos. El codesarrollo implica un ciclo: 1) taller de codesarrollo; 2) seguimiento; 3) segundo taller de codesarrollo.
Codesarrollo, Taller de	Ver *Taller de codesarrollo.*
Competencia	Hace referencia a las características de personalidad, devenidas en comportamientos, que generan un desempeño exitoso en un puesto de trabajo.
Competencia cardinal	Competencia aplicable a todos los integrantes de la organización. Las competencias cardinales representan su esencia y permiten alcanzar la visión organizacional.
Competencia específica	Competencia aplicable a colectivos específicos, por ejemplo, un área de la organización o un cierto nivel, como el gerencial.
Comportamiento	Aquello que una persona hace (acción física) o dice (discurso). Sinónimo: conducta.
Comportamiento observable	Ver *Comportamiento.* Aquel comportamiento que puede ser visto (acción física) u oído (en un discurso).
Conducta	Ver *Comportamiento.*
Conducta observable	Ver *Comportamiento observable.*
Conocimiento	Conjunto de saberes ordenados sobre un tema en particular, materia o disciplina.
Cultura	Conjunto de supuestos, convicciones, valores y normas que comparten los miembros de una organización.
Desarrollo	Acción de hacer crecer algo, por ejemplo, una competencia o un conocimiento.

Desarrollo de competencias	Acciones tendientes a alcanzar el grado de madurez o perfección deseado en función del puesto de trabajo que la persona ocupa en el presente o se prevé que ocupará más adelante.
Desarrollo de conocimientos	Acciones tendientes a acrecentar un conocimiento, usualmente a través de su utilización (puesta en práctica).
Descripción de puestos	Acción de analizar y describir los diferentes puestos de la organización.
Descriptivo del cargo	Ver *Descriptivo del puesto.*
Descriptivo del puesto	Documento interno donde se consignan las principales responsabilidades y tareas de un puesto de trabajo. Adicionalmente se registran los requisitos necesarios para desempeñarlo con éxito: conocimientos, experiencia y competencias.
Desempeño	Concepto integrador del conjunto de comportamientos y resultados obtenidos por un colaborador en un determinado período de tiempo.
Diagramas de reemplazo	Programa organizacional por el cual se reconocen puestos clave, luego se identifican posibles participantes del programa y se los evalúa para, a continuación, designar posibles reemplazos (sucesores), pero sólo para aquellas personas que ocupan puestos clave y tienen una fecha cierta de retiro, usualmente por la edad avanzada del ocupante del puesto. Pueden darse por otras razones (por ejemplo, traslado a otro país). Para asegurar la eficacia del programa se realiza un seguimiento de los participantes y se les provee de asistencia y ayuda para la reducción de brechas entre el puesto actual y el que se prevé ocupar.
Diccionario de competencias	Documento interno organizacional en el cual se presentan las competencias definidas en función de la estrategia.

Diccionario de comportamientos	Documento interno en el cual se consignan ejemplos de los comportamientos observables asociados o relacionados con las competencias del modelo organizacional.
Diccionario de preguntas	Documento interno de la organización en el cual se consignan ejemplos de preguntas que permiten evaluar las competencias del modelo en una entrevista.
E-learning	Método de aprendizaje utilizando la tecnología, usualmente la intranet de la organización.
Entrenador	Experto en un determinado tema o competencia que ayuda a otros a desarrollar un conocimiento o una competencia.
Entrenamiento	Proceso de aprendizaje mediante el cual los participantes adquieren competencias y conocimientos necesarios para alcanzar objetivos definidos.
Entrenamiento experto	Programa organizacional para el aprendizaje mediante el cual, a través de una relación interpersonal, un individuo con mayor conocimiento o experiencia en un determinado tema, lo transmite a otro. Cada uno de los participantes del programa cumple un rol: entrenador o aprendiz. Un entrenador podrá tener a su cargo varios aprendices; sin embargo, en todos los casos brindará su entrenamiento de manera personalizada e individualmente. Para que el entrenamiento experto se verifique es necesario que el entrenador sea un experto en la temática o que posea un alto grado de desarrollo de la competencia en cuestión, según corresponda. Los objetivos son específicos y el plazo, acotado (usualmente, unos pocos meses).
Entrevista estructurada	Conjunto de preguntas e indicaciones para realizar una entrevista de selección. Usualmente se diseña por niveles y en función del modelo de competencias.

Entrevista por competencias	Entrevista estructurada que permite evaluar a un candidato que participa en un proceso de selección considerando, especialmente, sus competencias, a través de preguntas específicas.
Estado del arte	Recopilación ordenada y sistemática de todo lo que se sabe de un tema determinado.
Evaluación de 360°	Proceso estructurado para medir las competencias de los colaboradores de una organización, con un propósito de desarrollo, en el cual participan múltiples evaluadores. Toma el nombre de 360° en alusión a que una persona es evaluada por sus superiores, pares y subordinados, además de por ella misma (autoevaluación). En ocasiones la evaluación incluye la opinión de clientes internos y/o externos.
Evaluación de 180°	Similar a *Evaluación de 360°;* su propósito es el desarrollo. Toma el nombre de 180° en alusión a que una persona es evaluada por sus superiores y pares, además de realizar su propia autoevaluación. En ocasiones puede incluir la opinión de clientes internos y/o externos.
Evaluación del desempeño	Proceso estructurado para medir el desempeño de los colaboradores.
Evaluación vertical (del desempeño)	Medición del desempeño realizada por el jefe o superior, que se complementa con la autoevaluación del propio colaborador y la revisión del nivel superior al jefe directo ("jefe del jefe").
Experiencia	Práctica prolongada de una actividad (laboral, deportiva, etc.) que permite incorporar nuevos conocimientos e incrementar la eficacia en la aplicación de los conocimientos y las competencias existentes, todo lo cual redunda en la optimización de los resultados de dicha actividad.

Experto	Se trata de la persona que domina un tema en toda su gama y profundidad; tiene experiencia junto con el conocimiento teórico que la sustenta.
Familia de puestos	Conjunto de puestos dentro de una misma especialidad.
Feedback	Ver *Retroalimentación.*
Feedback 360°	Ver *Evaluación de 360°.*
Ficha de evaluación	Documento de medición de comportamientos/conocimientos estructurado y basado en el modelo de competencias/valores/conocimientos de la organización.
Ficha de evaluación reducida	Documento de medición de comportamientos/conocimientos estructurado y basado en el modelo de competencias/valores/conocimientos de la organización. Se diferencia de la *Ficha de evaluación* en su extensión. Al ser más breve, su administración y procesamiento se realiza en un tiempo más corto.
Formación	Acción de educar y/o instruir a una persona con el propósito de perfeccionar sus facultades intelectuales a través de la explicación de conceptos, ejercicios, ejemplos, etcétera. Incluye conceptos tales como codesarrollo y capacitación.
Formador de formadores	Instructor que imparte una actividad a otros instructores para que estos puedan –a su vez– impartir una determinada actividad de acuerdo con materiales e instructivos específicos.
Gap	Ver *Brecha.*
Gestión por competencias	Modelo de gestión que permite alinear a las personas que integran una organización (directivos y demás niveles organizacionales) en pos de los objetivos estratégicos.

Guías de desarrollo dentro del trabajo	Acciones que se sugiere incorporar en la actividad cotidiana, a fin de alcanzar comportamientos más altos en relación con la competencia a desarrollar.
Guías de desarrollo fuera del trabajo	Ideas que permiten desarrollar las competencias del modelo organizacional en otras actividades no relacionadas con el ámbito laboral, poniendo en juego la competencia.
Herramientas	Cuestionarios, manuales, guías y otros materiales de apoyo de probada eficacia para la resolución práctica de un determinado problema o situación.
High potential	Ver *Programa de personas clave.*
Indicadores sobre comportamientos	Indicadores o ejemplos de conductas que permiten a una persona determinar el comportamiento de otra (o de sí misma).
Jefe	Persona que tiene a otras a su cargo dentro de una estructura jerárquica. Un jefe, a su vez, puede tener diferentes niveles, desde el número uno de la organización hasta otro con pocos colaboradores a su cargo.
Jefe entrenador	El concepto *jefe entrenador* implica que el jefe es una persona que al mismo tiempo que cumple el *rol de jefe* lleva adelante otra función respecto de sus colaboradores: ser guía y consejero en una relación orientada al aprendizaje. Lo hace de manera deliberada, desea hacerlo y está convencido de los resultados a obtener.
Key people	Ver *Programa de personas clave.*
Manual de *Assessment Center Method* (ACM)	Conjunto de teoría, casos, ejercicios y formularios que permiten la aplicación práctica de la herramienta *Assessment Center Method* (ACM). Puede ser diseñado a medida de la organización.

Manual para *Formador* *de formadores*	Documentos e instructivos específicos y detallados que permiten a una persona (instructor) la impartición de un determinado taller o curso.
Manuales para *Formador* *de formadores* **Metodología** MACH	Documentos e instructivos específicos y detallados que permiten a una persona (instructor) la impartición de un determinado taller de codesarrollo. El mismo incluye: 1) Material para proyección. 2) Cuadernillo del participante. 3) Manual del instructor.
Mentor	Consejero o guía. Persona de mayor experiencia que ayuda y aconseja a otros con menos experiencia, por un período de tiempo.
Método	Conjunto de procedimientos ordenados y sistemáticos en relación con un determinado tema.
Metodología	Conjunto de métodos que se siguen en una determinada disciplina.
Misión	El porqué de lo que la empresa hace, la razón de ser de la organización, su propósito. Dice aquello por lo cual, en última instancia, la organización quiere ser recordada.
Modelo	Conjunto de relaciones basadas en términos lógicos.
Modelo de competencias	Conjunto de procesos relacionados con las personas que integran la organización que tienen como propósito alinearlas en pos de los objetivos organizacionales o empresariales.
Modelo de conocimientos	Conjunto de procesos relacionados con las personas que integran la organización que permiten definir los conocimientos necesarios para los diferentes puestos.
Modelo de valores	Conjunto de procesos relacionados con las personas que integran la organización que permiten incorporar a los subsistemas de Recursos Humanos los valores organizacionales.

Perfil de la búsqueda	Conjunto de capacidades requeridas para un puesto de trabajo, necesario para realizar la selección de su futuro ocupante. Puede incluir, además, factores adicionales.
Perfil del postulante	Conjunto de capacidades de una persona, incluyendo sus estudios formales, conocimientos, competencias y experiencia, así como su motivación tanto en relación con su carrera como para el cambio laboral.
Performance	Ver *Desempeño.*
Persona bajo tutoría	Individuo que adhiere a un programa de *mentoring,* para desarrollarse.
Plan de jóvenes profesionales (JP)	Implica el diseño de un esquema teórico sobre cuál sería el crecimiento esperado de un JP en un lapso definido, usualmente uno o dos años. Para ello se establecen los diferenciales deseados tanto en conocimientos como en competencias y las acciones concretas a realizar para alcanzarlos, conformando de este modo los pasos a seguir por todos los participantes del programa. Estos programas abastecen de personas formadas para ocupar nuevos puestos y asumir nuevas responsabilidades para otros programas organizacionales, por ejemplo, Carrera gerencial, Planes de sucesión o Diagramas de reemplazo.
Planes de carrera	Implica el diseño de un esquema teórico sobre cuál sería la carrera dentro de un área determinada para una persona que ingresa a ella, usualmente desde la posición inicial. Para ello se definen los requisitos para ir pasando de un nivel a otro, instancias que conformarán los pasos a seguir por todos los participantes del programa.

Planes de sucesión	Programa organizacional por el cual se reconocen puestos clave, luego se identifican posibles participantes del programa y se los evalúa para, a continuación, designar posibles sucesores de otras personas que ocupan los mencionados puestos clave, sin una fecha cierta de asunción de las nuevas funciones. Para asegurar la eficacia del programa se realiza un seguimiento de los participantes y se les provee asistencia y ayuda para la reducción de brechas entre el puesto actual y el que eventualmente ocuparán.
***Pool* de talentos**	Ver *Programa de personas clave.*
Programas de desarrollo	Conjunto de programas relacionados con las personas que una organización lleva a cabo con el objetivo principal de formar a sus integrantes para luego, si la situación lo requiere, ofrecerles otra posición –usualmente, de un nivel superior–.
Programas de *mentoring*	Programa organizacional estructurado, de varios años de duración, mediante el cual un ejecutivo de mayor nivel y experiencia ayuda a otro en su crecimiento.
Programa de personas clave	Programa organizacional donde primero se elige –en base a ciertos parámetros definidos por cada organización– un grupo de personas a las cuales se considerará relevantes para la organización. Luego, a estas se les ofrecerán oportunidades de formación diferenciales.
Programa *Jefe entrenador*	Programa mediante el cual se desarrolla en todos los jefes la competencia *Entrenador*. De este modo, todos los jefes, en su contacto cotidiano con sus colaboradores, ayudan a estos en su crecimiento, tanto en competencias como en conocimientos.
Promoción	Conjunto de acciones, planeadas o no, mediante las cuales una persona es elevada a un nivel superior al que poseía.
Puesto	Lugar que una persona ocupa en una organización. Implica cumplir responsabilidades y tareas claramente definidas.

Puestos clave	Conjunto de puestos dentro de una organización que esta considera relevantes o importantes por algún factor claramente definido, usualmente en función de sus niveles de responsabilidad y decisión.
Reclutamiento	Es un conjunto de procedimientos para atraer e identificar a candidatos potencialmente calificados y capaces para ocupar el puesto ofrecido, a fin de seleccionar a alguno/s de ellos para que reciba/n el ofrecimiento de empleo.
Recursos Humanos	Disciplina que estudia todo lo atinente a la actuación de las personas en el marco de una organización.
Recursos Humanos, Área de	Dirección, gerencia o división responsable de todas las funciones organizacionales relacionadas con las personas.
Requisito	Característica o condición necesaria para desempeñar un determinado puesto con eficacia y que será tomada como un criterio para evaluar y luego seleccionar personas.
Restricción	Elemento a tomar en cuenta como una limitación, por el cual se deja fuera de un proceso de selección a ciertos candidatos o postulantes que presenten ese factor limitante. Ejemplos: salario, lugar de residencia (si esto fuese un elemento a tomar en cuenta), y aun otros que, si bien pueden ser considerados como discriminatorios, en algunas organizaciones o circunstancias específicas pueden ser tenidos en cuenta, como el
Retroalimentación	Acción por la cual se le comunica a otro sobre aquello que hace bien y aquello que debe mejorar.
Reunión de retroalimentación	Es uno de los pasos de la evaluación de desempeño, en el cual un jefe o superior le comunica al colaborador el resultado de dicha evaluación.
Rol del jefe	Concepto integrador de las diversas facetas de la actividad de todo jefe. Enfoca su papel dentro de la organización, agregando a sus funciones tradicionales las responsabilidades y tareas inherentes a esta condición, por ejemplo: seleccionar colaboradores, evaluar su desempeño y entrenarlos, sólo por nombrar algunas.

Selección	Es un conjunto de procedimientos para evaluar y medir las capacidades de los candidatos a fin de, luego, elegir en base a criterios preestablecidos (perfil de la búsqueda) a aquellos que presentan mayor posibilidad de adaptarse al puesto disponible, de acuerdo con las necesidades de la organización.
Talento	Conjunto de competencias y conocimientos.
Taller	Actividad de formación estructurada durante la cual se intercalan exposiciones teóricas con ejercitación práctica, siendo esta última la predominante.
Taller de codesarrollo	Actividad estructurada donde el participante realiza acciones concretas de manera conjunta con su instructor para el desarrollo de sus competencias y/o conocimientos. Un taller de codesarrollo consta de los siguientes pasos: 1) Presentar el tema. 2) Poner en juego la competencia o en práctica un conocimiento. 3) Reflexión y autoevaluación. 4) Plan de acción. El paso 5), Seguimiento, se realiza con posterioridad al taller de codesarrollo.
Valores	Aquellos principios que representan el sentir de la organización, sus objetivos y prioridades estratégicas.
Visión	La imagen del futuro deseado por la organización.

Encontrará más definiciones relacionadas en la obra *Diccionario de términos de Recursos Humanos*.

La Trilogía: los tres diccionarios en Gestión por competencias. Su aplicación práctica

En la definición del modelo de competencias y para su posterior aplicación práctica se recomienda la elaboración de los siguientes tres diccionarios, que hemos denominado *Trilogía*.

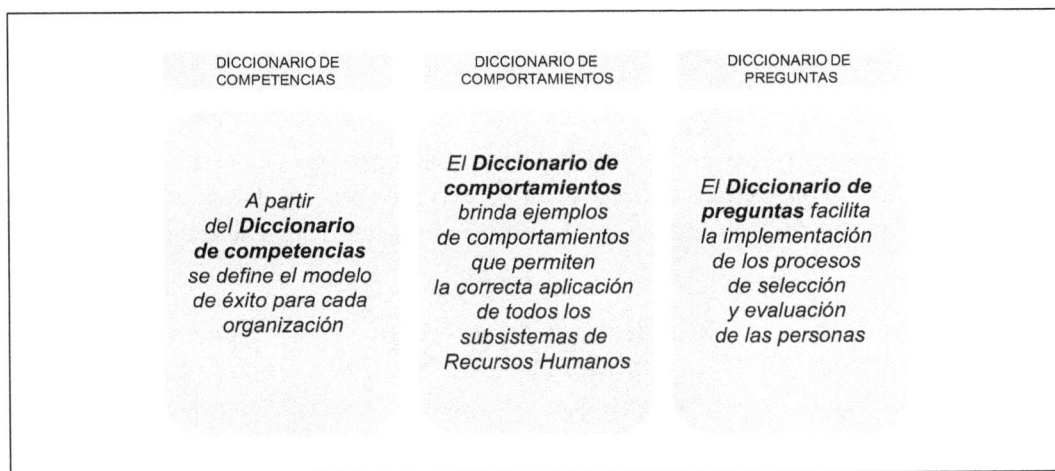

DICCIONARIO DE COMPETENCIAS	DICCIONARIO DE COMPORTAMIENTOS	DICCIONARIO DE PREGUNTAS
*A partir del **Diccionario de competencias** se define el modelo de éxito para cada organización*	*El **Diccionario de comportamientos** brinda ejemplos de comportamientos que permiten la correcta aplicación de todos los subsistemas de Recursos Humanos*	*El **Diccionario de preguntas** facilita la implementación de los procesos de selección y evaluación de las personas*

Como se desprende del gráfico precedente, cada uno de estos diccionarios cumple un propósito diferente y todos ellos se construyen para todas las competencias del modelo adoptado.

La organización define, en primera instancia, su *Diccionario de competencias* en base a su misión, visión, valores y planes estratégicos. La utilización de un diccionario estándar de competencias ayuda a acortar los tiempos de armado del modelo.

Las competencias son de diferente tipo. Como puede apreciarse en el gráfico siguiente, se pueden distinguir competencias cardinales, específicas gerenciales y específicas por área.

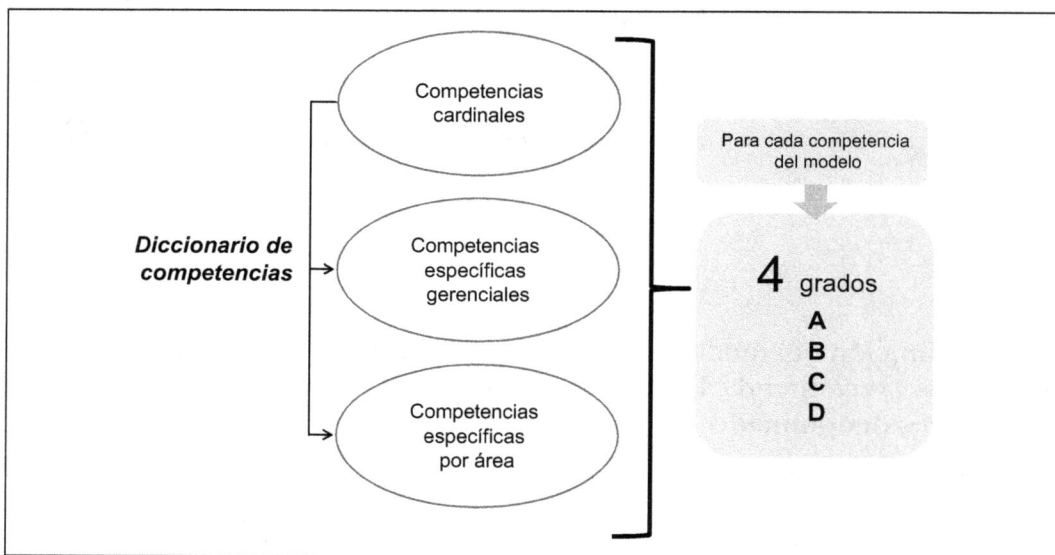

Todas las competencias se abren en cuatro grados o niveles.

Como ya se ha expresado en el capítulo *Las buenas prácticas en Recursos Humanos. Gestión por competencias,* las competencias pueden ser cardinales o específicas.

- Competencias cardinales son aquellas que deben poseer todos los integrantes de la organización. Usualmente reflejan valores o conceptos ligados a la estrategia, que todos los colaboradores deberán evidenciar en algún grado.

- Competencias específicas gerenciales. Aplicables a ciertos grupos de personas o colectivos, en este caso con relación a un rol, el de jefe o superior de colaboradores. En organizaciones con dotaciones numerosas los niveles gerenciales pueden segmentarse, a su vez, en dos categorías: altos ejecutivos y restantes niveles de conducción o dirección de personas.

- Competencias específicas por área, aplicables a ciertos grupos de personas o colectivos, en este caso, en función de las necesidades de los diferentes sectores en que se divide la organización. Por ejemplo: Ventas, Producción, Administración –sólo por mencionar tres–. La idea se expresa a continuación.

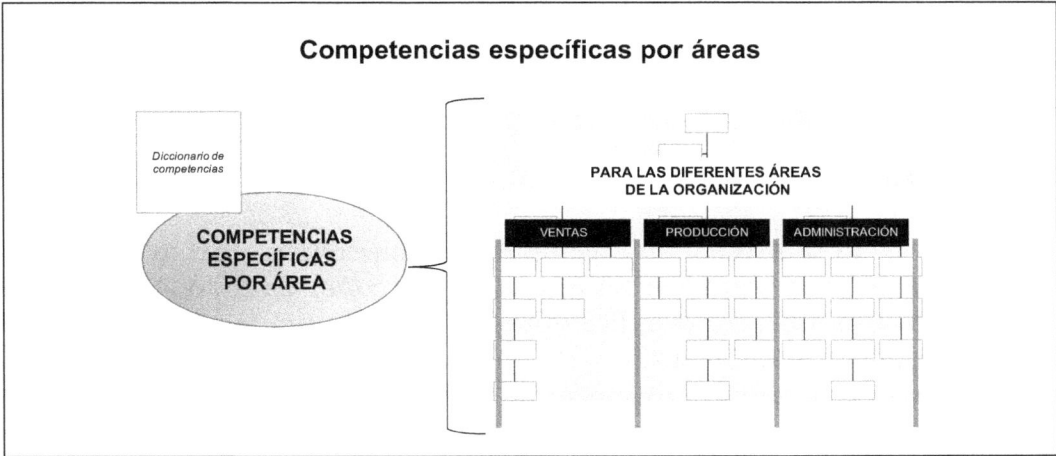

Competencias específicas por áreas

De ser necesario y según las prácticas organizacionales, se podrían definir competencias específicas *por procesos*. La idea se grafica a continuación.

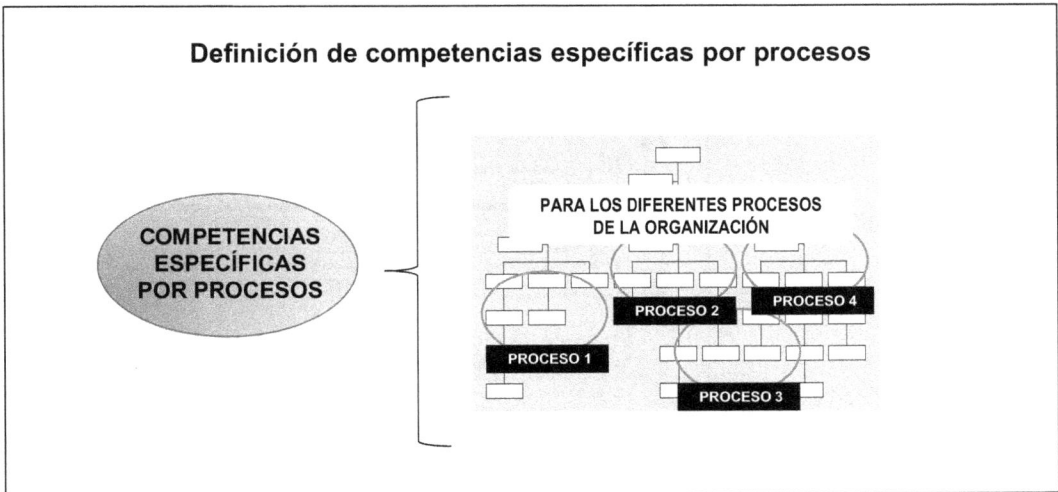

Definición de competencias específicas por procesos

Por último, es muy importante destacar que los modelos se diseñan a medida de cada organización; así, una competencia que en una empresa es cardinal, en otra podrá ser específica de un área en particular, y viceversa. Por ello no pueden existir modelos estándar de competencias, sólo es posible escribir una obra donde se incluyan los conceptos más frecuentemente utilizados, pero la combinación estandarizada de los mismos, tal cual una fórmula matemática, no existe, sino que su elaboración dependerá de cada organización, de su estrategia, valores, cultura, etcétera.

Diccionario de competencias

A continuación se presenta un ejemplo de competencia, con su definición y apertura en cuatro grados. En este ejemplo, como en todos los casos, el Grado D (el más bajo) no indica ausencia de la competencia, sino que la misma está desarrollada en su nivel mínimo.

Es importante destacar, respecto de esto, que en muchas ocasiones este "nivel mínimo" es bastante alto y retador.

Fuente: *Diccionario de competencias. La Trilogía. Tomo 1.* Obra citada.

Colaboración

Capacidad para brindar apoyo a los otros (pares, superiores y colaboradores), responder a sus necesidades y requerimientos, y solucionar sus problemas o dudas, aunque las mismas no hayan sido manifestadas expresamente. Implica actuar como facilitador para el logro de los objetivos, a fin de crear relaciones basadas en la confianza.

A Capacidad para brindar apoyo y ayuda a los otros (pares, superiores y colaboradores), responder a sus necesidades y requerimientos, mediante iniciativas anticipadoras y espontáneas, a fin de facilitar la resolución de problemas o dudas, aunque las mismas no hayan sido manifestadas expresamente. Capacidad para apoyar decididamente a otras personas y para difundir formas de relación basadas en la confianza. Capacidad para promover el espíritu de colaboración en toda la organización y constituirse en un facilitador para el logro de los objetivos planteados. Capacidad para implementar mecanismos organizacionales tendientes a fomentar la cooperación interdepartamental como instrumento para la consecución de los objetivos comunes.

B Capacidad para brindar ayuda y colaboración a las personas de su área y de otros sectores de la organización relacionados, mostrar interés por sus necesidades aunque las mismas no hayan sido manifestadas expresamente, y apoyarlos en el cumplimiento de sus objetivos. Capacidad para crear relaciones de confianza. Capacidad para utilizar los mecanismos organizacionales que promuevan la cooperación interdepartamental, y para proponer mejoras respecto de ellos.

C Capacidad para apoyar y colaborar activamente con los integrantes de su propia área mediante una clara predisposición a ayudar a otros, incluso antes de que hayan manifestado expresamente la necesidad de colaboración. Capacidad para escuchar los requerimientos de los demás y para ayudarlos en el cumplimiento de sus objetivos, sin descuidar los propios.

D Capacidad para cooperar y brindar soporte a las personas de su entorno cuando se lo solicitan, y tener en cuenta las necesidades de los demás.

Nota: El grado D indica que la competencia está desarrollada en un nivel mínimo.

En el *Diccionario de competencias* se definen las competencias como la "capacidad para...", tal como se podrá apreciar en los 60 ejemplos expuestos en la obra *Diccionario de competencias. La Trilogía. Tomo 1.*

El *Diccionario de competencias* de la organización será el documento que se utilizará para la asignación de competencias a puestos, de manera directa o por niveles de asignación.

Diccionario de comportamientos

La *Trilogía* se completa con el *Diccionario de comportamientos,* donde por cada grado de cada competencia se presentan ejemplos de comportamientos o conductas que lo representan. Tiene como principal objetivo brindar ejemplos, ya que sería dificultoso describir todos los comportamientos posibles con relación a las distintas competencias y sus grados.

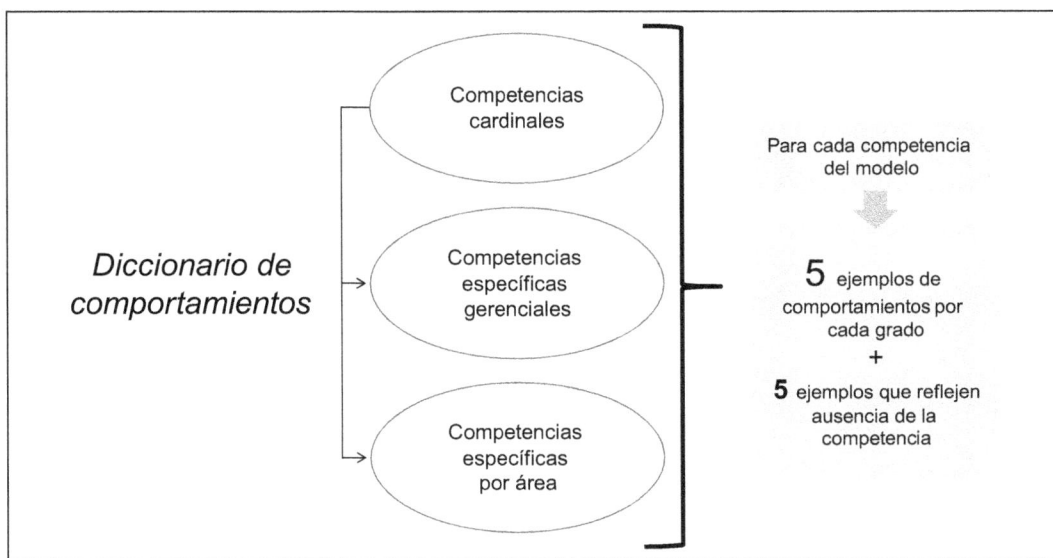

En una organización, el *Diccionario de comportamientos* se construye del mismo modo que se han preparado estos libros, es decir, definiendo y redactando los comportamientos y las preguntas en relación directa con el

Diccionario de competencias –en este caso, el específico de la organización en cuestión–.

A continuación se presenta un ejemplo de competencia y sus comportamientos relacionados. Los ejemplos por cada grado son cinco, a los que se suman otros cinco que reflejan la *ausencia* de la competencia. A estos últimos los hemos identificado como grado "No desarrollado", y son necesarios al momento de medir el nivel de desarrollo –o la ausencia– de la competencia respectiva. En resumen, por cada competencia el lector encontrará 25 comportamientos tal como surge del esquema siguiente:

- Grado A: 5 ejemplos de comportamientos que representan el grado.
- Grado B: 5 ejemplos de comportamientos que representan el grado.
- Grado C: 5 ejemplos de comportamientos que representan el grado.
- Grado D: 5 ejemplos de comportamientos que representan el grado.
- No desarrollado: 5 ejemplos de comportamientos que representan el grado.

Si usted no está familiarizado con la utilización de ejemplos de comportamientos dentro de un modelo de competencias le sugiero considerar la metáfora del gráfico siguiente.

Comportamientos como unidad de medida

Diccionario de comportamientos

Colaboración

Capacidad para brindar apoyo a los otros (pares, superiores y colaboradores), responder a sus necesidades y requerimientos y solucionar sus problemas o dudas, aunque las mismas no hayan sido manifestadas expresamente. Implica actuar como facilitador para el logro de los objetivos, a fin de crear relaciones basadas en la confianza.

Comportamientos cotidianos relativos a la vinculación con otras personas, de su área, de otras áreas, clientes, proveedores u otras relacionadas con su puesto de trabajo	Los comportamientos se ubican en: Grado
• Brinda apoyo y ayuda a otros (pares, superiores y colaboradores), y responde así a las necesidades y requerimientos que presentan. • Facilita la resolución de problemas o dudas, mediante iniciativas anticipadoras y espontáneas. • Apoya decididamente a otras personas y difunde formas de relacionamiento basadas en la confianza. • Promueve el espíritu de colaboración en toda la organización, y logra constituirse en un facilitador para el logro de los objetivos. • Implementa mecanismos organizacionales tendientes a fomentar la cooperación interdepartamental como instrumento para el logro de los objetivos comunes.	GRADO A
• Brinda ayuda y colaboración a las personas de su área y de otras relacionadas. • Muestra interés por las necesidades de sus colaboradores y los apoya en el cumplimiento de sus objetivos. • Crea relaciones de confianza. • Promueve activamente la cooperación en el interior de su área y con otras relacionadas. • Utiliza los mecanismos organizacionales que promueven la cooperación interdepartamental y propone mejoras relativas a ellos.	GRADO B
• Apoya y colabora activamente con los integrantes de su propia área. • Posee buena predisposición para ayudar a otros. • Coopera activamente con los integrantes de su área en el cumplimiento de los objetivos comunes. • Es considerado una persona de confianza dentro de su sector de trabajo. • Escucha los requerimientos de los demás para ayudarlos en el cumplimiento de sus objetivos, sin descuidar los propios.	GRADO C
• Coopera y brinda soporte a las personas de su entorno cuando se lo solicitan. • Tiene en cuenta las necesidades de los demás. • Mantiene una buena relación con sus compañeros y establece buenos vínculos. • Presta colaboración a su grupo de trabajo en temas de su especialidad. • Está atento y bien dispuesto ante los requerimientos de su grupo de trabajo.	GRADO D Competencia en su grado mínimo
o No demuestra interés por las necesidades de otros sectores y mantiene una actitud poco colaborativa hacia ellos en la consecución de sus objetivos. o Es individualista en su trabajo, no tiene en cuenta las necesidades de los demás. o Muestra poca inclinación para contribuir con otros si eso no es parte de sus responsabilidades. o Colabora con los integrantes de su equipo sólo si resulta estrictamente necesario. o No logra crear relaciones sólidas con las personas con las que interactúa, dado que no logra generar en ellas la suficiente confianza en su desempeño profesional y/o personal.	Competencia NO desarrollada

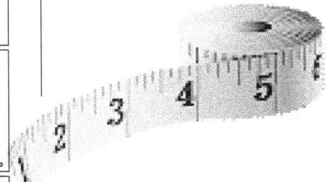

El *Diccionario de comportamientos* representa un patrón de comportamientos a alcanzar para lograr la estrategia organizacional o el cambio deseado, o ambos, según corresponda en cada caso. Para medir el desempeño de las personas, para medir competencias en particular, se utilizan ejemplos de comportamientos a modo de referencia o escala de medida.

Por esta razón, es necesario contar con ejemplos de todos los grados e, igualmente, los que permitan identificar la ausencia de la competencia.

Fuente: *Diccionario de comportamientos. La Trilogía. Tomo 2,* pág. 216.

COLABORACIÓN: Capacidad para brindar apoyo a los otros (pares, superiores y colaboradores), responder a sus necesidades y requerimientos, y solucionar sus problemas o dudas, aunque las mismas no hayan sido manifestadas expresamente. Implica actuar como facilitador para el logro de los objetivos, a fin de crear relaciones basadas en la confianza.

Comportamientos cotidianos relativos a la vinculación con otras personas, de su área, de otras áreas, clientes, proveedores u otras relacionadas con su puesto de trabajo

Los comportamientos se ubican en: Grado

- Brinda apoyo y ayuda a otros (pares, superiores y colaboradores), y responde así a las necesidades y requerimientos que presentan.
- Facilita la resolución de problemas o dudas, mediante iniciativas anticipadoras y espontáneas.
- Apoya decididamente a otras personas y difunde formas de relacionamiento basadas en la confianza.
- Promueve el espíritu de colaboración en toda la organización, y logra constituirse en un facilitador para el logro de los objetivos.
- Implementa mecanismos organizacionales tendientes a fomentar la cooperación interdepartamental como instrumento para el logro de los objetivos comunes.

GRADO A 100%

- Brinda ayuda y colaboración a las personas de su área y de otras relacionadas.
- Muestra interés por las necesidades de sus colaboradores y los apoya en el cumplimiento de sus objetivos.
- Crea relaciones de confianza.
- Promueve activamente la cooperación en el interior de su área y con otras relacionadas.
- Utiliza los mecanismos organizacionales que promueven la cooperación interdepartamental y propone mejoras relativas a ellos.

GRADO B 75%

- Apoya y colabora activamente con los integrantes de su propia área.
- Posee buena predisposición para ayudar a otros.
- Coopera activamente con los integrantes de su área en el cumplimiento de los objetivos comunes.
- Es considerado una persona de confianza dentro de su sector de trabajo.
- Escucha los requerimientos de los demás para ayudarlos en el cumplimiento de sus objetivos, sin descuidar los propios.

GRADO C 50%

- Coopera y brinda soporte a las personas de su entorno cuando se lo solicitan.
- Tiene en cuenta las necesidades de los demás.
- Mantiene una buena relación con sus compañeros y establece buenos vínculos.
- Presta colaboración a su grupo de trabajo en temas de su especialidad.
- Está atento y bien dispuesto ante los requerimientos de su grupo de trabajo.

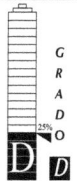

GRADO D 25%
Competencia en su grado mínimo

- No demuestra interés por las necesidades de otros sectores y mantiene una actitud poco colaborativa hacia ellos en la consecución de sus objetivos.
- Es individualista en su trabajo, no tiene en cuenta las necesidades de los demás.
- Muestra poca inclinación para contribuir con otros si eso no es parte de sus responsabilidades.
- Colabora con los integrantes de su equipo solo si resulta estrictamente necesario.
- No logra crear relaciones sólidas con las personas con las que interactúa, dado que no logra generar en ellas la suficiente confianza en su desempeño profesional y/o personal.

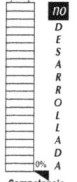

no DESARROLLADA 0%
Competencia NO desarrollada

El *Diccionario de comportamientos* será el que utilizará el cliente interno en los distintos subsistemas de Recursos Humanos.

A continuación se mencionarán los principales subsistemas de Recursos Humanos y la utilización de los distintos diccionarios en cada uno de ellos.

Diccionario de preguntas

Para seleccionar personal se deben evaluar las competencias de los postulantes; con ese fin la metodología propone diferentes preguntas referidas a las competencias sobre las cuales se desea investigar. El *Diccionario de pregun-*

tas presenta cuatro preguntas por competencia, formuladas considerando los niveles de la posición (ejecutivos, intermedios, etcétera).

A continuación se presenta un ejemplo de competencia y cuatro preguntas relacionadas. Las preguntas pueden ser adaptadas al lenguaje del entrevistador y a las circunstancias en las que se formulen.

Fuente: *Diccionario de preguntas. La Trilogía. Tomo 3.* Obra citada.

Definición de la competencia	Preguntas sugeridas
Colaboración Capacidad para brindar apoyo a los otros (pares, superiores y colaboradores), responder a sus necesidades y requerimientos, y solucionar sus problemas o dudas, aunque las mismas no hayan sido manifestadas expresamente. Implica actuar como facilitador para el logro de los objetivos, a fin de crear relaciones basadas en la confianza.	*1. Cuénteme sobre algún proyecto o asignación especial donde haya tenido que trabajar con personas de otro sector o área, asesores externos, etc. ¿Se logró la cooperación entre los distintos integrantes? ¿Cuál fue su rol? ¿Cómo calificaría la experiencia? ¿Cómo se sintió?*
	2. ¿Cómo demuestra su apoyo a sus pares y/o colaboradores, y cómo logra desarrollar relaciones basadas en la confianza mutua? ¿De qué manera logró construir dicha relación? ¿Qué hizo para conseguirlo? Por favor, bríndeme ejemplos.
	3. Cuénteme una situación en la que un colaborador o compañero suyo haya recurrido a usted para solicitarle ayuda. ¿Puede comentarme cómo se comportó en dicha situación? ¿Cómo se sintió?
	4. ¿Con qué frecuencia interactúa con personas de otros sectores o áreas? Descríbame su relación con ellas. ¿Recuerda algún caso en el que haya colaborado voluntariamente con otra área, a fin de lograr alcanzar un objetivo que si bien no estaba directamente vinculado con su sector era de gran importancia para el conjunto de la organización? ¿Qué lo motivó a hacerlo?

Para tener en cuenta
Durante la entrevista preste atención tanto a los grandes temas como a otros que parezcan, en una primera instancia, menores o de detalle. En ambos casos podrá observar comportamientos.

Asignación de competencias a puestos

Se denomina "armado" o "arquitectura" a los primeros pasos o etapas de su construcción. El armado del modelo culmina con la asignación de competencias a puestos, para lo cual se utilizará el *Diccionario de competencias.*

Asignación de competencias a puestos

Diccionario de competencias

Diccionario de competencias

Colaboración

Capacidad para brindar apoyo a los otros (pares, superiores y colaboradores), responder a sus necesidades y requerimientos, y solucionar sus problemas o dudas, aunque las mismas no hayan sido manifestadas expresamente. Implica actuar como facilitador para el logro de los objetivos, a fin de crear relaciones basadas en la confianza.

A Capacidad para brindar apoyo y ayuda a los otros (pares, superiores y colaboradores), responder a sus necesidades y requerimientos, mediante iniciativas anticipadoras y espontáneas, a fin de facilitar la resolución de problemas o dudas aunque las mismas no hayan sido manifestadas expresamente. Capacidad para apoyar decididamente a otras personas y para difundir formas de relación basadas en la confianza. Capacidad para promover el espíritu de colaboración en toda la organización y constituirse en un facilitador para el logro de los objetivos planteados. Capacidad para implementar mecanismos organizacionales tendientes a fomentar la cooperación interdepartamental como instrumento para la consecución de los objetivos comunes.

B Capacidad para brindar ayuda y colaboración a las personas de su área y de otros sectores de la organización relacionados, mostrar interés por sus necesidades aunque las mismas no hayan sido manifestadas expresamente, y apoyarlos en el cumplimiento de sus objetivos. Capacidad para crear relaciones de confianza. Capacidad para utilizar los mecanismos organizacionales que promuevan la cooperación interdepartamental, y para proponer mejoras respecto de ellos.

C Capacidad para apoyar y colaborar activamente con los integrantes de su propia área mediante una clara predisposición a ayudar a otros, incluso antes de que hayan manifestado expresamente la necesidad de colaboración. Capacidad para escuchar los requerimientos de los demás y para ayudarlos en el cumplimiento de sus objetivos, sin descuidar los propios.

D Capacidad para cooperar y brindar soporte a las personas de su entorno cuando se lo solicitan, y tener en cuenta las necesidades de los demás.

Nota: El grado D indica que la competencia está desarrollada en un nivel mínimo.

En grandes organizaciones: asignación de competencias por grupos de puestos o cargos

DESCRIPCIÓN DEL PUESTO

Datos básicos
Organigrama
Síntesis del puesto
Responsabilidades del puesto
Requisitos del puesto
COMPETENCIAS
Cardinales
Específicas

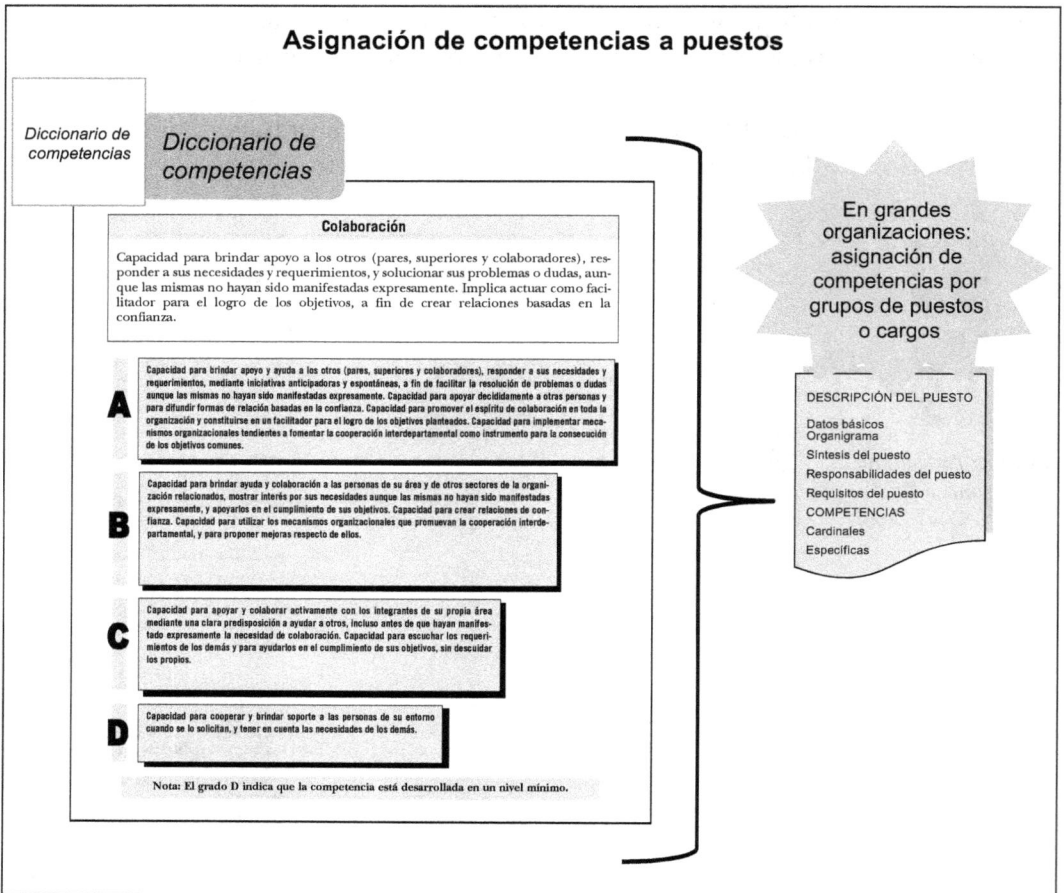

En grandes organizaciones la asignación de competencias se puede realizar por grupos de puestos o cargos.

La Trilogía y sus aplicaciones prácticas

Los tres diccionarios que conforman *La Trilogía* poseen una serie de aplicaciones muy variadas en los distintos subsistemas de Recursos Humanos. En esta sección sólo nos referiremos a las más habituales.

Una vez que se ha implantado un modelo, su aplicación se basará en tres pilares: Selección, Desempeño y Desarrollo.

Los diccionarios se utilizan en cada uno de ellos. A continuación se brinda una explicación resumida al respecto.

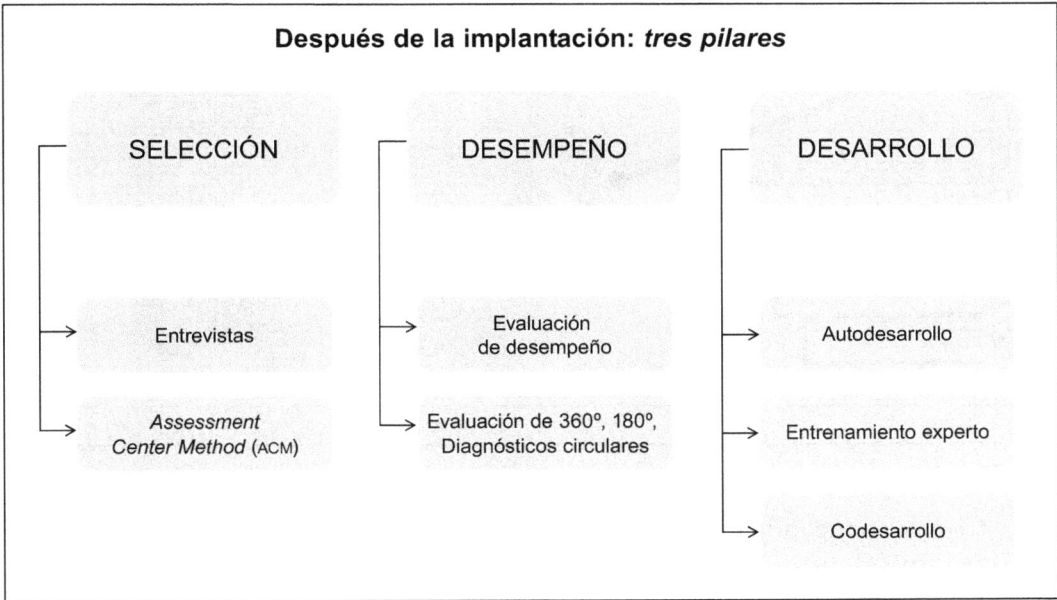

Después de la implantación: *tres pilares*

SELECCIÓN	DESEMPEÑO	DESARROLLO
Entrevistas	Evaluación de desempeño	Autodesarrollo
Assessment Center Method (ACM)	Evaluación de 360°, 180°, Diagnósticos circulares	Entrenamiento experto
		Codesarrollo

Selección por competencias

Se ha destinado una obra a este tema en particular; como se expresara más arriba, en esta sección sólo se dará una breve explicación del rol de los diccionarios en los distintos subsistemas.

En Selección el orden de utilización de los tres diccionarios de *La Trilogía* es el siguiente:

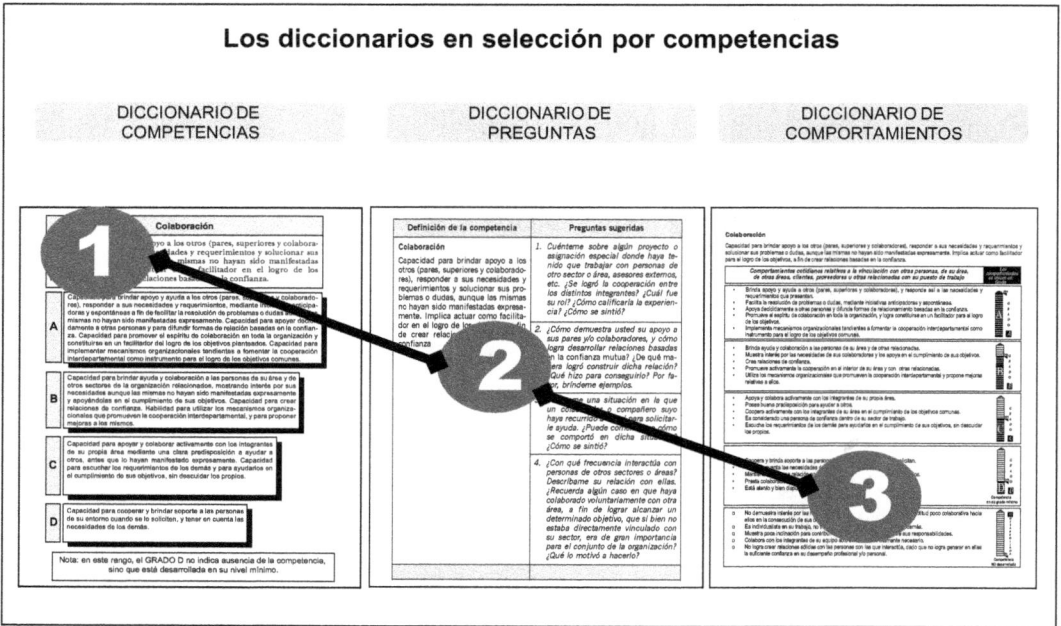

Como surge del gráfico precedente, primero la organización deberá contar con un *Diccionario de competencias*. En base a este se confeccionan los diccionarios de *comportamientos* y *preguntas*.

La entrevista por competencias

La entrevista es fundamental en un proceso de selección, se utilicen o no competencias. Cuando una organización ha diseñado un modelo de competencias, la entrevista explora acerca de estas utilizando, como ya se expresara, el *Diccionario de preguntas* y el *Diccionario de comportamientos*.

Por ejemplo, en una entrevista por competencias, primero se le formulan al entrevistado las preguntas relacionadas con cada competencia a evaluar, utilizando para ello el *Diccionario de preguntas*, teniendo en cuenta el nivel del entrevistado. A partir del relato obtenido como respuesta a las preguntas es posible "observar comportamientos". Luego estos se comparan con los ejemplos definidos en el *Diccionario de comportamientos* y se establece la relación entre unos y otros para identificar el grado correspondiente.

Las entrevistas pueden ser de diferente tipo. La más utilizada es la denominada *entrevista por competencias.* Existe otra, más profunda, que se denomina BEI (por la sigla *Behavioral Event Interview,* o Entrevista por incidentes críticos). En cualquiera de los dos casos, la utilización de los diccionarios es semejante, y se ilustra en el gráfico siguiente.

Selección. La entrevista.
Relacionar preguntas con comportamientos

Comportamientos observados

Preguntas por competencias

Definición de la competencia	Preguntas sugeridas
Colaboración Capacidad para brindar apoyo a los otros (pares, superiores y colaboradores), responder y solucionar sus problemas o dudas, aunque las mismas no hayan sido manifestadas expresamente. Implica actuar como facilitador en el logro de los objetivos, a fin de crear relaciones basadas en la confianza	1. Cuénteme sobre algún proyecto o asignación especial donde haya tenido que trabajar con personas de otro sector o área, asesores externos, etc. ¿Se logró la cooperación entre los distintos integrantes? ¿Cuál fue su rol? ¿Cómo calificaría la experiencia? ¿Cómo se sintió? 2. ¿Cómo demuestra usted su apoyo a sus pares y/o colaboradores, y cómo

Diccionario de preguntas

...le ayuda. ¿? ...se comportó en dicha situación? ¿Cómo se sintió?

4. ¿Con qué frecuencia interactúa con personas de otros sectores o áreas? Descríbame su relación con ellas. ¿Recuerda algún caso en que haya colaborado voluntariamente con otra área, a fin de lograr alcanzar un determinado objetivo, que si bien no estaba directamente vinculado con su sector, era de gran importancia para el conjunto de la organización? ¿Qué lo motivó a hacerlo?

El entrevistado, como respuesta a las preguntas, relata comportamientos

Se formulan preguntas según las definiciones de las competencias,

El análisis del resultado obtenido, en cualquiera de los dos tipos de entrevista mencionados, se explica en el gráfico que sigue.

Selección. Cómo analizar las respuestas

Las respuestas obtenidas se correlacionan con los grados.

Se formulan preguntas según las definiciones de cada competencia. Para ello se utiliza el *Diccionario de preguntas*.

En la obra *Diccionario de preguntas* el lector encontrará cuatro ejemplos de preguntas por cada competencia. Nuestra sugerencia es respetar el estilo y, a partir de ellas, preparar las propias, adaptadas a sus propias circunstancias. Los diccionarios de preguntas se preparan a medida del modelo de cada organización.

Asimismo, las preguntas pueden ser diseñadas para medir valores. El esquema sugerido para ello es similar al descrito para la evaluación de competencias.

Se suministra más información sobre herramientas prácticas en el Anexo III.

Mediciones específicas de competencias

Las organizaciones necesitan medir competencias en diferentes momentos y por distintos motivos. Las dos herramientas más utilizadas son las *Fichas de evaluación* (ver Anexo III sobre herramientas) y los *Assessment* –término de uso generalizado que designa al método denominado *Assessment Center Method* (ACM)–.

Assessment Center Method (ACM)

Para ser eficaz, la técnica de medición de competencias conocida como *Assessment Center Method* debe ser diseñada a medida de cada organización. Los casos comprendidos deben:

1. Ser situacionales –es decir, en relación con la tarea actual o futura del evaluado–.

2. Estar relacionados con el modelo de competencias –es decir, tomando en cuenta las competencias del modelo de la organización– y ser diseñados específicamente para medir en particular los comportamientos referidos a ellas.

Como se puede apreciar en el gráfico precedente, los casos se relacionan con el *Diccionario de comportamientos*. Durante un *assessment* se observan los comportamientos de los evaluados, que luego son cotejados con los ejemplos que ofrece el mencionado diccionario.

La técnica de *assessment* es muy conocida por su utilización en procesos de selección. Sin embargo, se aplica en muchas otras situaciones, siendo una herramienta muy valiosa. Se sugiere analizar el siguiente gráfico explicativo de las diferentes opciones posibles –al menos, las más frecuentes–.

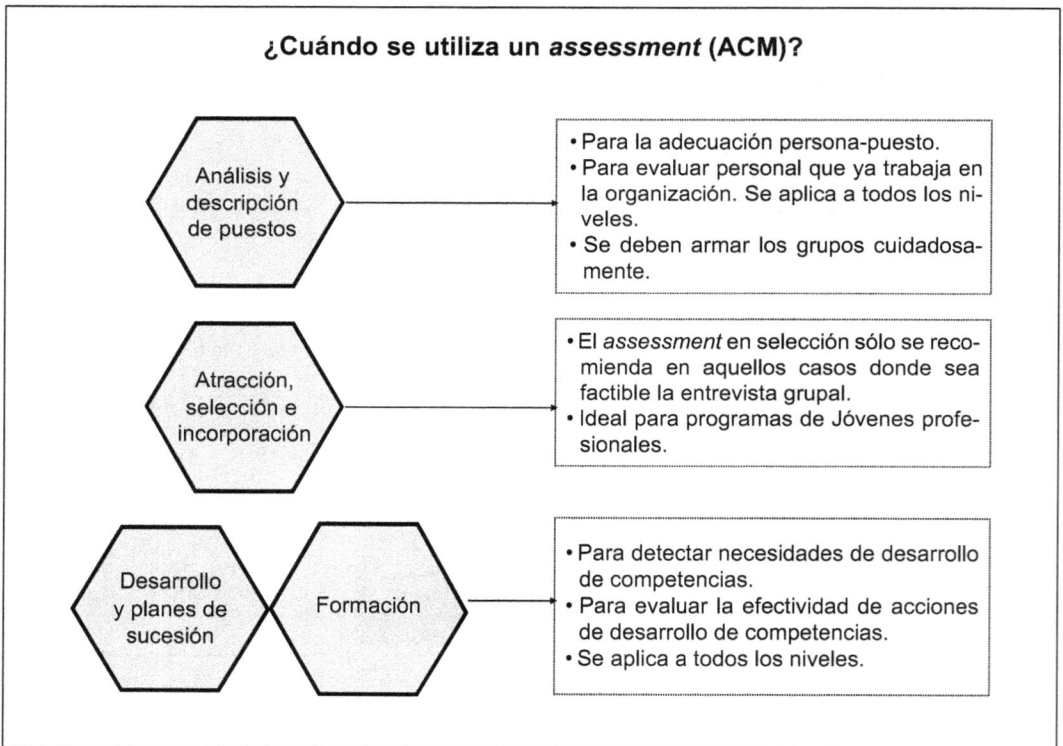

¿Cuándo se utiliza un *assessment* (ACM)?

Análisis y descripción de puestos
- Para la adecuación persona-puesto.
- Para evaluar personal que ya trabaja en la organización. Se aplica a todos los niveles.
- Se deben armar los grupos cuidadosamente.

Atracción, selección e incorporación
- El *assessment* en selección sólo se recomienda en aquellos casos donde sea factible la entrevista grupal.
- Ideal para programas de Jóvenes profesionales.

Desarrollo y planes de sucesión / **Formación**
- Para detectar necesidades de desarrollo de competencias.
- Para evaluar la efectividad de acciones de desarrollo de competencias.
- Se aplica a todos los niveles.

Como se desprende del gráfico siguiente, la sugerencia es que las pruebas situacionales sean diseñadas a medida de cada organización. Esto implica que se trate de un caso relacionado con su actividad y contemplando sus propias competencias.

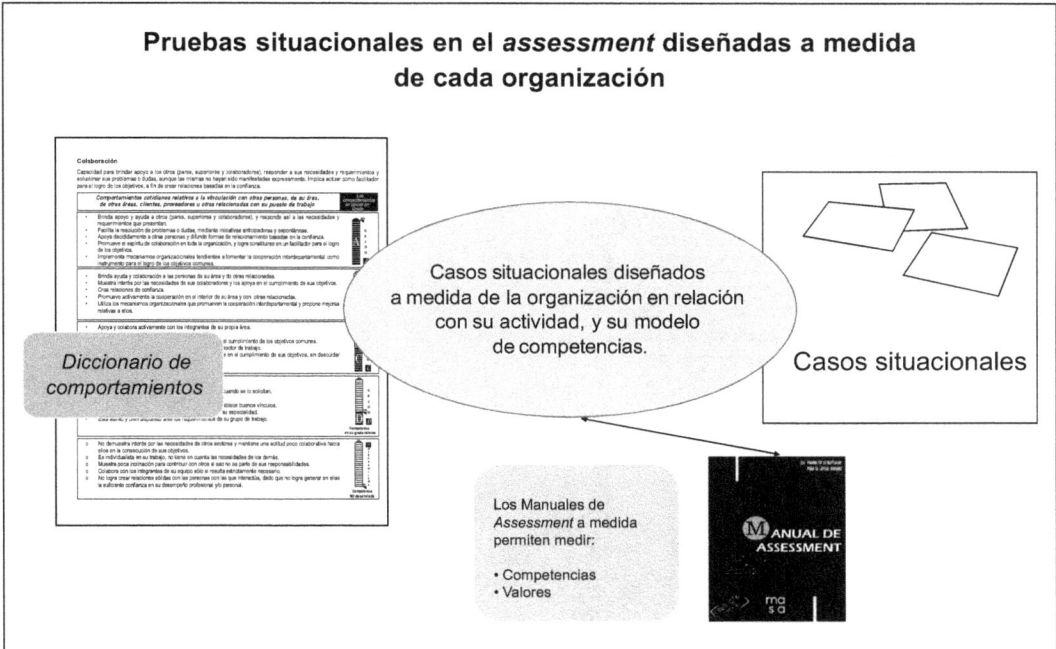

Pruebas situacionales en el *assessment* diseñadas a medida de cada organización

Si bien esta obra está destinada especialmente a la temática de competencias, es importante destacar que un *assessment* diseñado a medida puede ser utilizado también para medir valores, si es que estos han sido considerados en la elaboración de la herramienta. En cualquiera de los casos mencionados, los resultados obtenidos durante el *assessment* se analizan del siguiente modo:

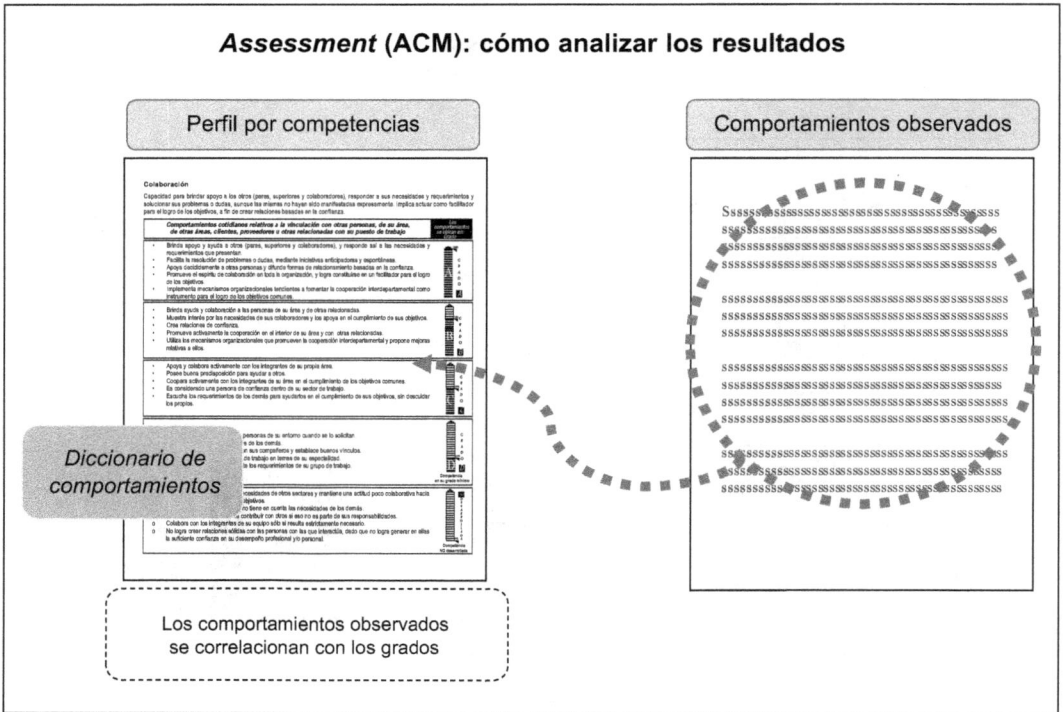

Desempeño por competencias

En la serie de libros de Recursos Humanos el lector podrá encontrar uno específicamente relacionado con la temática, por lo tanto, aquí sólo se dará una breve descripción sobre los diccionarios relacionados. Sugerimos además la lectura del Anexo III sobre herramientas.

Para medir el desempeño por competencias pueden utilizarse diversas herramientas:

- Evaluación vertical.
- Evaluación de 360°.
- Evaluación de 180°.

- Diagnósticos circulares.
- Fichas de evaluación, aplicables a mediciones específicas o como apoyo a las cuatro anteriores.

La evaluación de desempeño

En la evaluación de desempeño vertical, usualmente, se combinan objetivos y competencias. Para estas últimas se deben observar comportamientos, dentro del período o ejercicio en evaluación, según puede verse en el siguiente gráfico.

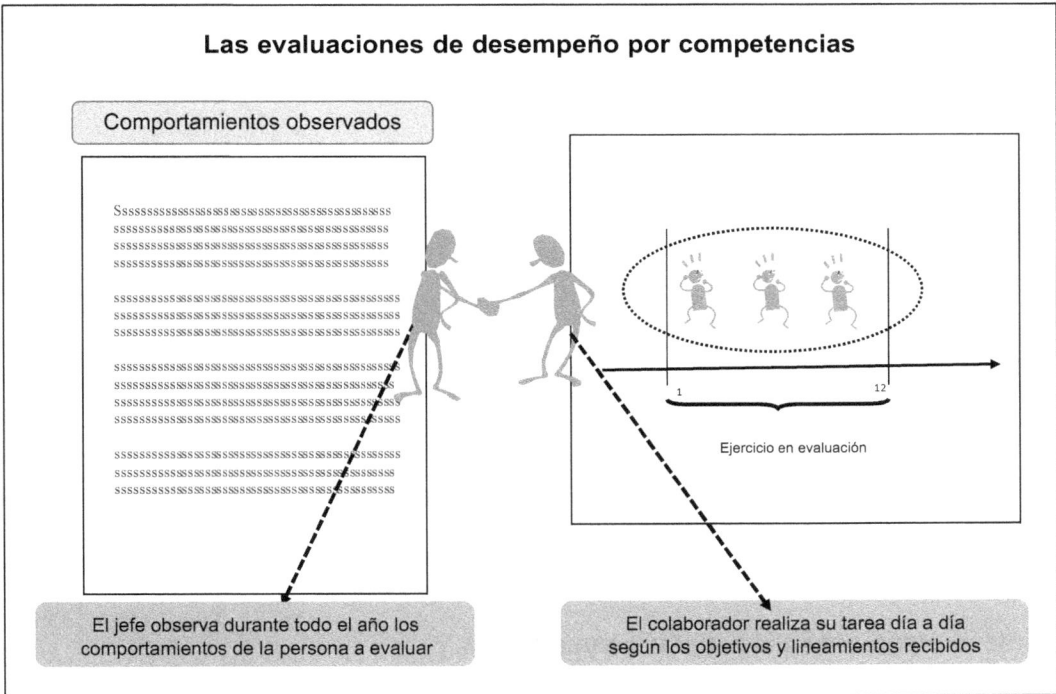

Las evaluaciones de desempeño por competencias

Comportamientos observados

El jefe observa durante todo el año los comportamientos de la persona a evaluar

El colaborador realiza su tarea día a día según los objetivos y lineamientos recibidos

Ejercicio en evaluación

El análisis de las competencias se realiza del siguiente modo.

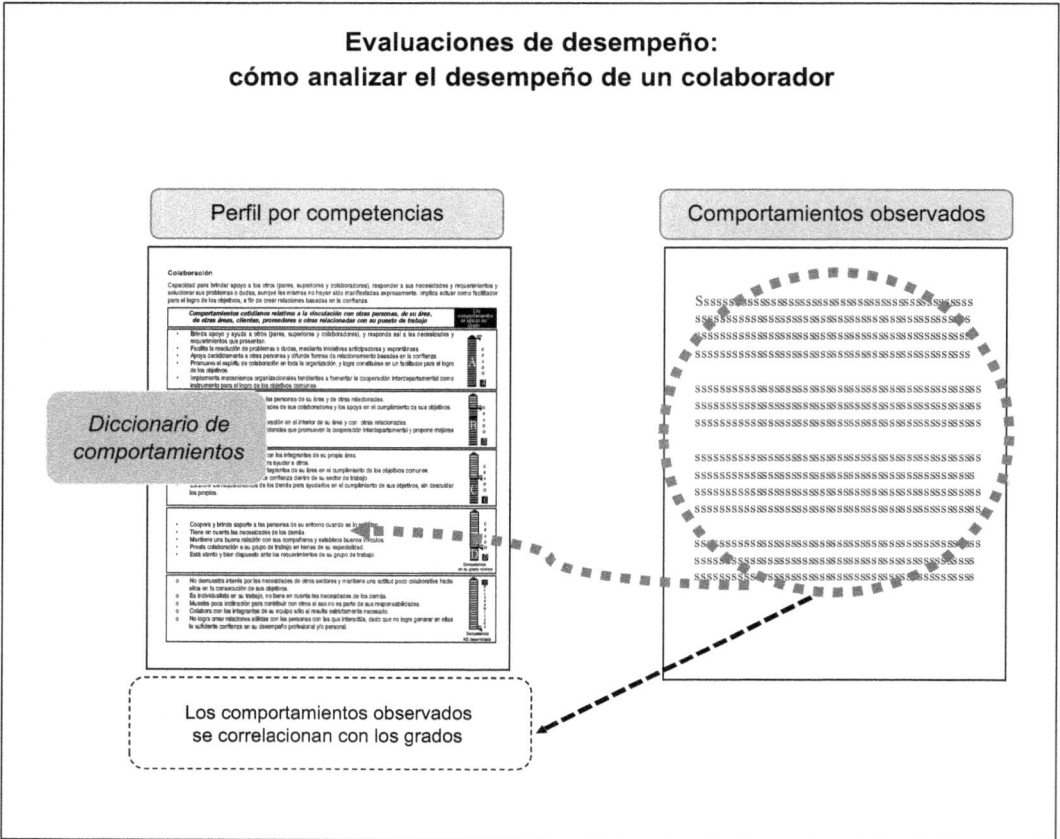

**Evaluaciones de desempeño:
cómo analizar el desempeño de un colaborador**

Los comportamientos observados se relacionan con las competencias asignadas al puesto de trabajo.

Otras evaluaciones para medir competencias

Las evaluaciones de 360° (así como las de 180°) evalúan competencias con vistas a su desarrollo. En una evaluación de 360° una serie de evaluadores observan el desempeño de una persona. Del mismo modo sucede en la evaluación de 180° y en los diagnósticos circulares.

Evaluación de 360° por competencias

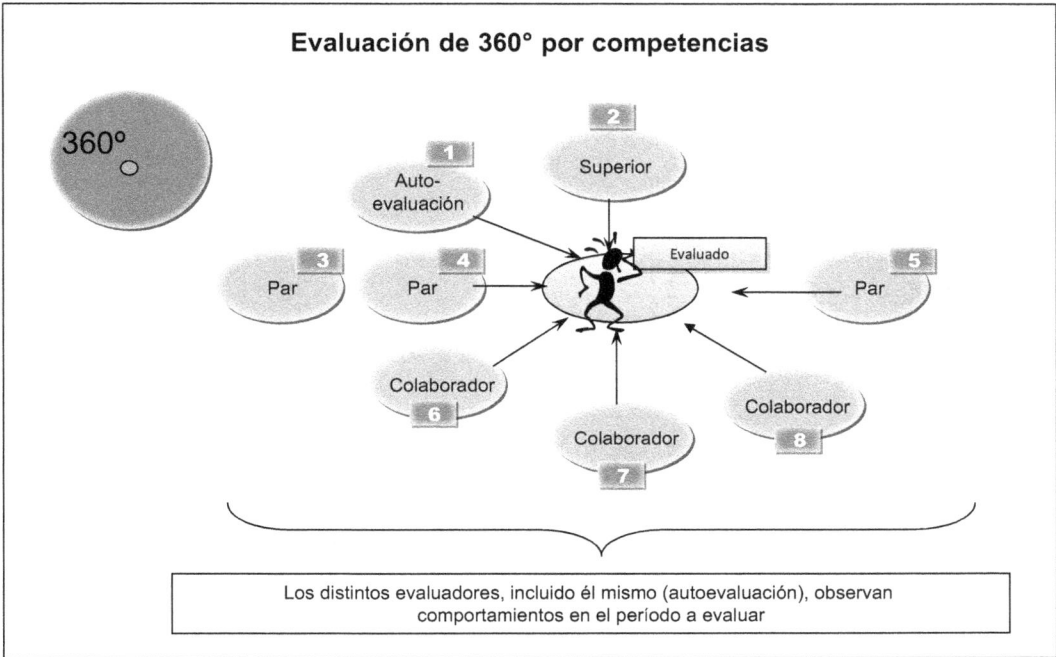

Los distintos evaluadores, incluido él mismo (autoevaluación), observan comportamientos en el período a evaluar

En las diferentes evaluaciones mencionadas se observan comportamientos y estos se relacionan con los descritos en el *Diccionario de comportamientos* (ver gráfico en la página siguiente).

Es importante señalar que si la evaluación de 360° no se diseña sobre la base del *Diccionario de comportamientos* de la empresa en cuestión, no estará midiendo a los ejecutivos u otros funcionarios en base al modelo de la organización y, desde ya, no medirá su desempeño en relación con aquello definido como necesario para alcanzar la estrategia organizacional.

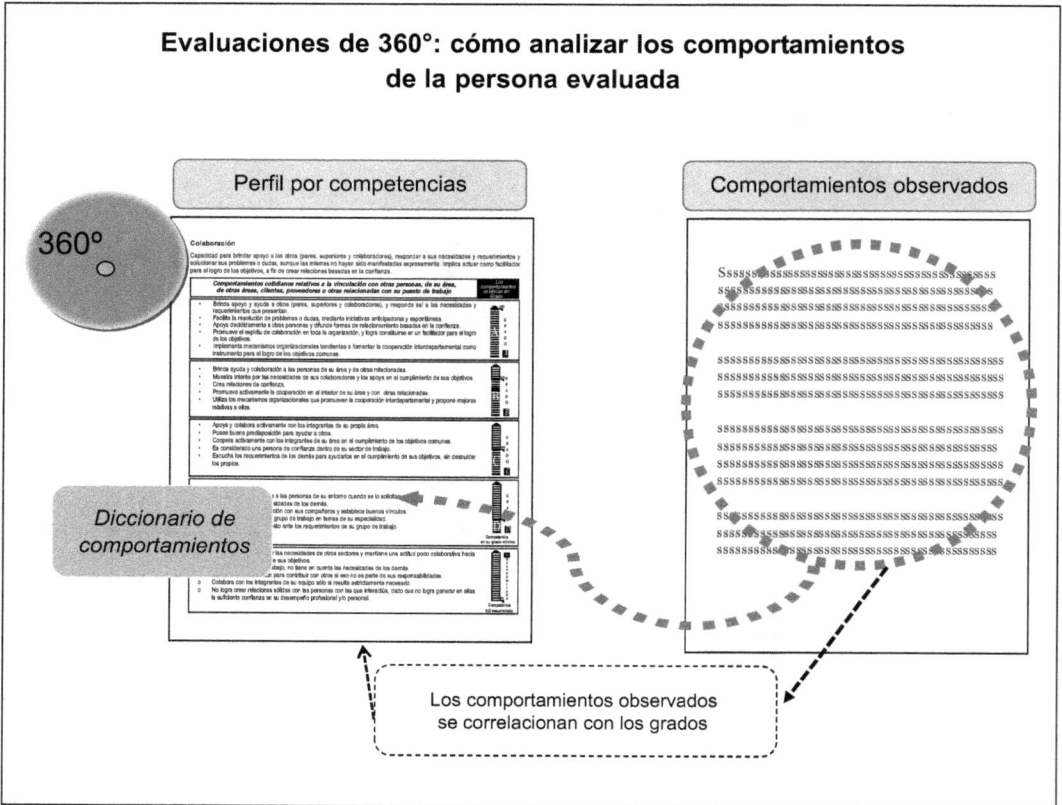

Evaluaciones de 360°: cómo analizar los comportamientos de la persona evaluada

Desarrollo de personas

Los diccionarios, en especial el de comportamientos, pueden ser aplicados en otras actividades relacionadas con las personas.

Formación en competencias

En el momento de implantar el modelo es necesario difundirlo o darlo a conocer y, además, enseñar de qué manera debe utilizarse. La información de esta sección será de utilidad para explicar el mejor uso de los distintos herramentales necesarios para poner en marcha el modelo de competencias.

Formación en competencias

Desarrollo de competencias

Una vez que se han medido las competencias de los distintos integrantes de la organización, se habrán determinado brechas entre el nivel de competencias de cada colaborador y lo requerido por su puesto de trabajo. A partir de allí se deberán realizar acciones de desarrollo de competencias. Los distintos métodos se muestran en el gráfico siguiente, y en los libros de la serie Recursos Humanos podrá encontrar varios textos destinados a este tema en particular.

Mapa y ruta de talentos

En función de las capacidades de las personas, es decir, a partir de un *mapa de talentos,* es posible diseñar *rutas internas* para el crecimiento de ese talento dentro de la organización, contemplando desde las capacidades de las personas hasta sus proyectos personales. Los diferentes programas organizacionales, tratados en la obra *Construyendo talento,* se muestran en el gráfico siguiente.

Mapa y ruta de talentos

Carrera gerencial y especialista

Planes de carrera

Diagramas de reemplazo

Plan de Jóvenes Profesionales

DESARROLLO DE PERSONAS DENTRO DE LA ORGANIZACIÓN

Planes de sucesión

Personas clave

Entrenamiento experto

Jefe entrenador

Mentoring

Si bien esta obra está referida a competencias, es importante destacar que para los diferentes programas organizacionales incluidos dentro de *Mapa y ruta de talentos* se consideran:

- Conocimientos.
- Competencias.
- Experiencia.

Para mayor detalle sobre los diferentes aspectos relacionados con el desarrollo de personas, se sugiere leer el Anexo III de esta misma obra.

PARA TODOS LOS LECTORES

Disponible en formato digital un Anexo donde se ha realizado un análisis detallado de libros y subsistemas que complementa las temáticas abordadas en esta obra.

PARA PROFESORES

La *Trilogía* está compuesta por tres obras relacionadas entre sí:

❖ *Diccionario de competencias*
❖ *Diccionario de comportamientos*
❖ *Diccionario de preguntas*

Para una mejor explicación de la aplicación práctica de la *Trilogía* hemos preparado:

→ Casos prácticos y/o ejercicios para una mejor comprensión de los temas tratados.
→ Material de apoyo para el dictado de clases.

Los profesores que hayan adoptado esta obra para sus cursos, tanto de grado como de posgrado, pueden solicitar de manera gratuita las obras:

• *Trilogía. CASOS PRÁCTICOS*
• *Trilogía. CLASES*

Únicamente disponibles en formato digital en *www.marthaalles.com*

Diccionario de comportamientos. Cómo utilizarlo

Comportamientos y modelo de competencias

Cuando se diseña un modelo de competencias se preparan tres diccionarios, que son documentos internos organizacionales. Usted tiene en sus manos un libro con sugerencias en materia de comportamientos, por lo tanto, su contenido no representa un modelo de competencias en sí mismo. En esta sección, a medida que se expliquen las mejores prácticas, se realizarán comentarios sobre cómo deben aplicarse estos conceptos a una organización en particular.

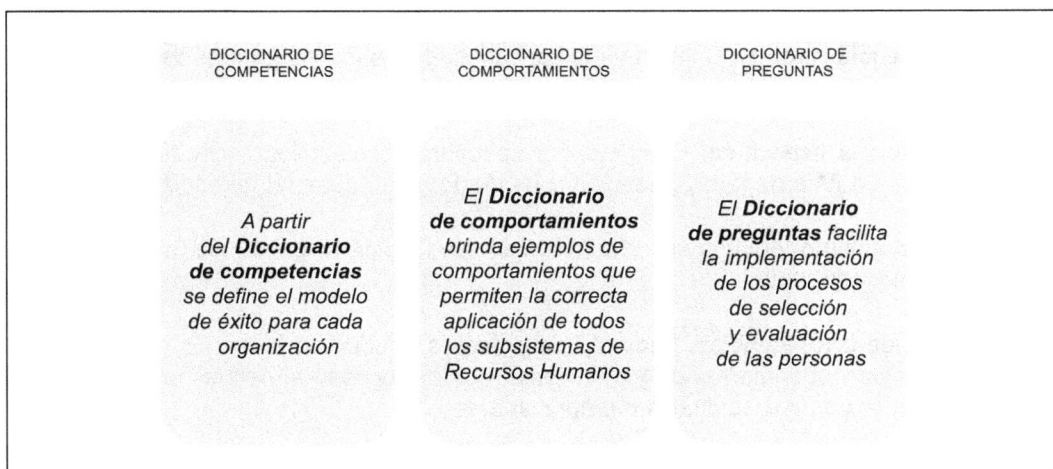

DICCIONARIO DE COMPETENCIAS	DICCIONARIO DE COMPORTAMIENTOS	DICCIONARIO DE PREGUNTAS
*A partir del **Diccionario de competencias** se define el modelo de éxito para cada organización*	*El **Diccionario de comportamientos** brinda ejemplos de comportamientos que permiten la correcta aplicación de todos los subsistemas de Recursos Humanos*	*El **Diccionario de preguntas** facilita la implementación de los procesos de selección y evaluación de las personas*

Esta obra se ha preparado con un doble propósito: presentar nuevos conceptos sumamente requeridos en este momento y, además, ofrecer una selección de las competencias más utilizadas.

Las competencias se presentan en tres grupos:

- Competencias cardinales.
- Competencias específicas gerenciales.
- Competencias específicas por área.

Los conceptos pueden intercambiarse. Por ejemplo, la competencia cardinal *Ética y sencillez* podría ser considerada como específica por área y la competencia específica por área *Desarrollo de personas* podría ser considerada como cardinal. La presente obra es un libro, no un modelo establecido, y debe ser tomada como tal.

Definiciones

Competencia. Hace referencia a las características de personalidad, devenidas en comportamientos, que generan un desempeño exitoso en un puesto de trabajo.

Competencia cardinal. Competencia aplicable a todos los integrantes de la organización. Representan su esencia y permiten alcanzar la visión organizacional.

Competencia específica. Competencia aplicable a colectivos específicos, por ejemplo, un área de la organización o un cierto nivel, como el gerencial.

Comportamiento. Aquello que una persona hace (acción física) o dice (discurso). Sinónimo: conducta.

Modelo de competencias. Conjunto de procesos relacionados con las personas que integran la organización y que tienen como propósito alinearlas en pos de los objetivos organizacionales o empresariales.

Modelo de valores. Conjunto de procesos relacionados con las personas que integran la organización y que permiten incorporar a los subsistemas de Recursos Humanos los valores organizacionales.

Valores. Aquellos principios que representan el sentir de la organización, sus objetivos y prioridades estratégicas.

El Diccionario de competencias

El modelo de competencias se plasma en un primer documento: *Diccionario de competencias.* Las competencias se definen con una frase y se abren en cuatro grados o niveles a los cuales hemos denominado A, B, C y D.

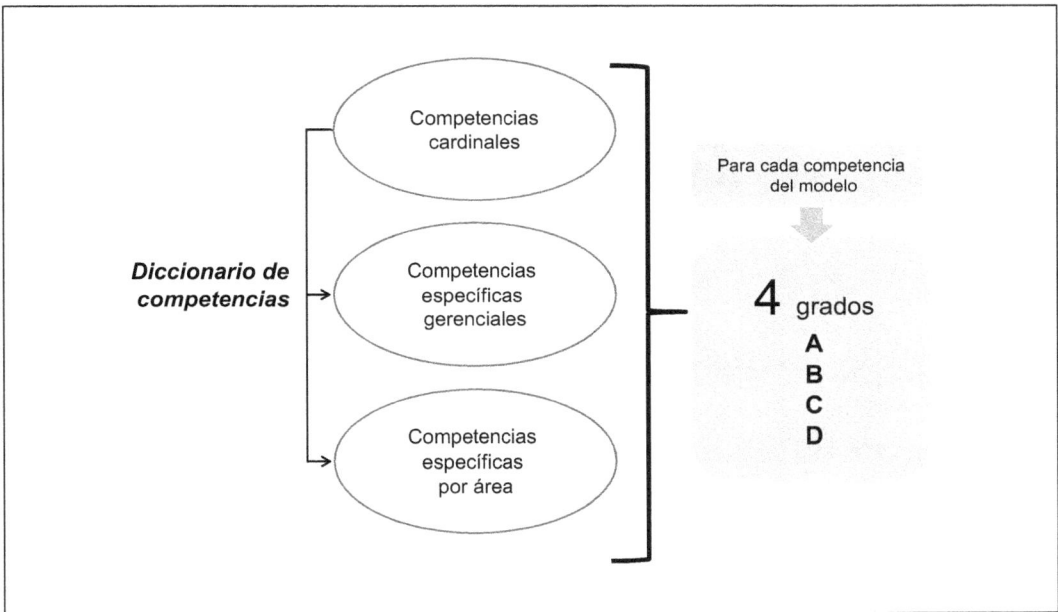

Como puede observarse en el gráfico siguiente, las competencias que conforman un modelo son de distinto tipo. Las competencias *cardinales* son aplicables a todos los integrantes de la organización; no así las *específicas,* que sólo se relacionan con algún colectivo: competencias *específicas gerenciales* y competencias *específicas por área.*

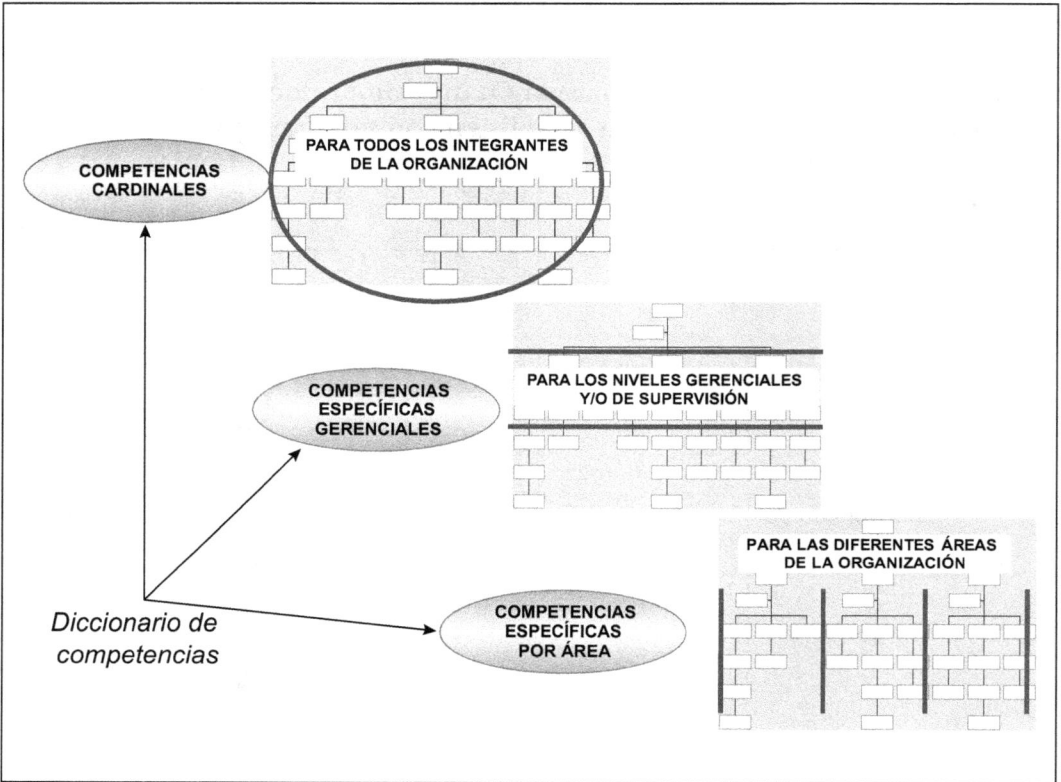

Diccionario de comportamientos.
Qué es y cómo leerlo

Para todas las competencias que conforman un modelo se preparan ejemplos de comportamientos observables, tal como puede verse en los ejemplos de esta obra.

De acuerdo con la definición dada en párrafos anteriores, comportamiento es aquello que una persona hace (acción física) o dice (discurso). Por lo tanto, no es aquello que una persona desea hacer o decir o que piensa que *debería* hacer o decir.

En resumen, los comportamientos son observables en una acción que puede ser vista o una frase que puede ser escuchada.

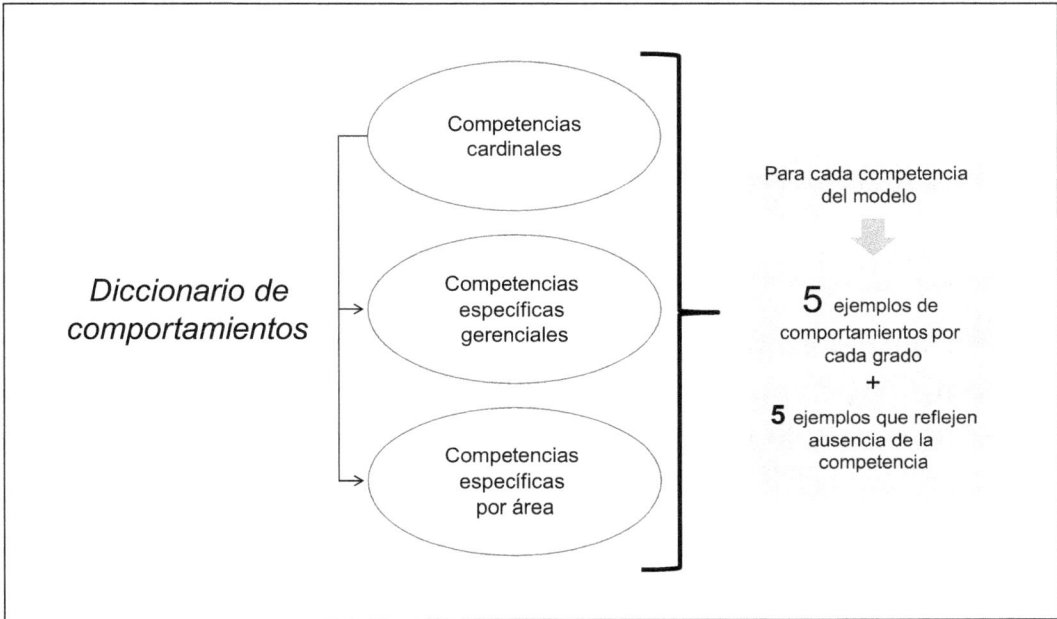

Como ya se expresara, usted tiene en sus manos un libro con ejemplos de comportamientos. Cada organización deberá confeccionar sus propios diccionarios (de competencias, comportamientos y preguntas) de acuerdo con el modelo de competencias que haya definido, que –como se ha explicado en el capítulo *Las buenas prácticas en Recursos Humanos. Gestión por competencias*– se elabora en función de su visión, misión, valores y estrategia. Por esta razón es que estos diccionarios siempre se preparan *a medida* de cada organización.

El *Diccionario de comportamientos* tiene las siguientes características (que deberían replicarse en el diccionario realizado a medida de cada organización):

- Constituye un conjunto de ejemplos de conductas relacionados con cada una de las competencias que integran el modelo de la organización, y que abarcan una serie de diversas situaciones posibles.

- Por cada grado o nivel de la competencia se presentan cinco ejemplos.

- Para todas las competencias se brindan ejemplos de la competencia en grado "no desarrollado". Estos son ejemplos negativos, es decir, representan comportamientos no deseados.

Para su mejor comprensión se debe tener en cuenta que:

- La redacción de un comportamiento comienza siempre con un verbo "en acción".

- Nunca se expresa el verbo en potencial o futuro.

- Para reconocer si una persona manifiesta o no ese comportamiento debe cumplir con todo lo que el comportamiento refiere. (Se verá este tema más adelante.)

En la página siguiente se muestra un esquema de cómo se presenta la información.

Cómo leer el diccionario

NOMBRE DE LA COMPETENCIA

DESCRIPCIÓN DE LA COMPETENCIA

Colaboración

Capacidad para brindar apoyo a los otros (pares, superiores y colaboradores), responder a sus necesidades y requerimientos y solucionar sus problemas o dudas, aunque las mismas no hayan sido manifestadas expresamente. Implica actuar como facilitador ... al logro de los objetivos, a fin de crear relaciones basadas en la confianza.

Idea fuerza elegida para la preparación de los comportamientos

...s ...stégicos relativos a la vinculación con otras personas, de su área, ...s, clientes, proveedores u otras relacionadas con su puesto de trabajo

Los comportamientos se ubican en: Grado

- Brinda apoyo y ayuda a otros (pares, superiores y colaboradores), y responde así a las necesidades y requerimientos que presentan.
- Facilita la resolución de problemas o dudas, mediante iniciativas anticipadoras y espontáneas.
- Apoya decididamente a otras personas y difunde formas de relacionamiento basadas en la confianza.
- Promueve el espíritu de colaboración en toda la organización, y logra constituirse en un facilitador para el logro de los objetivos.
- Implementa mecanismos organizacionales tendientes a fomentar la cooperación interdepartamental como instrumento para el logro de los objetivos comunes.

GRADO A

- Brinda ayuda y colaboración a las personas de su área y de otras relacionadas.
- Muestra interés por las necesidades de sus colaboradores y los apoya en el cumplimiento de sus objetivos.
- Crea relaciones de confianza.
- Promueve activamente la cooperación en el interior de su área y con otras relacionadas.
- Utiliza los mecanismos organizacionales que promueven la cooperación interdepartamental y propone mejoras ...ellos.

GRADO B

COMPORTAMIENTOS ASOCIADOS A CADA NIVEL

- ... colabora activamente con los integrantes de su propia área.
- Posee buena predisposición para ayudar a otros.
- Coopera activamente con los integrantes de su área en el cumplimiento de los objetivos comunes.
- Es considerado una persona de confianza dentro de su sector de trabajo.
- Escucha los requerimientos de los demás para ayudarlos en el cumplimiento de sus objetivos, sin descuidar los propios.

GRADO C

- Coopera y brinda soporte a las personas de su entorno cuando se lo solicitan.
- Tiene en cuenta las necesidades de los demás.
- Mantiene una buena relación con sus compañeros y establece buenos vínculos.
- Presta colaboración a su grupo de trabajo en temas de su especialidad.
- Está atento y bien dispuesto ante los requerimientos de su grupo de trabajo.

GRADO D

Competencia en su grado mínimo

- No demuestra interés por las necesidades de otros sectores y mantiene una actitud poco colaborativa hacia ellos en la consecución de sus objetivos.
- Es individualista en su trabajo, no tiene en cuenta las necesidades de los demás.
- Muestra poca inclinación para contribuir con otros si eso no es parte de sus responsabilidades.
- Colabora con los integrantes de su equipo sólo si resulta estrictamente necesario.
- No logra crear relaciones sólidas con las personas con las que interactúa, dado que no logra generar en ellas la suficiente confianza en su desempeño profesional y/o personal.

D DESARROLLADA

Escala en cuatro niveles, más uno que permite identificar cuando la competencia se presenta no desarrollada

Una escala de graduación acumulativa: la definición de cada nivel lleva implícitas todas las manifestaciones positivas de los niveles inferiores

En un modelo de competencias se implementan tres diccionarios diferentes: *Diccionario de competencias, Diccionario de preguntas* y *Diccionario de comportamientos.*

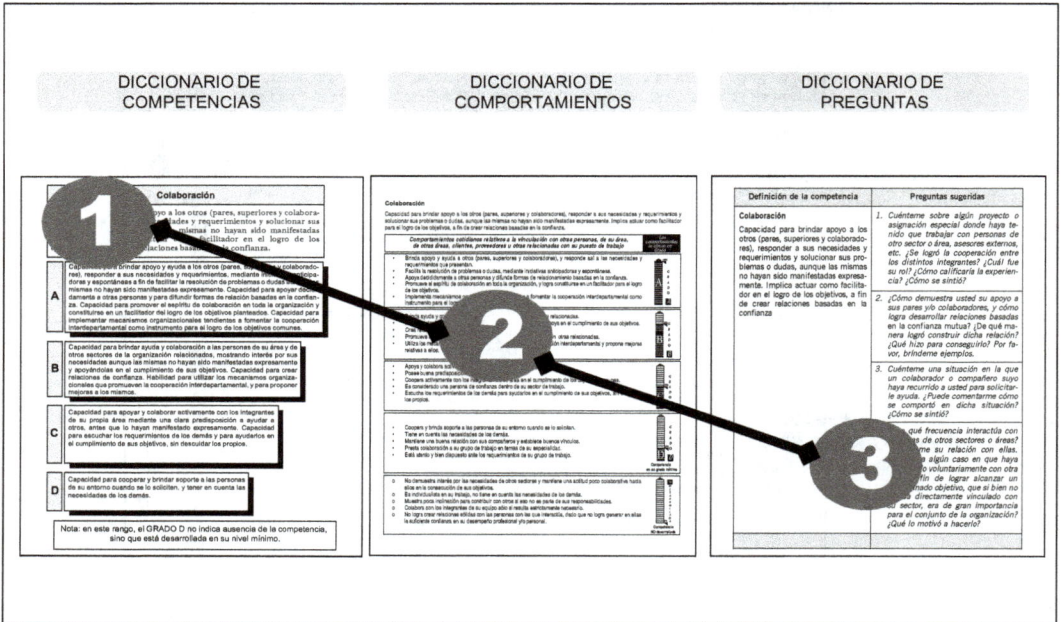

El *Diccionario de comportamientos* se diseña a partir del *Diccionario de competencias*

Un *Diccionario de comportamientos* se diseña a partir de un *Diccionario de competencias,* el cual, en todos los casos, se prepara en primera instancia.

Para una mejor comprensión, y antes de explicar más en detalle el *Diccionario de comportamientos,* se hará una breve mención al *Diccionario de competencias,* cómo es su estructura y formato.

A continuación se presenta, a modo de ejemplo, la competencia *Colaboración* tal como es definida y descripta en el *Diccionario de competencias* que integra nuestra *Trilogía.*

Colaboración

Capacidad para brindar apoyo a los otros (pares, superiores y colaboradores), responder a sus necesidades y requerimientos, y solucionar sus problemas o dudas, aunque las mismas no hayan sido manifestadas expresamente. Implica actuar como facilitador para el logro de los objetivos, a fin de crear relaciones basadas en la confianza.

A
Capacidad para brindar apoyo y ayuda a los otros (pares, superiores y colaboradores), responder a sus necesidades y requerimientos, mediante iniciativas anticipadoras y espontáneas, a fin de facilitar la resolución de problemas o dudas, aunque las mismas no hayan sido manifestadas expresamente. Capacidad para apoyar decididamente a otras personas y para difundir formas de relación basadas en la confianza. Capacidad para promover el espíritu de colaboración en toda la organización y constituirse en un facilitador para el logro de los objetivos planteados. Capacidad para implementar mecanismos organizacionales tendientes a fomentar la cooperación interdepartamental como instrumento para la consecución de los objetivos comunes.

B
Capacidad para brindar ayuda y colaboración a las personas de su área y de otros sectores de la organización relacionados, mostrar interés por sus necesidades aunque las mismas no hayan sido manifestadas expresamente, y apoyarlos en el cumplimiento de sus objetivos. Capacidad para crear relaciones de confianza. Capacidad para utilizar los mecanismos organizacionales que promuevan la cooperación interdepartamental, y para proponer mejoras respecto de ellos.

C
Capacidad para apoyar y colaborar activamente con los integrantes de su propia área mediante una clara predisposición a ayudar a otros, incluso antes de que hayan manifestado expresamente la necesidad de colaboración. Capacidad para escuchar los requerimientos de los demás y para ayudarlos en el cumplimiento de sus objetivos, sin descuidar los propios.

D
Capacidad para cooperar y brindar soporte a las personas de su entorno cuando se lo solicitan, y tener en cuenta las necesidades de los demás.

Nota: El grado D indica que la competencia está desarrollada en un nivel mínimo.

Como ya se comentó, cada competencia se abre en cuatro grados.

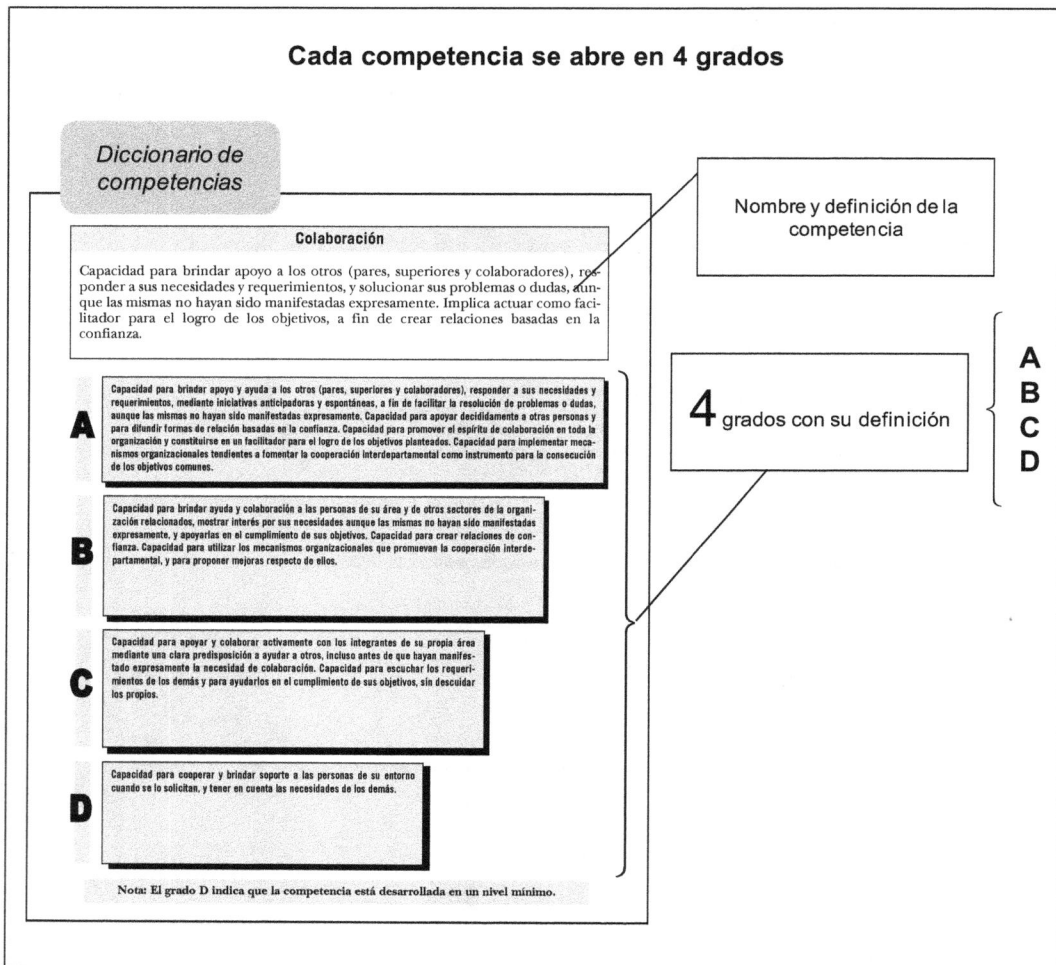

Cada competencia se abre en 4 grados

Diccionario de competencias

Colaboración

Capacidad para brindar apoyo a los otros (pares, superiores y colaboradores), responder a sus necesidades y requerimientos, y solucionar sus problemas o dudas, aunque las mismas no hayan sido manifestadas expresamente. Implica actuar como facilitador para el logro de los objetivos, a fin de crear relaciones basadas en la confianza.

Nombre y definición de la competencia

A Capacidad para brindar apoyo y ayuda a los otros (pares, superiores y colaboradores), responder a sus necesidades y requerimientos, mediante iniciativas anticipadoras y espontáneas, a fin de facilitar la resolución de problemas o dudas, aunque las mismas no hayan sido manifestadas expresamente. Capacidad para apoyar decididamente a otras personas y para difundir formas de relación basadas en la confianza. Capacidad para promover el espíritu de colaboración en toda la organización y constituirse en un facilitador para el logro de los objetivos planteados. Capacidad para implementar mecanismos organizacionales tendientes a fomentar la cooperación interdepartamental como instrumento para la consecución de los objetivos comunes.

B Capacidad para brindar ayuda y colaboración a las personas de su área y de otros sectores de la organización relacionados, mostrar interés por sus necesidades aunque las mismas no hayan sido manifestadas expresamente, y apoyarlas en el cumplimiento de sus objetivos. Capacidad para crear relaciones de confianza. Capacidad para utilizar los mecanismos organizacionales que promuevan la cooperación interdepartamental, y para proponer mejoras respecto de ellos.

C Capacidad para apoyar y colaborar activamente con los integrantes de su propia área mediante una clara predisposición a ayudar a otros, incluso antes de que hayan manifestado expresamente la necesidad de colaboración. Capacidad para escuchar los requerimientos de los demás y para ayudarlos en el cumplimiento de sus objetivos, sin descuidar los propios.

D Capacidad para cooperar y brindar soporte a las personas de su entorno cuando se lo solicitan, y tener en cuenta las necesidades de los demás.

4 grados con su definición

A
B
C
D

Nota: El grado D indica que la competencia está desarrollada en un nivel mínimo.

El Grado D –el mínimo en este caso– tiene la siguiente definición.

Colaboración. Grado D

D Capacidad para cooperar y brindar soporte a las personas de su entorno cuando se lo solicitan, y tener en cuenta las necesidades de los demás.

Nota: El grado D indica que la competencia está desarrollada en un nivel mínimo.

Este grado se abre, a su vez, en cinco ejemplos de comportamientos observables.

Colaboración
Cada Grado se abre en comportamientos. Ejemplo Grado D

COMPORTAMIENTOS. Grado D

- Coopera y brinda soporte a las personas de su entorno cuando se lo solicitan.
- Tiene en cuenta las necesidades de los demás.
- Mantiene una buena relación con sus compañeros y establece buenos vínculos.
- Presta colaboración a su grupo de trabajo en temas de su especialidad.
- Está atento y bien dispuesto ante los requerimientos de su grupo de trabajo.

El *Diccionario de comportamientos* en detalle

A continuación se dará una explicación minuciosa sobre cómo se presenta la información en el *Diccionario de comportamientos,* donde para cada una de las competencias se presentan los siguientes datos:

- Nombre y definición de la competencia.

- Cinco ejemplos de comportamientos para cada uno de los grados de la competencia: A, B, C y D.

- Cinco ejemplos que reflejan ausencia de la competencia (grado que hemos denominado "no desarrollado").

Como puede apreciarse en el gráfico siguiente, en la parte superior se expone el nombre de la competencia y su definición.

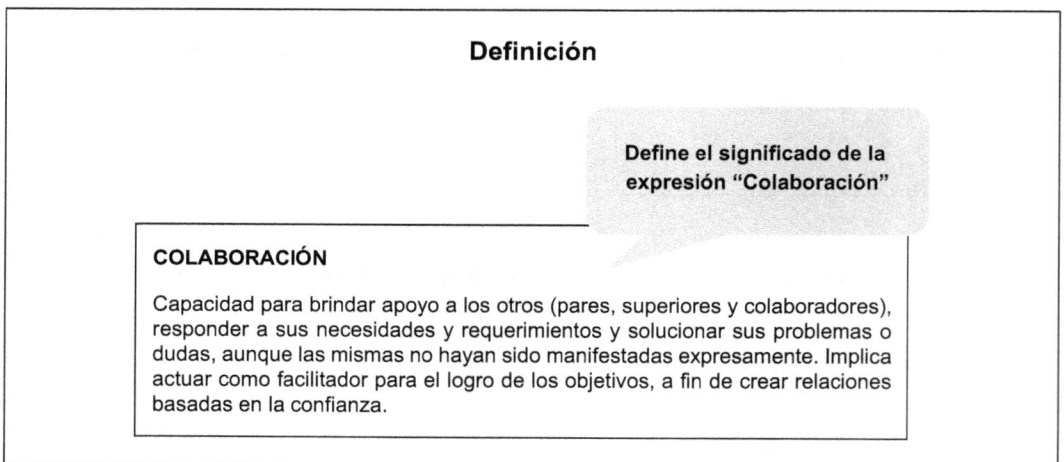

Definición

> Define el significado de la expresión "Colaboración"

COLABORACIÓN

Capacidad para brindar apoyo a los otros (pares, superiores y colaboradores), responder a sus necesidades y requerimientos y solucionar sus problemas o dudas, aunque las mismas no hayan sido manifestadas expresamente. Implica actuar como facilitador para el logro de los objetivos, a fin de crear relaciones basadas en la confianza.

A continuación se describen los ejemplos de comportamientos correspondientes al nivel más alto de la competencia, Grado A. En algunos casos, como en las competencias cardinales, los ejemplos dados en este nivel se relacionan con la máxima conducción de la organización, aquellos directivos que definen la estrategia y valores organizacionales.

Comportamientos por niveles

Ejemplos de comportamientos que evidencian la competencia en Grado A

Comportamientos cotidianos relativos a la vínculación con otras personas, de su área, de otras áreas, clientes, proveedores u otras relacionadas con su puesto de trabajo	Los comportamientos se ubican en grado
• Brinda apoyo y ayuda a otros (pares, superiores y colaboradores), y responde así a las necesidades y requerimientos que presentan. • Facilita la resolución de problemas o dudas, mediante iniciativas anticipadoras y espontáneas. • Apoya decididamente a otras personas y difunde formas de relacionamiento basadas en la confianza. • Promueve el espíritu de colaboración en toda la organización, y logra constituirse en un facilitador para el logro de los objetivos. • Implementa mecanismos organizacionales tendientes a fomentar la cooperación interdepartamental como instrumento para el logro de los objetivos comunes.	100% G R A D O *A*

El grado siguiente, B, al igual que el anterior, implica la competencia en un alto nivel de desarrollo y, en algunos casos, como en las competencias cardinales, expone ejemplos relacionados con los directivos de cada área de la organización (vicepresidentes, directores, gerentes, etc., según la denominación que se utilice).

Comportamientos por niveles

Ejemplos de comportamientos que evidencian la competencia en Grado B

• Brinda ayuda y colaboración a las personas de su área y de otras relacionadas. • Muestra interés por las necesidades de sus colaboradores y los apoya en el cumplimiento de sus objetivos. • Crea relaciones de confianza. • Promueve activamente la cooperación en el interior de su área y con otras relacionadas. • Utiliza los mecanismos organizacionales que promueven la cooperación interdepartamental y propone mejoras relativas a ellos.	75% G R A D O *B*

Los dos niveles siguientes, grados C y D, son positivos y en ningún caso deben ser considerados como "pobres o no adecuados". Representan un nivel menor de desarrollo de la competencia pero son, de todos modos, retadores y desafiantes.

Comportamientos por niveles

Ejemplos de comportamientos que evidencian la competencia en Grado C

- Apoya y colabora activamente con los integrantes de su propia área.
- Posee buena predisposición para ayudar a otros.
- Coopera activamente con los integrantes de su área en el cumplimiento de los objetivos comunes.
- Es considerado una persona de confianza dentro de su sector de trabajo.
- Escucha los requerimientos de los demás para ayudarlos en el cumplimiento de sus objetivos, sin descuidar los propios.

G
R
A
D
O
C
50%

Comportamientos por niveles

Ejemplos de comportamientos que evidencian la competencia en Grado D

- Coopera y brinda soporte a las personas de su entorno cuando se lo solicitan.
- Tiene en cuenta las necesidades de los demás.
- Mantiene una buena relación con sus compañeros y establece buenos vínculos.
- Presta colaboración a su grupo de trabajo en temas de su especialidad.
- Está atento y bien dispuesto ante los requerimientos de su grupo de trabajo.

G
R
A
D
O
D
25%

Por último, para cada competencia se exponen ejemplos de comportamientos que evidencian que la competencia no está desarrollada. Rogamos al lector prestar especial atención a este concepto, ya que será de gran utilidad en la medición de competencias, momento en el cual es importante contar con ejemplos que abarquen *todas* las posibilidades, desde el mayor nivel o grado A, hasta el nivel menor o grado D y, por último, ejemplos donde la competencia esté *ausente* o *no desarrollada*.

La asignación de competencias a puestos siempre se realiza por los grados positivos de las competencias (A, B, C o D, según corresponda). En ningún caso podrá asignarse un nivel "no desarrollado".

Comportamientos por niveles

Ejemplos de comportamientos que evidencian la competencia en No desarrollada

- No demuestra interés por las necesidades de otros sectores y mantiene una actitud poco colaborativa hacia ellos en la consecución de sus objetivos.
- Es individualista en su trabajo, no tiene en cuenta las necesidades de los demás.
- Muestra poca inclinación para contribuir con otros si eso no es parte de sus responsabilidades.
- Colabora con los integrantes de su equipo sólo si resulta estrictamente necesario.
- No logra crear relaciones sólidas con las personas con las que interactúa, dado que no logra generar en ellas la suficiente confianza en su desempeño profesional y/o personal.

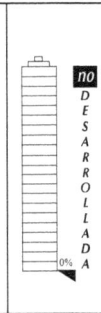

no DESARROLLADA

Cómo interpretar la información disponible en el *Diccionario de comportamientos*

Para explicar la mejor forma de leer e interpretar el *Diccionario de comportamientos* se transcriben a continuación los comportamientos Grado C de la competencia *Colaboración,* ya expuestos en páginas anteriores.

- Apoya y colabora activamente con los integrantes de su propia área.

- Posee buena predisposición para ayudar a otros.

- Coopera activamente con los integrantes de su área en el cumplimiento de los objetivos comunes.

- Es considerado una persona de confianza dentro de su sector de trabajo.

- Escucha los requerimientos de los demás para ayudarlos en el cumplimiento de sus objetivos, sin descuidar los propios.

¿Cómo se debe interpretar cualquiera de los comportamientos mencionados? Se tomará como ejemplo el último del listado precedente.

Ejemplo sobre cómo leer un comportamiento

Comportamientos por niveles

Ejemplos de comportamientos que evidencian la competencia en Grado C

Apoya y colabora activamente con los integrantes de su propia área.
Posee buena predisposición para ayudar a otros.
Coopera activamente con los integrantes de su área en el cumplimiento de los objetivos comunes.
Es considerado una persona de confianza dentro de su sector de trabajo.
Escucha los requerimientos de los demás para ayudarlos en el cumplimiento de sus objetivos, sin descuidar los propios.

✓ **Escucha los requerimientos de los demás** para ayudarlos en el cumplimiento de sus objetivos, sin descuidar los propios.

✓ **Escucha los requerimientos de los demás para ayudarlos en el cumplimiento de sus objetivos,** sin descuidar los propios.

✓ **Escucha los requerimientos de los demás para ayudarlos en el cumplimiento de sus objetivos, sin descuidar los propios.**

Con frecuencia, las personas tienen tendencia a la lectura rápida, que suele ser parcial. Si bien puede ser una buena práctica en algunas circunstancias, no lo es en este caso.

Si una persona desea autoevaluarse o evaluar a otros y sólo reconoce la parte de la primera frase destacada en negrita en el gráfico precedente, o bien sólo la parte en negrita de la segunda frase, no podrá seleccionar este comportamiento como el representativo del desempeño que desea medir. Sólo en el caso de que lea e interprete la frase completa (tercera opción) estará en condiciones de elegir este comportamiento como el correspondiente al desempeño de la persona en evaluación.

La idea expuesta se representa en el gráfico siguiente.

Ejemplo sobre cómo leer un comportamiento

Cómo relacionar los ejemplos de comportamientos con los diferentes niveles / grados en el *Diccionario de comportamientos*

El *Diccionario* brinda frases que, en una primera instancia, se parecen entre sí. Sin embargo, una palabra (o varias) marcan la diferencia y determinan el grado. Rogamos al lector prestar atención al gráfico siguiente y leer las frases allí escritas en orden secuencial, de arriba abajo.

Las evaluaciones de desempeño por competencias

Comportamientos por niveles

Ejemplos de comportamientos que
evidencian la competencia en
Grado C

Apoya y colabora activamente con los integrantes de su propia área.
Posee buena predisposición para ayudar a otros.
Coopera activamente con los integrantes de su área en el
cumplimiento de los objetivos comunes.
Es considerado una persona de confianza dentro de su sector de trabajo.
**Escucha los requerimientos de los demás para ayudarlos
en el cumplimiento de sus objetivos, sin descuidar los propios.**

Implementa mecanismos organizacionales tendientes a fomentar la **cooperación interdepartamental** como instrumento para el logro de los objetivos comunes.
Utiliza los mecanismos organizacionales que promueven la **cooperación interdepartamental** y propone mejoras a los mismos.
Escucha los requerimientos de los demás para **ayudarlos en el cumplimiento de sus objetivos, sin descuidar los propios.**
Está **atento y bien dispuesto** ante los requerimientos **de su grupo de trabajo.**
No logra crear relaciones sólidas con las personas con las que interactúa, dado que no logra generar en ellas la suficiente **confianza** en su desempeño profesional y/o personal.

Como puede apreciarse, la frase consignada en tercer término es la misma que se vio en los gráficos precedentes y muestra un comportamiento de Grado C de la competencia *Colaboración*. Las restantes frases corresponden a la última de cada uno de los grados expuestos en las páginas anteriores.

En el gráfico, la frase que está arriba representa el Grado A, y la última el nivel no desarrollado. Iniciamos la explicación con esta información para facilitar la comprensión del tema a un lector no habituado a la lectura de este tipo de documentos. Sin embargo, preferimos prestar atención a las palabras, como se explica a continuación.

La primera frase señala la siguiente acción: *Implementa mecanismos organizacionales* para fomentar la *cooperación interdepartamental* como instrumento para el logro de los objetivos comunes. Como puede apreciarse, se relaciona con un nivel de la organización tal que sus responsabilidades le permitan implementar mecanismos o procesos a nivel organizacional e interdepartamental. Si una persona implementa procedimientos sólo para su sector de trabajo o que sólo permiten la cooperación dentro de un área, y no se aplican de manera interdepartamental, este comportamiento no corresponde.

La segunda de las frases señala que el comportamiento implica "utilizar" los mecanismos organizacionales (no implementarlos) que promueven la cooperación interdepartamental. Representa un nivel de Grado B.

La frase siguiente señala la acción: *Escucha a los otros para brindar ayuda en el cumplimiento de sus objetivos, sin descuidar los propios* (Grado C), mientras que el comportamiento siguiente dice: *está atento dentro de su grupo de trabajo* (Grado D).

Por último, al final del gráfico se expone un comportamiento relacionado con la competencia *Colaboración,* que determina que esta se encuentra en un nivel no desarrollado: *No logra crear relaciones ni generar confianza.*

A	**Implementa mecanismos organizacionales** tendientes a fomentar la **cooperación interdepartamental** como instrumento para el logro de los objetivos comunes.
B	**Utiliza** los mecanismos organizacionales que promueven la **cooperación interdepartamental** y propone mejoras a los mismos.
C	Escucha los requerimientos de los demás para **ayudarlos en el cumplimiento de sus objetivos, sin descuidar los propios.**
D	Está **atento y bien dispuesto** ante los requerimientos **de su grupo de trabajo.**
N/D	**No logra crear** relaciones sólidas con las personas con las que interactúa, dado que no logra generar en ellas la suficiente **confianza** en su desempeño profesional y/o personal.

Ahora que el lector ha comprendido la forma como se construye un *Diccionario de comportamientos,* podría leer el gráfico precedente de manera inversa, es decir, de *abajo arriba.* El primer nivel es el "no desarrollado" (N/D), y a partir de allí todos los grados son positivos, de D a A. Como si –imaginariamente– se subiera una escalera ascendiendo de un nivel al siguiente, superior.

Antes de utilizar
el *Diccionario de comportamientos*

Como ya se ha mencionado, la aplicación del modelo de competencias se basa en tres documentos internos organizacionales:

- *Diccionario de competencias*

- *Diccionario de comportamientos*

- *Diccionario de preguntas*

Los tres constituyen el herramental práctico más importante para la aplicación del modelo de competencias, y deben ser confeccionados a medida de cada organización.

Asignación de competencias a puestos

La asignación de competencias a puestos se realiza en base al *Diccionario de competencias* de la organización. No es propósito de esta obra tratar este tema; no obstante, y sólo a modo de ejemplo, se expondrán tres asignaciones de competencias a puestos, dentro de una misma área.

En los ejemplos sólo se consigna el nombre de la competencia. Sin embargo, para su asignación se deberá considerar tanto la definición de la competencia como la del grado en que se presenta.

A continuación se exponen tres puestos del área de Recursos Humanos. En el gráfico "Competencias asignadas a un puesto - I" se pueden ver los grados requeridos para el puesto de *Gerente de Recursos Humanos*.

Para este puesto se han asignado cuatro competencias en su nivel máximo (Grado A) y dos en Grado B.

Competencias asignadas a un puesto - I

DESCRIPCIÓN DEL PUESTO

Datos básicos
Organigrama

Síntesis del puesto

Responsabilidades del puesto

Requisitos del puesto

COMPETENCIAS

Cardinales

Específicas

ÁREA DE RECURSOS HUMANOS

PUESTO: GERENTE DE RRHH

Competencias cardinales	A	B	C	D
Calidad y mejora continua	X			
Colaboración	X			
Competencias específicas gerenciales				
Conducción de personas		X		
Competencias específicas área RRHH				
Aprendizaje continuo		X		
Capacidad para entender a los demás	X			
Credibilidad técnica	X			

NOTA: Sólo se consignan seis competencias para la presentación del tema en un gráfico.

En el gráfico "Competencias asignadas a un puesto - II" se pueden ver los grados requeridos para el puesto de *Jefe de reclutamiento y selección*.

Para este puesto el grado definido como requerido de cada competencia varía respecto del puesto de Gerente del área. Como puede observarse, las competencias específicas del área son requeridas en un nivel más alto que las otras.

Competencias asignadas a un puesto - II

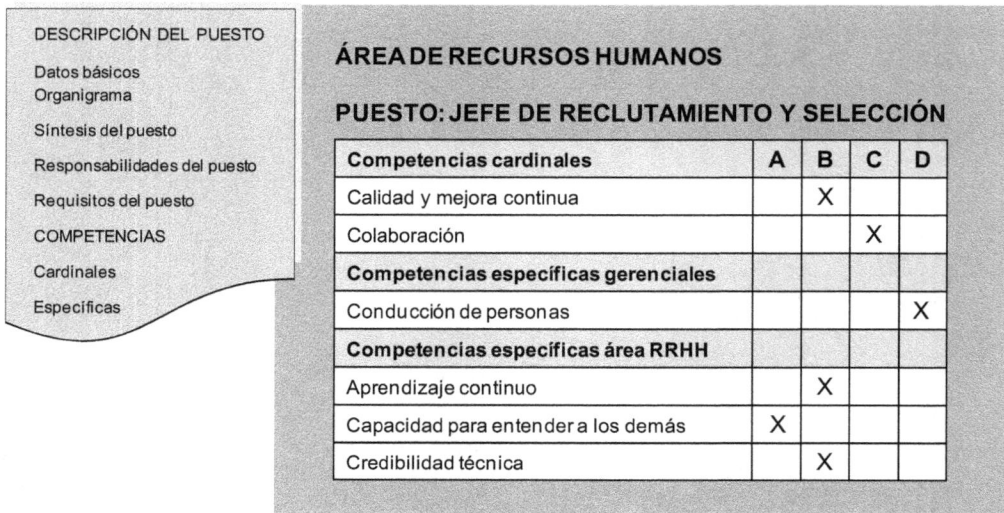

DESCRIPCIÓN DEL PUESTO

Datos básicos
Organigrama

Síntesis del puesto

Responsabilidades del puesto

Requisitos del puesto

COMPETENCIAS

Cardinales

Específicas

ÁREA DE RECURSOS HUMANOS

PUESTO: JEFE DE RECLUTAMIENTO Y SELECCIÓN

Competencias cardinales	A	B	C	D
Calidad y mejora continua		X		
Colaboración			X	
Competencias específicas gerenciales				
Conducción de personas				X
Competencias específicas área RRHH				
Aprendizaje continuo		X		
Capacidad para entender a los demás	X			
Credibilidad técnica		X		

NOTA: Sólo se consignan seis competencias para la presentación del tema en un gráfico.

En el gráfico "Competencias asignadas a un puesto - III" se pueden ver los grados requeridos para el puesto de *Analista de Recursos Humanos.*

En este ejemplo, la competencia específica gerencial aparece sombreada, es decir, no es posible asignarle un grado, dado que el puesto de analista no pertenece al colectivo gerencial, por lo cual la competencia no le corresponde.

También se puede observar –al igual que en el caso del Jefe de reclutamiento y selección– que las competencias específicas por área tienen un nivel requerido más alto que las cardinales.

Es importante destacar que los tres puestos y sus competencias son sólo ejemplos y no necesariamente la asignación de grados se hará de esta forma. Del mismo modo, no necesariamente las competencias específicas por área tendrán más peso que las cardinales. El diseño del modelo, de los diccionarios y de la asignación de competencias a puestos varía de empresa en empresa, según las necesidades de cada una.

Competencias asignadas a un puesto - III

DESCRIPCIÓN DEL PUESTO

Datos básicos
Organigrama
Síntesis del puesto
Responsabilidades del puesto
Requisitos del puesto
COMPETENCIAS
Cardinales
Específicas

ÁREA DE RECURSOS HUMANOS

PUESTO: ANALISTA DE RRHH

Competencias cardinales	A	B	C	D
Calidad y mejora continua				X
Colaboración				X
Competencias específicas gerenciales				
Conducción de personas				
Competencias específicas área RRHH				
Aprendizaje continuo		X		
Capacidad para entender a los demás		X		
Credibilidad técnica				X

NOTA: Sólo se consignan seis competencias para la presentación del tema en un gráfico.

La asignación de competencias explicada hasta aquí será la base de la utilización práctica del modelo de competencias y del *Diccionario de comportamientos* en particular. Todas las mediciones de personas en relación con lo requerido, para los distintos puestos de trabajo, se realizan en función de este diccionario.

Aplicaciones prácticas *del Diccionario de comportamientos:* Selección, Desempeño, Desarrollo de personas

El modelo de competencias se basa en tres pilares: Selección, Desempeño y Desarrollo. En todos ellos se utiliza el *Diccionario de comportamientos.*

Después de la implantación: *3 pilares*

SELECCIÓN	DESEMPEÑO	DESARROLLO
Entrevistas	Evaluación de desempeño	Autodesarrollo
Assessment Center Method (ACM)	Evaluación de 360°, 180°, Diagnósticos circulares	Entrenamiento experto
		Codesarrollo

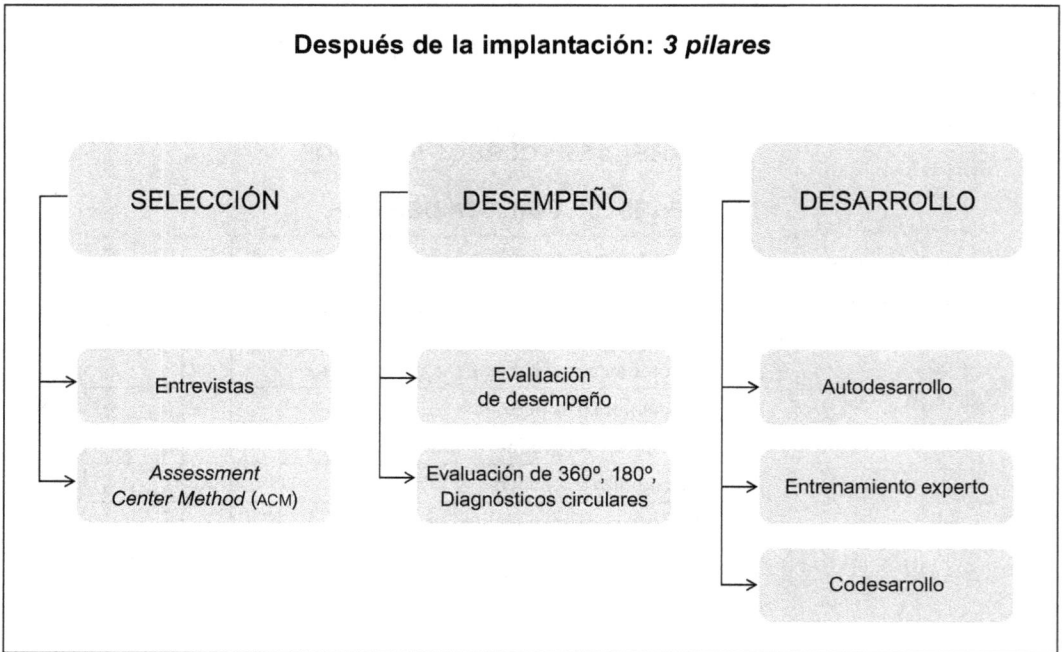

Las principales aplicaciones prácticas del *Diccionario de comportamientos* son:

- *El diccionario de comportamientos como un estándar a alcanzar.* El *Diccionario de comportamientos* puede constituirse en una guía para el desarrollo al marcar un estándar deseado en materia de comportamientos. Se sugiere, además, llevar a cabo formación en competencias.

- *La adecuación persona-puesto.* Medir competencias para circunstancias diversas, entre ellas, para establecer la adecuación persona-puesto.

- *Selección y entrevista por competencias.* Selección de personas, tanto realizada por un especialista como por los jefes directos, entrevista por competencias y, luego, cómo comparar las diferentes postulaciones con un determinado puesto de trabajo.

- *Otras mediciones.* Existen otras mediciones de competencias; entre las más utilizadas, el *Assessment Center Method* (ACM).

- *Evaluación del desempeño. Distintas opciones.* Evaluación del desempeño como proceso estructurado organizacional (evaluación vertical), evaluaciones de 360° o 180°, diagnóstico circular, entre las más utilizadas.

- *Desarrollo de personas,* en sus diferentes variante.

El *Diccionario de comportamientos* será la herramienta básica para medir el desempeño de las personas y encarar su desarrollo, como se explicó en la sección *La Trilogía: los tres diccionarios en Gestión por competencias. Su aplicación práctica.* Utilizando una metáfora y pensando especialmente en aquellos que no están familiarizados con la utilización de comportamientos dentro de un modelo de competencias, señalaré que un comportamiento es la unidad de medida para evaluar el desempeño de una persona, tanto en un proceso de selección como en la evaluación del desempeño de personas que ya pertenecen a la organización, cuya evaluación debe realizarla su jefe directo, que no necesariamente será un experto ni en competencias ni en recursos humanos.

Por lo tanto, debe ser una herramienta sencilla, fácil de aplicar y comprensible por todos. La idea se transmite en el gráfico de la página siguiente.

El *Diccionario de comportamientos* tiene un sinnúmero de usos y aplicaciones en los distintos subsistemas y procesos ya mencionados. Se expondrán a continuación, con mayor detalle, los usos más frecuentes, relacionados con la vida diaria de todos los integrantes de una organización.

El *Diccionario de comportamientos* como un estándar a alcanzar

Un modelo de competencias –como ya se ha explicado– se diseña de cara al futuro y representa aquel estándar de comportamiento organizacional que se desea alcanzar. Dentro del modelo de competencias, el *Diccionario de comportamientos* representa un estándar a alcanzar para lograr la estrategia organizacional o el cambio deseado, o ambos, según corresponda en cada caso. Para medir dichas competencias, se utilizan ejemplos de comportamientos a modo de referencia o escala de medida. Por esta razón, es necesario

Comportamientos como unidad de medida

Diccionario de comportamientos

Colaboración

Capacidad para brindar apoyo a los otros (pares, superiores y colaboradores), responder a sus necesidades y requerimientos y solucionar sus problemas o dudas, aunque las mismas no hayan sido manifestadas expresamente. Implica actuar como facilitador para el logro de los objetivos, a fin de crear relaciones basadas en la confianza.

Comportamientos cotidianos relativos a la vinculación con otras personas, de su área, de otras áreas, clientes, proveedores u otras relacionadas con su puesto de trabajo	Los comportamientos se ubican en Grado
• Brinda apoyo y ayuda a otros (pares, superiores y colaboradores), y responde así a las necesidades y requerimientos que presentan. • Facilita la resolución de problemas o dudas, mediante iniciativas anticipadoras y espontáneas. • Apoya decididamente a otras personas y difunde formas de relacionamiento basadas en la confianza. • Promueve el espíritu de colaboración en toda la organización, y logra constituirse en un facilitador para el logro de los objetivos. • Implementa mecanismos organizacionales tendientes a fomentar la cooperación interdepartamental como instrumento para el logro de los objetivos comunes.	GRADO A
• Brinda ayuda y colaboración a las personas de su área y de otras relacionadas. • Muestra interés por las necesidades de sus colaboradores y los apoya en el cumplimiento de sus objetivos. • Crea relaciones de confianza. • Promueve activamente la cooperación en el interior de su área y con otras relacionadas. • Utiliza los mecanismos organizacionales que promueven la cooperación interdepartamental y propone mejoras relativas a ellos.	GRADO B
• Apoya y colabora activamente con los integrantes de su propia área. • Posee buena predisposición para ayudar a otros. • Coopera activamente con los integrantes de su área en el cumplimiento de los objetivos comunes. • Es considerado una persona de confianza dentro de su sector de trabajo. • Escucha los requerimientos de los demás para ayudarlos en el cumplimiento de sus objetivos, sin descuidar los propios.	GRADO C
• Coopera y brinda soporte a las personas de su entorno cuando se lo solicitan. • Tiene en cuenta las necesidades de los demás. • Mantiene una buena relación con sus compañeros y establece buenos vínculos. • Presta colaboración a su grupo de trabajo en temas de su especialidad. • Está atento y bien dispuesto ante los requerimientos de su grupo de trabajo.	GRADO D Competencia en su grado mínimo
o No demuestra interés por las necesidades de otros sectores y mantiene una actitud poco colaborativa hacia ellos en la consecución de sus objetivos. o Es individualista en su trabajo, no tiene en cuenta las necesidades de los demás. o Muestra poca inclinación para contribuir con otros si eso no es parte de sus responsabilidades. o Colabora con los integrantes de su equipo sólo si resulta estrictamente necesario. o No logra crear relaciones sólidas con las personas con las que interactúa, dado que no logra generar en ellas la suficiente confianza en su desempeño profesional y/o personal.	Competencia NO desarrollada

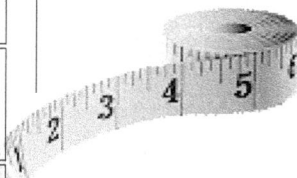

contar con ejemplos de todos los grados de la totalidad de las competencias e, igualmente, los que permitan identificar la ausencia de cada una de ellas.

Una vez que se definió el modelo, el *Diccionario de comportamientos* ofrece a los colaboradores una guía práctica de ese patrón de comportamientos que se desea alcanzar. Allí radica la importancia de su difusión. Una persona puede leer los comportamientos relacionados con su puesto de trabajo y de ese modo comprender qué se espera de él/ella en materia de desempeño. Es un estándar o ideal a alcanzar.

En el gráfico expuesto a continuación se desea expresar la siguiente idea: una persona lee el *Diccionario de comportamientos* de su organización, ubica su desempeño en un determinado nivel, de manera objetiva, y a continuación analiza el nivel superior para evaluar la posibilidad de alcanzarlo. Este "paso a paso" de observar cuál sería el nivel superior permite el desarrollo de la/s competencia/s. A veces hace falta ayuda para que esa evolución se produzca, y para ello se deberá –luego– trabajar en acciones concretas de desarrollo.

Formación en competencias

Para asegurar la buena implementación de un modelo de competencias es fundamental la formación en competencias, tanto entre los especialistas del área de Recursos Humanos como entre quienes luego usarán el modelo: los clientes internos. La formación en competencias puede hacerse utilizando diversos recursos disponibles.

- Diplomado en Gestión por Competencias.

- Programas de difusión:
  - Libro organizacional con el modelo de competencias.
  - Talleres de difusión del modelo.
  - Talleres sobre cómo observar comportamientos.
  - E-learning sobre cómo observar comportamientos.

- Actividades formativas sobre los tres pilares del modelo: Selección, Desempeño, Desarrollo.

Comportamientos como guía para el desarrollo

En el gráfico se exponen las actividades sugeridas para el programa de difusión del modelo de competencias.

Cómo observar comportamientos en tres pasos

La observación de comportamientos se puede sintetizar en tres pasos muy fáciles de recordar, aunque luego puede ser no tan sencilla su aplicación en la práctica; por ello –y como ya se comentara– es muy importante la formación en el modelo de competencias, tanto de los responsables del área de Recursos Humanos como de los demás integrantes de la organización (clientes internos en relación con el área de Recursos Humanos).

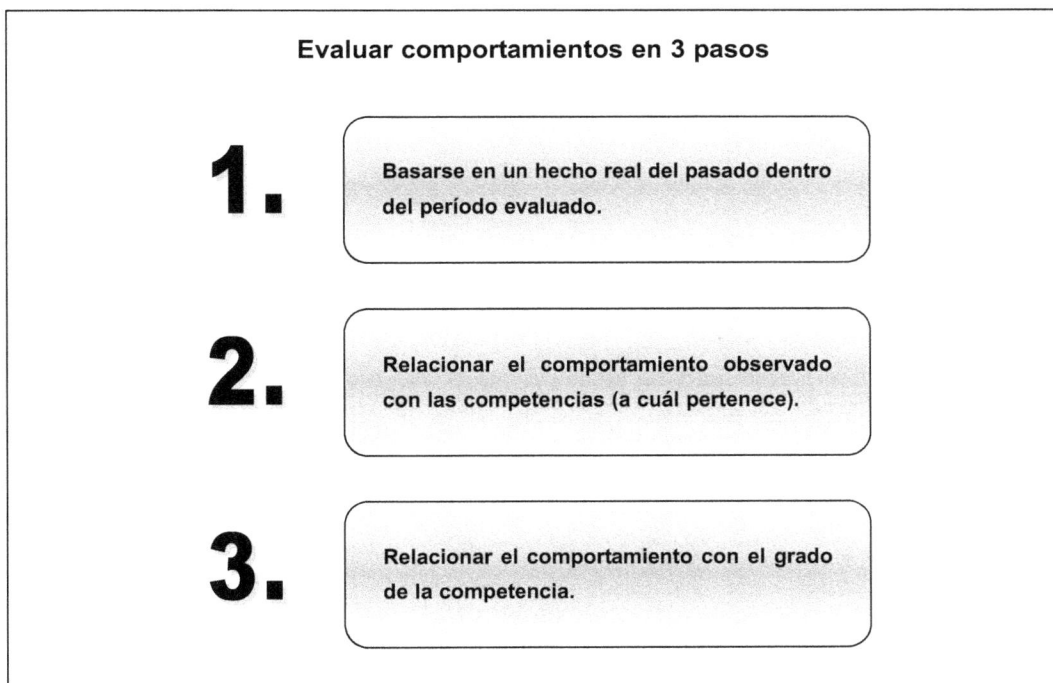

Evaluar comportamientos en 3 pasos

1. Basarse en un hecho real del pasado dentro del período evaluado.

2. Relacionar el comportamiento observado con las competencias (a cuál pertenece).

3. Relacionar el comportamiento con el grado de la competencia.

Como surge del gráfico precedente, los comportamientos se observan al considerar hechos pasados que tuvieron lugar en un período específico determinado. Este esquema podrá diferir, al tener en cuenta si se trata de la evaluación del desempeño de un colaborador o la evaluación de un postulante en un proceso de selección de personas.

Luego de que se ha identificado el hecho real, se relaciona el comportamiento observado con la/s competencia/s, para determinar el grado al que corresponde.

La adecuación persona-puesto

La adecuación persona-puesto involucra varios conceptos, conocimientos, experiencia y competencias. La medición de estas últimas, para la adecuación persona-puesto, se realiza sobre la base del *Diccionario de comportamientos* de la organización.

Adecuación persona-puesto

Comparación del evaluado con el puesto

En un proceso de selección, interno o externo, se compara al evaluado con el puesto a ocupar. En la evaluación del desempeño se deberá comparar al evaluado con el puesto que ocupa en ese momento.

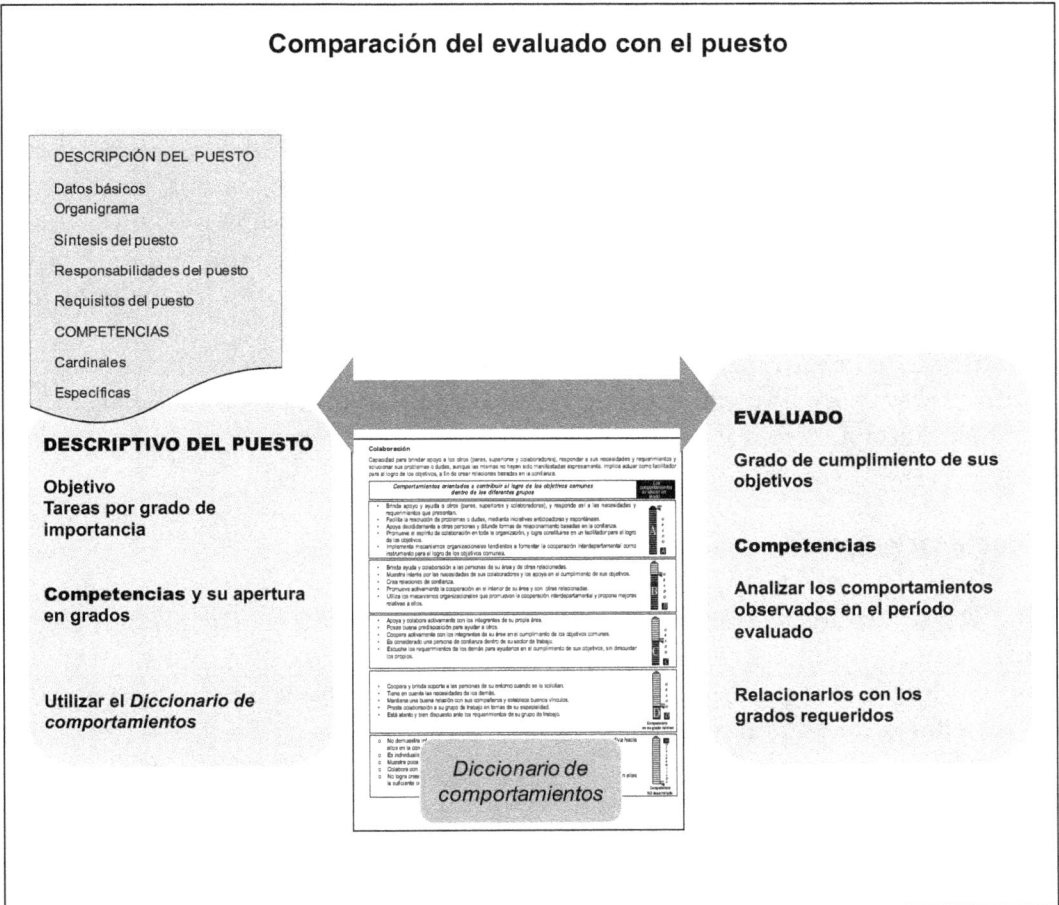

Comparación del evaluado con el puesto

En todos los casos, el *Diccionario de comportamientos* será la herramienta a utilizar para realizar la medición de las competencias.

Selección y entrevista por competencias

Para la selección de personas se utiliza la *Entrevista por competencias,* que puede ser realizada tanto por los especialistas en Recursos Humanos como por los futuros jefes de los participantes en un proceso de búsqueda.

Las entrevistas pueden ser de diferente tipo. La más utilizada es la que hemos referido en el párrafo precedente –*Entrevista por competencias*–. Existe otra, más profunda, que se denomina BEI (por la sigla de *Behavioral Event Interview,* o Entrevista por incidentes críticos). La utilización de los diccionarios es similar en ambos casos.

El *Diccionario de preguntas,* al igual que los otros diccionarios mencionados, se confecciona a medida de cada organización. Este documento presenta cuatro preguntas para cada una de las competencias que integran el modelo. Se complementa con otra herramienta práctica denominada *Entrevista estructurada.* Ambos documentos serán de mucha utilidad tanto para los integrantes del área de Recursos Humanos como para los jefes que deban entrevistar a futuros colaboradores.

Durante la entrevista se formulan las preguntas sobre la base del *Diccionario de preguntas.* También puede confeccionarse una entrevista estructurada, orientada a explorar competencias.

Relacionar preguntas con comportamientos

Una vez finalizada la entrevista se comparan las respuestas brindadas por el entrevistado –que representan los comportamientos observados– con los comportamientos descritos en el *Diccionario de comportamientos,* y se analiza entre cuáles de ellos hay coincidencia. De este modo es posible determinar el grado de la competencia.

Cuando se realiza una adecuada utilización de las preguntas, del relato del entrevistado se obtienen los comportamientos (comportamientos observados), que serán la base para realizar la evaluación de las competencias de esa persona. Una vez obtenida esta información (comportamientos registrados), se realiza la comparación con el *Diccionario de comportamientos* para determinar el grado al que corresponden, y se compara con lo requerido por el puesto o perfil, para determinar si los niveles de competencias requeridos coinciden con los que la persona ha evidenciado en la/s entrevista/s.

Selección. Cómo analizar las respuestas

Cómo registrar comportamientos en la entrevista

Una vez que finalizan las entrevistas de los posibles candidatos para cubrir el puesto en cuestión, y se realiza una primera evaluación, individual, de cada uno de ellos, llega el momento de comparar a los postulantes entre sí y a todos con lo requerido.

Cómo comparar a los diferentes postulantes en un proceso de selección

En el esquema expuesto a continuación se mencionan los principales aspectos que se deben tener en cuenta al comparar candidatos, aunque se han dejado expresamente fuera de este análisis los temas económicos, los cuales son muy importantes pero no están relacionados con la temática específica de esta obra.

En primer término se consideran los requisitos excluyentes y no excluyentes. La comparación es sencilla: se considera requisito por requisito entre lo requerido y lo que cada uno de los postulantes ofrece.

En cuanto a competencias, se conocerán las competencias y los grados requeridos. Al utilizar el *Diccionario de comportamientos* se contará con ejemplos de comportamientos observables. Cuando se registró la entrevista se tomó nota de los comportamientos observados durante la misma, los cuales serán comparados con los ejemplos de comportamientos del perfil requerido.

Comparación de candidatos

Perfil requerido	Postulante 1	Postulante 2	Postulante 3
Requisitos excluyentes	Requisitos excluyentes	Requisitos excluyentes	Requisitos excluyentes
Requisitos no excluyentes	Requisitos no excluyentes	Requisitos no excluyentes	Requisitos no excluyentes

Competencias dominantes — Grado requerido

Otras competencias — Grado requerido

Comportamientos observados — Describir los comportamientos observados e identificar el grado

Comportamientos observados — Describir los comportamientos observados e identificar el grado

Comportamientos observados — Describir los comportamientos observados e identificar el grado

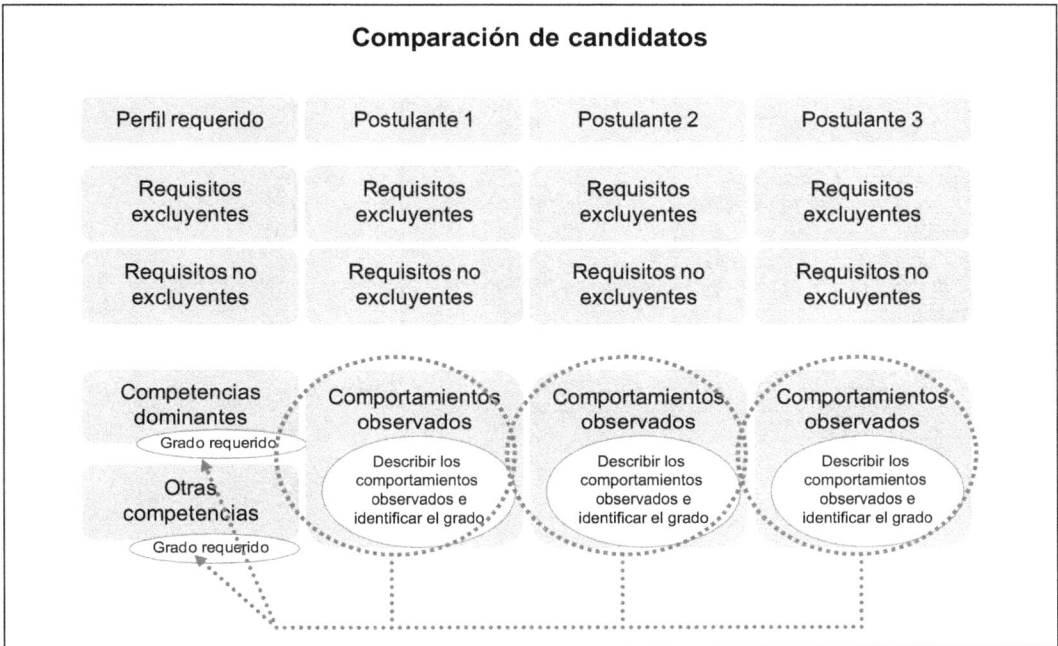

Otras mediciones

La medición de competencias puede realizarse en diferentes momentos. Las dos herramientas más utilizadas son las *Fichas de evaluación* (ver Anexo III sobre herramientas) y los *assessment*. Bajo esta palabra de uso generalizado se menciona al método denominado *Assessment Center Method* (ACM), sobre el cual se hará una referencia a continuación.

Assessment Center Method (ACM)

Los *assessment* son sumamente utilizados en selección y en otras instancias organizacionales. Para que estos sean efectivos deben ser diseñados sobre la base del modelo de competencias de la organización.

Cuando la aplicación de ACM se realiza a medida de la organización, los casos a utilizar durante su implementación serán diseñados en función de la actividad que realiza y basados en las competencias del modelo.

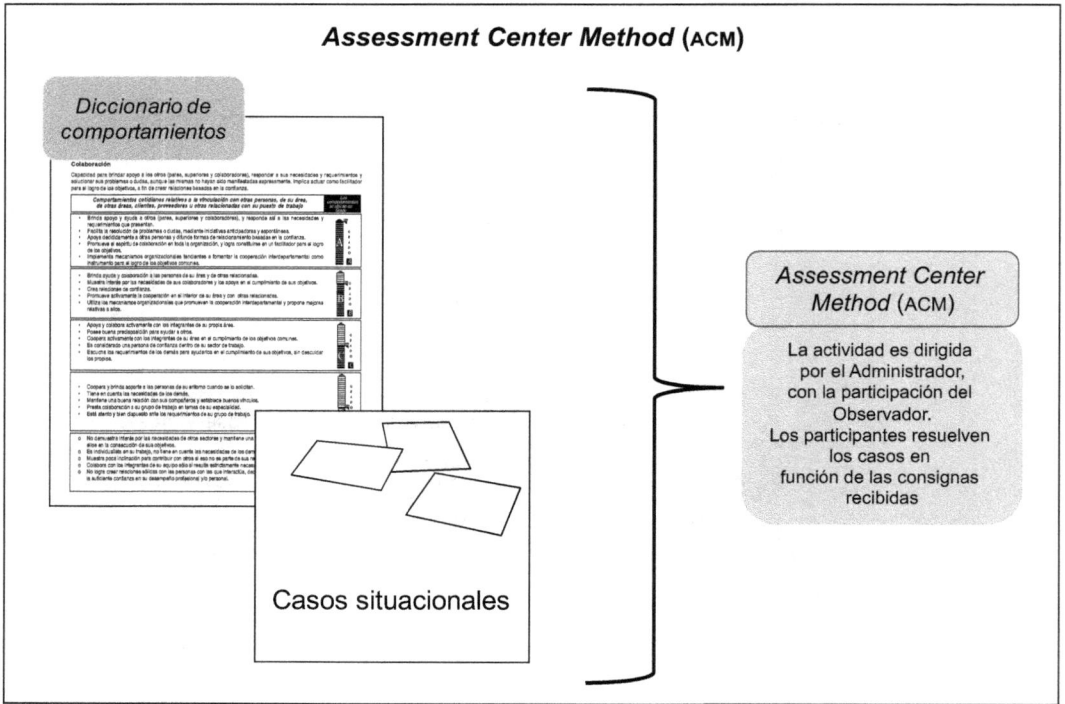

El documento que se utiliza tanto para el diseño de los casos como para determinar el resultado de la evaluación es el *Diccionario de comportamientos*.

Evaluación del desempeño. Distintas opciones

La evaluación vertical

La evaluación del desempeño es un proceso organizacional estructurado que tiene un doble propósito: se emplea para medir el desempeño de los colaboradores –usualmente se combinan objetivos y competencias– y, al mismo tiempo, es un derecho del colaborador a recibir retroalimentación sobre cómo está haciendo las cosas; es decir, cómo es su desempeño.

Los jefes son los que más conocen a sus colaboradores. Por lo tanto, son ellos quienes con mayor precisión podrán evaluar o medir sus competencias. La denominación "vertical" hace referencia a los actores más usuales del proceso: el jefe directo, el colaborador (autoevaluación) y una mirada adicional, como es la del jefe del jefe (en nuestra metodología denominamos a ese aspecto *la tercera firma*).

La mecánica para medir competencias en la evaluación de las personas que ya pertenecen a la organización es similar a la expuesta para un proceso de selección, y se explica a continuación.

1. El colaborador realiza su trabajo según los objetivos y tareas que le han sido asignados y de acuerdo con los lineamientos recibidos por la organización. En esta etapa de la evaluación, el jefe observa su comportamiento no en un solo momento sino, por el contrario, por un período de tiempo (usualmente un año; en ocasiones puede realizarse considerando períodos más cortos).

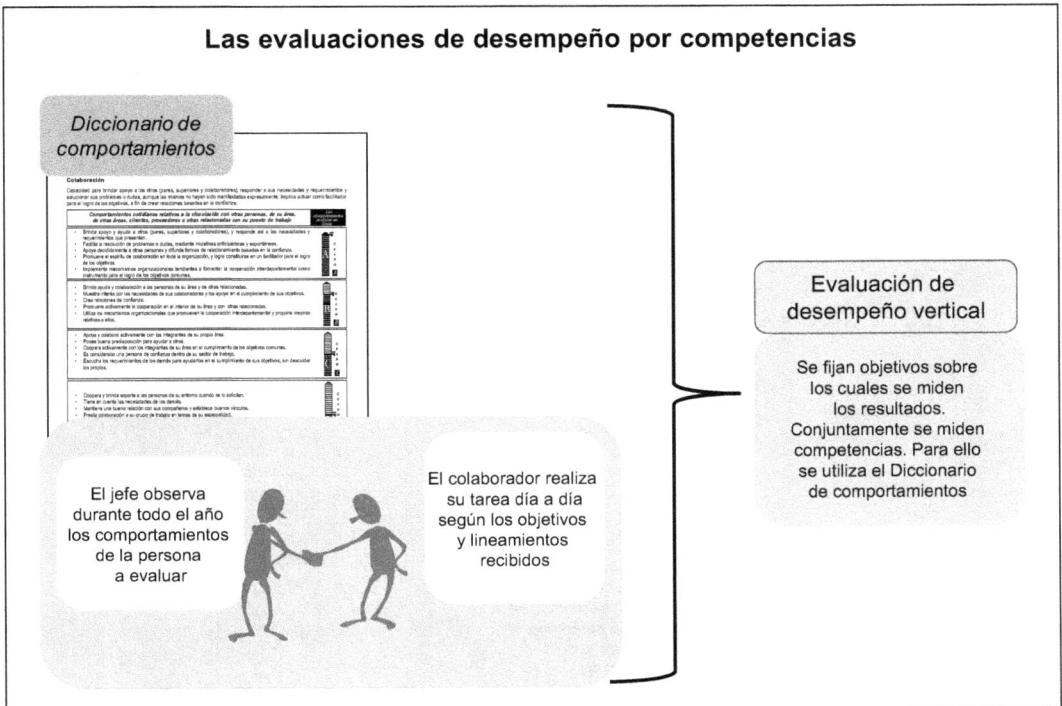

Las evaluaciones de desempeño por competencias

En este punto y para una mejor comprensión sobre cómo debe evaluarse el desempeño, es importante recordar la definición de comportamiento, es decir, qué es realmente un comportamiento:

Aquello que una persona hace o dice, no aquello que querría hacer o decir y que por alguna razón no hizo o no expresó.

En esta frase sencilla y simple está la base de la medición de las competencias.

2. Una vez que se ha realizado lo descrito en el punto 1 –que, como el lector fácilmente puede deducir, no consiste en realizar una tarea específica sino solamente estar presente y observar, para ver cómo el colaborador hace su trabajo–, se lleva a cabo lo descrito en el gráfico siguiente. En esta etapa, los comportamientos observados se relacionan con el *Diccionario de comportamientos*. Para ello se debe determinar con qué competencias se relacionan los comportamientos observados, para luego establecer el nivel o grado con el que coinciden en cada caso.

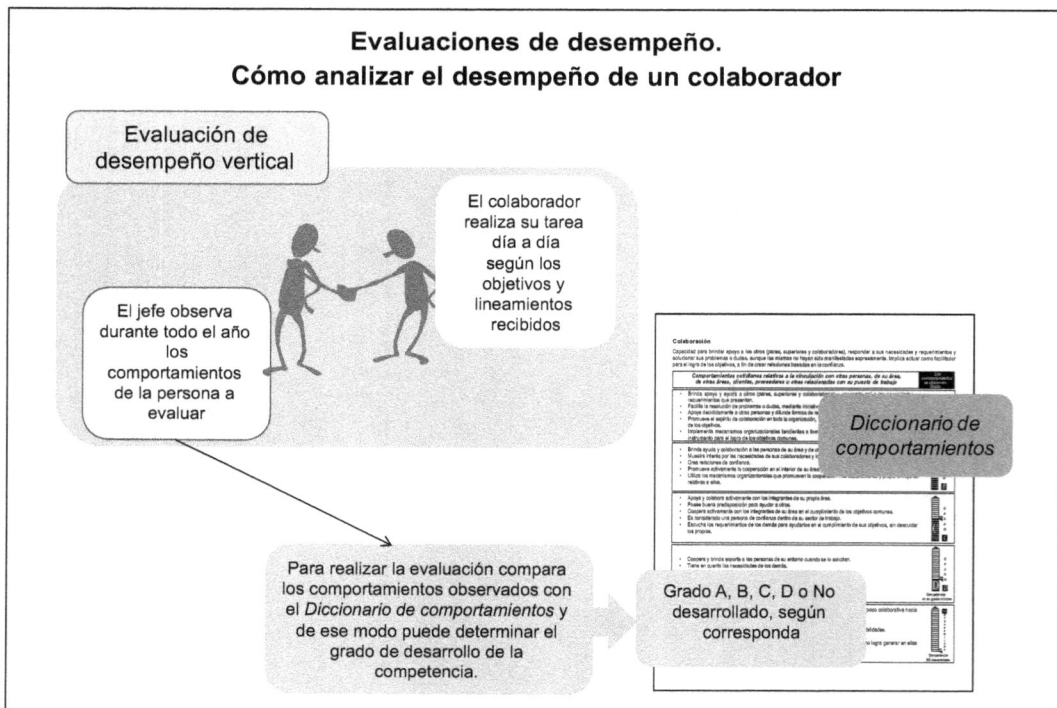

Evaluaciones de desempeño.
Cómo analizar el desempeño de un colaborador

Evaluación de desempeño vertical

El colaborador realiza su tarea día a día según los objetivos y lineamientos recibidos

El jefe observa durante todo el año los comportamientos de la persona a evaluar

Diccionario de comportamientos

Para realizar la evaluación compara los comportamientos observados con el *Diccionario de comportamientos* y de ese modo puede determinar el grado de desarrollo de la competencia.

Grado A, B, C, D o No desarrollado, según corresponda

Esta tarea o forma de medir las competencias corresponde a todos los niveles de conducción de una organización, desde el director hasta un jefe o supervisor. Todos los que supervisan a otras personas deben estar atentos al desempeño de quienes les reportan.

Siguiendo estos simples aspectos mencionados, la evaluación es –al mismo tiempo– sencilla y objetiva. No se trata de medir aquello que *parece que el colaborador hace* sino *lo que verdaderamente hace*. Además, este procedimiento permite determinar de manera homogénea, en toda la organización, el nivel o grado de cada competencia que los diversos colaboradores tienen, evitando caracterizaciones tales como: "parece que es bueno", y permitiendo una clasificación más exacta: "se han observado comportamientos Grado B" (o cualquiera de los otros niveles: A, C, D o N/D –no desarrollado–).

Por lo tanto, la evaluación o medición de competencias, dentro de un modelo de competencias, asegura la objetividad del sistema y brinda una herramienta de medición homogénea para toda la organización.

Como se comentara en páginas precedentes *(Cómo observar comportamientos en tres pasos),* se debe dividir el análisis en tres instancias.

El primer paso (1) en la evaluación del desempeño será relacionar (analizar) hechos reales y concretos dentro del período evaluado, usualmente el año fiscal de la organización.

Una vez que se ubicó la situación, el análisis de la misma continúa con el paso 2, relacionar ese comportamiento con la competencia, y luego con el grado de esta que corresponda (paso 3).

Errores más comunes en el análisis de situaciones relacionadas con el desempeño

Hay errores que tienden a ser comunes en las evaluaciones de desempeño, ya sea en el momento de realizar la evaluación anual o, simplemente, en la relación cotidiana del jefe con su colaborador. Uno de ellos tiene lugar cuando se realiza un análisis rápido, superficial de las circunstancias; y otro, no menos importante, cuando las percepciones y/o las emociones influyen sobremanera en el análisis de los hechos, por lo cual tienen un papel protagónico la "buena o mala suerte", se minimiza o sobrevalora la tarea, etcétera. En estos casos, generalmente ni jefe ni empleado tienen el hábito de analizar los hechos y los comportamientos como una forma de aprender de la experiencia y construir de cara al futuro, con foco en el desarrollo tanto de competencias como de conocimientos.

Podemos observar la situación planteada en los dos gráficos que se exponen a continuación.

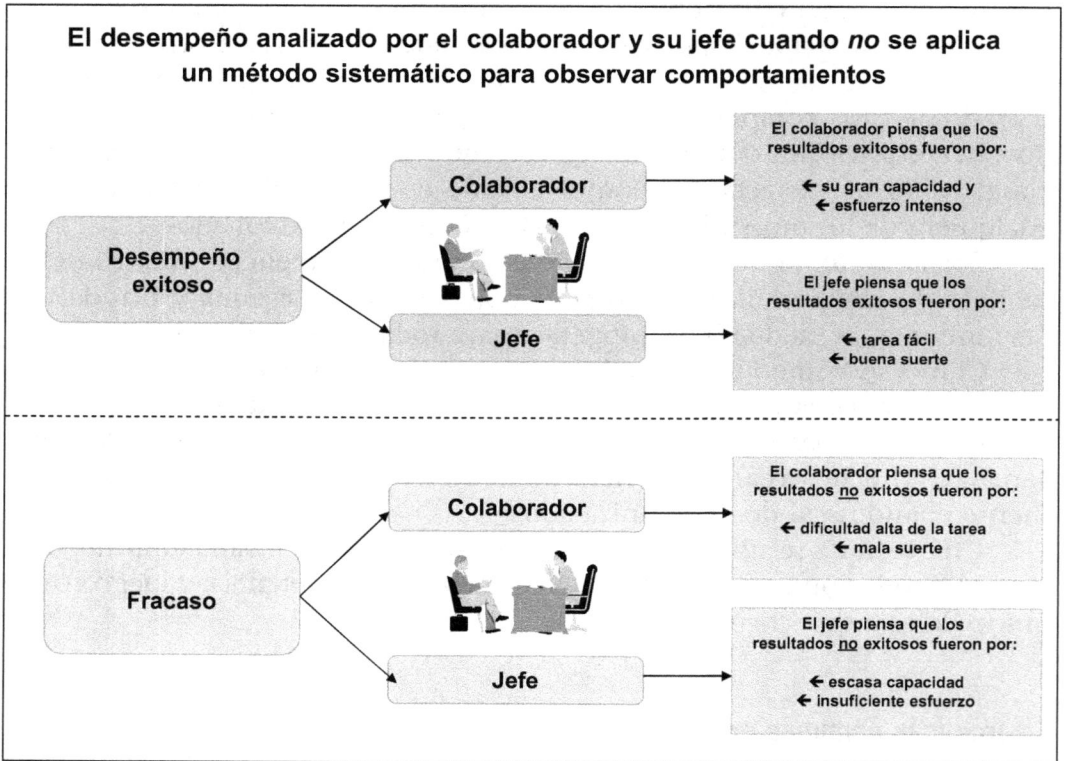

El desempeño analizado por el colaborador y su jefe cuando *no* se aplica un método sistemático para observar comportamientos

Desempeño exitoso

Colaborador

El colaborador piensa que los resultados exitosos fueron por:
← su gran capacidad y
← esfuerzo intenso

Jefe

El jefe piensa que los resultados exitosos fueron por:
← tarea fácil
← buena suerte

Fracaso

Colaborador

El colaborador piensa que los resultados no exitosos fueron por:
← dificultad alta de la tarea
← mala suerte

Jefe

El jefe piensa que los resultados no exitosos fueron por:
← escasa capacidad
← insuficiente esfuerzo

Cuando las organizaciones utilizan un modelo de competencias, la evaluación del desempeño y su retroalimentación pueden –y deben– hacerse como en el gráfico que se expone a continuación. Quizá no sea sencillo en un comienzo, pero es un método alcanzable por todos.

Comportamientos analizados por el colaborador y su jefe cuando se aplica *Gestión por competencias*

Desempeño exitoso

Colaborador

Jefe

Se identifica la situación:
← se analiza qué pasó
← las causas
← las consecuencias

El jefe: sugiere acciones
El colaborador: revisa lo actuado
y saca sus conclusiones

Fracaso

Colaborador

Jefe

Se identifica la situación:

← se analiza qué pasó
← las causas
← las consecuencias
← se analizan los diferentes roles
← se evalúan caminos
alternativos
← se estudian cursos de acción
para corregir desempeño

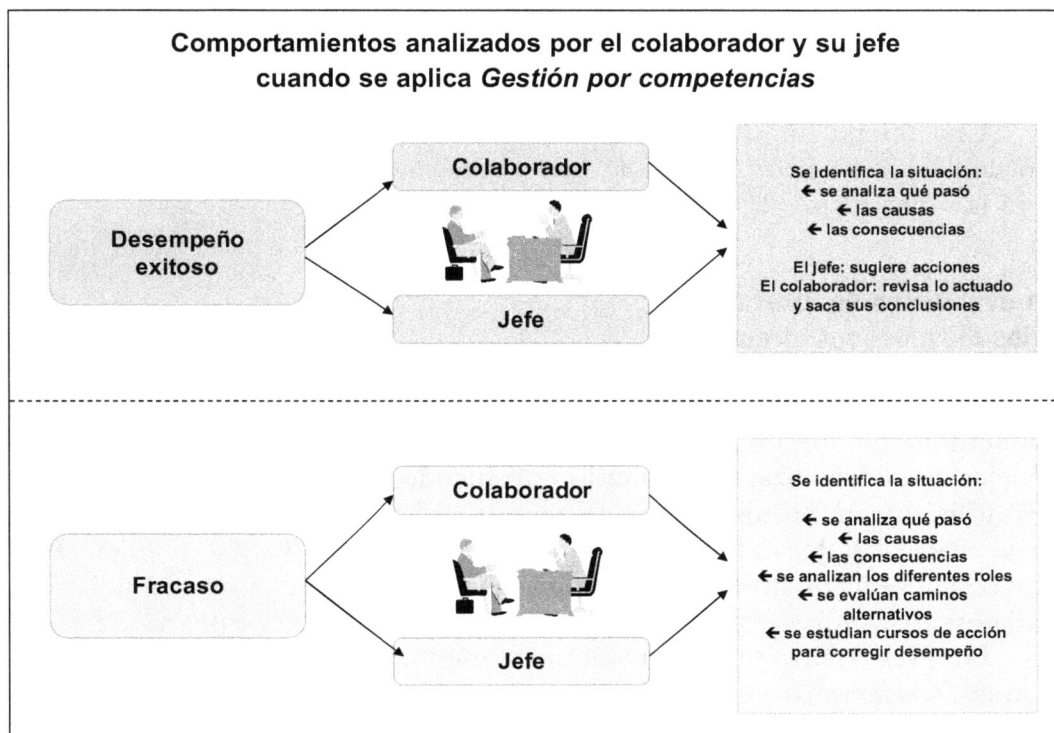

Los instructivos en evaluación del desempeño

Si bien los manuales son importantes en todos los sistemas de una organización, con relación a la evaluación del desempeño son de capital importancia, y hacen la diferencia entre un procedimiento exitoso y otro que no lo es.

Un manual o instructivo referido a cómo evaluar el desempeño debe consignar, además de la instrucción general del proceso, ejemplos de comportamientos *(Diccionario de comportamientos)*. Si esto no es así, será sumamente difícil para el evaluador llevar adelante su cometido. Los evaluadores tienen una tendencia general a minimizar estos procedimientos y a valerse de impresiones generales ("tal empleado es bueno, tal otro empleado no lo es"), y sobre la base de estas "impresiones" se llenan los formularios de evaluación de desempeño. Cuando se decide utilizar un modelo de competencias se desea, por sobre todas las cosas, objetivar los sistemas de evaluación del desempeño; por lo tanto, no valen las "impresiones generales".

Si no se les facilita el uso de la herramienta mediante instructivos con ejemplos claros, los evaluadores no podrán resistir la tentación de completar los formularios sobre la base de las mencionadas "impresiones generales".

Una buena implementación de Gestión por competencias comienza por la difusión del *Diccionario de comportamientos,* como ya se expresara. Esta será la única forma de lograr evaluaciones de desempeño eficaces.

La evaluación de 360° o 180° y los diagnósticos circulares

Algunas de estas evaluaciones, como la de 360°, tienen una gran difusión. Lamentablemente, en muchas ocasiones no utilizan el modelo de competencias de la organización. Cuando esto sucede, más allá de que los conceptos utilizados en la misma sean "interesantes", no representan la estrategia organizacional. Por lo tanto, para que las evaluaciones de 360° sean efectivas y se relacionen con la estrategia organizacional, deben realizarse a medida de cada organización y evaluar, de ese modo, las competencias del modelo.

Los evaluadores observan comportamientos, y estos deben ser cotejados con el *Diccionario de comportamientos.*

Evaluaciones de 360° a medida de la organización en base al *Diccionario de comportamientos*

Desarrollo de personas

Para comprender mejor el desarrollo de una o varias competencias, ya sea pensando en usted mismo o en ayudar a otro/s –por ejemplo, un colaborador–, es importante analizar detenidamente los gráficos siguientes donde se utiliza como base la descripción de una competencia abierta en niveles, tal como se explicara en párrafos anteriores.

En el primero de ellos, el concepto expresado es que una competencia implica grados o niveles. El Grado D es el menor de la escala, y los siguientes son superiores. El Grado C incluye los comportamientos del Grado D, y así sucesivamente.

¿Cómo interpretar los niveles o grados de una competencia?

Colaboración

Capacidad para brindar apoyo a los otros (pares, superiores y colaboradores), responder a sus necesidades y requerimientos, y solucionar sus problemas o dudas, aunque las mismas no hayan sido manifestadas expresamente. Implica actuar como facilitador para el logro de los objetivos, a fin de crear relaciones basadas en la confianza.

A Capacidad para brindar apoyo y ayuda a los otros (pares, superiores y colaboradores), responder a sus necesidades y requerimientos, mediante iniciativas anticipadas y espontáneas, a fin de facilitar la resolución de problemas o dudas, aunque las mismas no hayan sido manifestadas expresamente. Capacidad para apoyar decididamente a otras personas y para difundir formas de relación basadas en la confianza. Capacidad para promover el espíritu de colaboración en toda la organización y constituirse en un facilitador para el logro de los objetivos planteados. Capacidad para implementar mecanismos organizacionales tendientes a fomentar la cooperación interdepartamental como instrumento para la consecución de los objetivos comunes.

B Capacidad para brindar ayuda y colaboración a las personas de su área y de otros sectores de la organización relacionados, mostrar interés por sus necesidades aunque las mismas no hayan sido manifestadas expresamente, y apoyarlos en el cumplimiento de sus objetivos. Capacidad para crear relaciones de confianza. Capacidad para utilizar los mecanismos organizacionales que promuevan la cooperación interdepartamental, y para proponer mejoras respecto de ellos.

C Capacidad para apoyar y colaborar activamente con los integrantes de su propia área mediante una clara predisposición a ayudar a otros, incluso antes de que hayan manifestado expresamente la necesidad de colaboración. Capacidad para escuchar los requerimientos de los demás y para ayudarlos en el cumplimiento de sus objetivos, sin descuidar los propios.

D Capacidad para cooperar y brindar soporte a las personas de su entorno cuando se lo solicitan, y tener en cuenta las necesidades de los demás.

Nota: El grado D indica que la competencia está desarrollada en un nivel mínimo.

Los grados o niveles se registran de la misma forma en todas las competencias. Si una persona desea desarrollar cualquiera de las competencias del modelo, ya sea porque así lo requiere su puesto de trabajo o porque desea alcanzar un nivel superior para ascender a otra posición, se debe seguir un camino ascendente en esta escala. El desarrollo o crecimiento dentro de una competencia se realiza paso a paso.

Los métodos que se describen en el gráfico siguiente pueden ser utilizados para desarrollar tanto conocimientos como competencias. Dado que son estas últimas las que motivan esta obra, sólo nos referiremos a ellas.

El *Diccionario de comportamientos* será la guía para el diseño de actividades orientadas al desarrollo de competencias, por ejemplo, en las guías para el autodesarrollo, en las actividades de codesarrollo y en las destinadas a los jefes cuando estos asumen el rol de *jefe entrenador.*

El lector interesado en conocer más sobre los diferentes métodos, puede hacerlo leyendo el Anexo III.

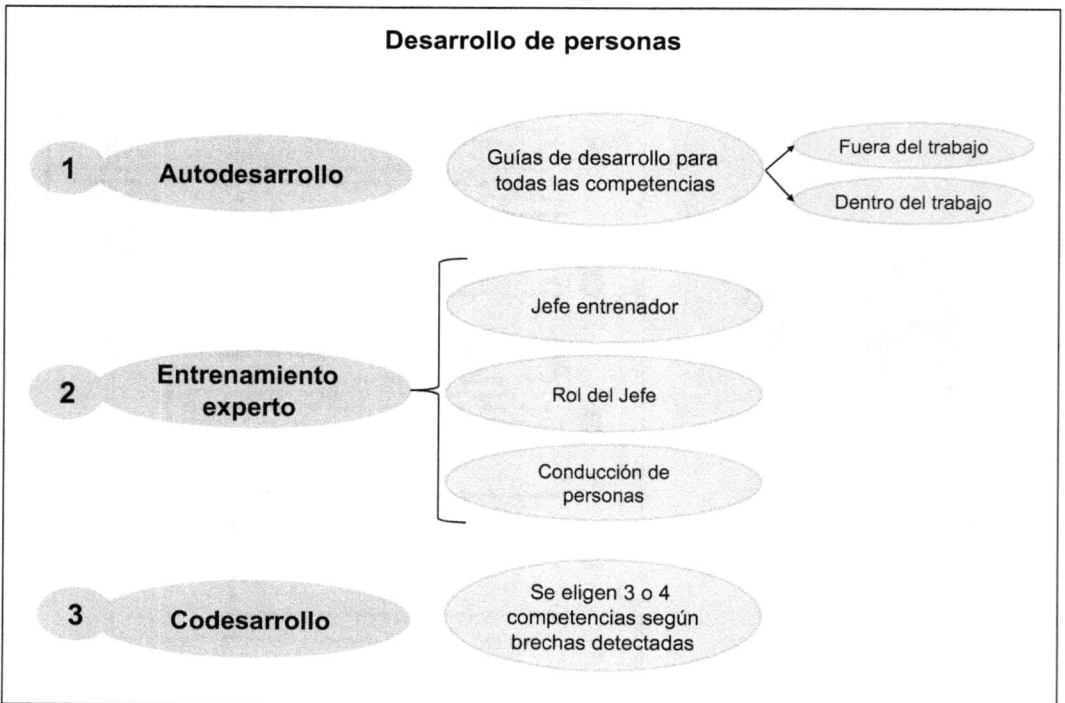

Desarrollo de personas

1 **Autodesarrollo**	Guías de desarrollo para todas las competencias	Fuera del trabajo / Dentro del trabajo
2 **Entrenamiento experto**	Jefe entrenador / Rol del Jefe / Conducción de personas	
3 **Codesarrollo**	Se eligen 3 o 4 competencias según brechas detectadas	

Los tres caminos sugeridos para el desarrollo de personas se exponen según su grado de eficacia.

Para lograr el desarrollo de competencias las personas deben modificar sus comportamientos hasta alcanzar el grado deseado. El *Diccionario de comportamientos* será una guía a seguir en cada caso.

Como complemento a todo lo expresado sobre desarrollo de competencias, además de la lectura del Anexo III ya mencionado, se sugiere la lectura del Anexo II.

DICCIONARIO DE COMPORTAMIENTOS

COMPETENCIAS CARDINALES

Diccionario de comportamientos. Competencias cardinales

En este capítulo se presentarán ejemplos de comportamientos relacionados con las competencias cardinales. Como una breve introducción a la temática se incluyen a continuación algunas definiciones de conceptos relacionados.

Definiciones

Competencia. Hace referencia a las características de personalidad, devenidas en comportamientos, que generan un desempeño exitoso en un puesto de trabajo.

Competencia cardinal. Competencia aplicable a todos los integrantes de la organización. Las competencias cardinales representan su esencia y permiten alcanzar la visión organizacional.

Competencia específica. Competencia aplicable a colectivos específicos, por ejemplo, un área de la organización o un cierto nivel, como el gerencial.

Comportamiento. Aquello que una persona hace (acción física) o dice (discurso). Sinónimo: conducta.

Comportamiento observable. Aquel comportamiento que puede ser visto (acción física) u oído (en un discurso).

Modelo de competencias. Conjunto de procesos relacionados con las personas que integran la organización y que tienen como propósito alinearlas en pos de los objetivos organizacionales o empresariales.

Las competencias seleccionadas como ejemplos de cardinales para la preparación de esta obra son:

1. *Adaptabilidad a los cambios del entorno*
2. *Compromiso*

3. *Compromiso con la calidad de trabajo*

4. *Compromiso con la rentabilidad*

5. *Conciencia organizacional*

6. *Ética*

7. *Ética y sencillez*

8. *Flexibilidad y adaptación*

9. *Fortaleza*

10. *Iniciativa*

11. *Innovación y creatividad*

12. *Integridad*

13. *Justicia*

14. *Perseverancia en la consecución de objetivos*

15. *Prudencia*

16. *Respeto*

17. *Responsabilidad personal*

18. *Responsabilidad social*

19. *Sencillez*

20. *Temple*

Para la confección de esta obra hemos considerado unas competencias como cardinales y otras como específicas; sin embargo, es muy importante destacar que cualquiera de ellas puede ser considerada en una categoría u otra, según se requiera.

Las competencias mencionadas como cardinales podrían, también, ser consideradas específicas. Del mismo modo, cualquiera de las competencias mencionadas como específicas podrían ser consideradas cardinales.

Si bien no es tan frecuente, las competencias específicas gerenciales podrían ser consideradas cardinales tanto como específicas. Cada organización deberá diseñar su propio modelo de acuerdo con sus necesidades.

Una vez que se haya decidido el esquema final, en todos los casos los comportamientos asociados, que se reflejarán en el *Diccionario de comportamientos*, replicarán la misma categorización.

Usted tiene en sus manos un libro, no el modelo de una organización en particular. No obstante, se seguirá el lineamiento general consignado más arriba para la presentación de las competencias en las tres obras relacionadas: *Diccionario de competencias. La Trilogía. Tomo 1; Diccionario de comportamientos. La Trilogía. Tomo 2* y *Diccionario de preguntas. La Trilogía. Tomo 3*

ADAPTABILIDAD A LOS CAMBIOS DEL ENTORNO: Capacidad para identificar y comprender rápidamente los cambios en el entorno de la organización, tanto interno como externo; transformar las debilidades en fortalezas, y potenciar estas últimas a través de planes de acción tendientes a asegurar en el largo plazo la presencia y el posicionamiento de la organización y la consecución de las metas deseadas. Implica la capacidad para conducir la empresa –o el área de negocios a cargo– en épocas difíciles, en las que las condiciones para operar son restrictivas y afectan tanto al propio sector de negocios como a todos en general, aprovechar una interpretación anticipada de las tendencias en juego.

Comportamientos cotidianos en relación con los cambios y el entorno, tanto local (dentro del propio país) como regional o transnacional	*Los comportamientos se ubican en: Grado*

- Diseña la estrategia y las políticas organizacionales destinadas a promover en otros la habilidad de identificar y comprender rápidamente los cambios producidos en el entorno de la organización, tanto local como externo.
- Diseña planes de acción que permiten transformar las áreas de mejora de la organización en fortalezas.
- Potencia las fortalezas para asegurar en el largo plazo la presencia y el posicionamiento de la organización y la consecución de las metas establecidas.
- Detecta y aprovecha las oportunidades del entorno logrando beneficios para la organización.
- En épocas retadoras, conduce la organización de manera efectiva, aprovechando una interpretación anticipada de las tendencias en juego, y da aliento a los colaboradores.

100%

G
R
A
D
O

A

- Promueve en otros la habilidad de identificar y comprender rápidamente los cambios producidos en el entorno de la organización, tanto local como externo.
- Formula y propone planes de acción que permiten transformar las áreas de mejora en fortalezas.
- Potencia las fortalezas para asegurar en el mediano plazo la presencia y el posicionamiento de la organización y la consecución de las metas establecidas.
- Comprende y utiliza las oportunidades del entorno logrando beneficios para su área de trabajo.
- En épocas retadoras, conduce el área a su cargo de manera efectiva, y da aliento a sus colaboradores.

75% G
R
A
D
O

B

- Identifica y comprende los cambios producidos en el entorno de la organización, tanto local como externo.
- Propone planes de acción para su sector que permiten transformar las áreas de mejora en fortalezas.
- Potencia las fortalezas para asegurar en el corto plazo la presencia y el posicionamiento de la organización y la consecución de las metas establecidas.
- Utiliza las oportunidades del entorno logrando beneficios para su sector de trabajo.
- En épocas retadoras, conduce eficazmente a los colaboradores, y les da aliento.

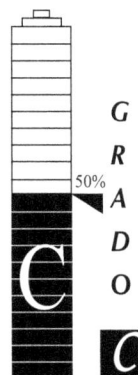

G
R
A 50%
D
O

C

C

- Interpreta correctamente los cambios producidos en el entorno de la organización, tanto local como externo.
- Propone acciones, en relación con las tareas a su cargo, que permiten transformar las áreas de mejora en fortalezas.
- Potencia las fortalezas para alcanzar las metas establecidas.
- Está atento a los cambios que se producen en el entorno.
- Trabaja con el ritmo habitual en épocas retadoras.

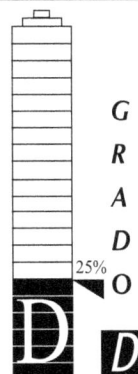

G
R
A
D 25%
O

D

D

Competencia en su grado mínimo

- No logra comprender en tiempo y forma los cambios producidos en el entorno de la organización.
- Es muy metódico en su trabajo, no propone nuevos planes de acción que permitan transformar las áreas de mejora en fortalezas.
- No implementa acciones para asegurar la presencia y el posicionamiento de la organización.
- Le resulta dificultoso estar actualizado informado e interpretar correctamente los cambios del contexto y las oportunidades que ofrece el mercado.
- Su ritmo habitual de trabajo se ve afectado en épocas retadoras, por lo que no logra dar aliento a sus colaboradores.

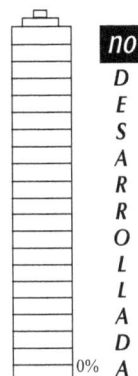

no
D
E
S
A
R
R
O
L
L
A
D 0%
A

Competencia NO desarrollada

COMPROMISO: Capacidad para sentir como propios los objetivos de la organización y cumplir con las obligaciones personales, profesionales y organizacionales. Capacidad para apoyar e instrumentar decisiones consustanciado por completo con el logro de objetivos comunes, y prevenir y superar obstáculos que interfieran con el logro de los objetivos del negocio. Implica adhesión a los valores de la organización.

Comportamientos habituales frente a los objetivos de la organización y las responsabilidades profesionales y personales	Los comportamientos se ubican en: Grado

- Define la visión, misión, valores y estrategia de la organización y genera en todos sus integrantes la capacidad de sentirlos como propios.
- Demuestra respecto por los valores, la cultura organizacional y las personas, y estimula con sus acciones y métodos de trabajo a todos los integrantes de la organización a obrar del mismo modo.
- Conduce la organización a través de mensajes claros que motivan a todos a trabajar en la consecución de los objetivos comunes.
- Cumple con sus obligaciones personales, profesionales y organizacionales y supera los resultados esperados para su gestión como director de la organización o de un área de negocios en particular.
- Es un referente en la organización y en la comunidad en la que se desenvuelve por su disciplina personal y alta productividad.

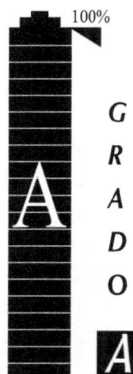

100%

G
R
A
D
O

A

- Cumple con la visión, misión, valores y estrategia en relación con el área a su cargo y genera en todos sus integrantes la capacidad de sentirlos como propios.
- Demuestra respeto por los valores, la cultura organizacional y las personas, y estimula con sus acciones y métodos de trabajo a los integrantes de su área a obrar del mismo modo.
- Conduce su área a través de mensajes claros que motivan a todos sus integrantes a trabajar en la consecución de los objetivos fijados para la sección.
- Cumple con sus obligaciones personales y profesionales, y con los objetivos fijados, superando los resultados esperados para el área a su cargo.
- Es un referente en su área y en el ámbito de la organización por su disciplina personal y alta productividad.

75%
G
R
A
D
O

B

- Cumple con los lineamientos fijados para el sector a su cargo y genera en todos sus integrantes la capacidad de sentirlos como propios.
- Demuestra respeto por los valores y las personas, y con sus acciones y métodos de trabajo estimula a los integrantes de su sector a obrar del mismo modo.
- Conduce su sector a través de mensajes claros que motivan a todos sus integrantes a trabajar en la consecución de los objetivos fijados para el sector.
- Cumple con sus obligaciones personales y profesionales, y los objetivos fijados, superando los resultados esperados para el sector a su cargo.
- Es un referente en su sector y en su ámbito más cercano por su disciplina personal y alta productividad.

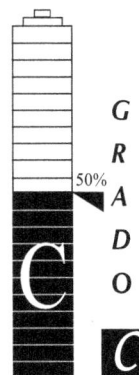

G
R
A
D
O

50%

C

C

- Cumple con los lineamientos fijados para su puesto de trabajo y siente como propios los objetivos organizacionales.
- Demuestra respeto por los valores y los aplica en su labor cotidiana.
- Supera los resultados esperados para su puesto de trabajo.
- Cumple con sus obligaciones personales y laborales, y los objetivos fijados, superando los resultados esperados para el sector a su cargo.
- Es un referente para sus compañeros por su disciplina personal y alta productividad.

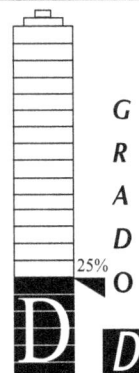

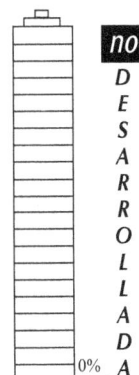

G
R
A
D
O

25%

D

D

Competencia en su grado mínimo

- Cumple con los lineamientos fijados para su puesto de trabajo sin evidenciar estar identificado con los objetivos organizacionales.
- No demuestra respeto por los valores y sólo los aplica por obligación.
- Acata las directivas y realiza su tarea sin esforzarse por superar los resultados esperados para su puesto de trabajo.
- No logra establecer una correspondencia equilibrada entre sus obligaciones personales y laborales.
- No es un referente para sus compañeros por su disciplina personal y alta productividad.

no
D
E
S
A
R
R
O
L
L
A
D
A

0%

Competencia NO desarrollada

COMPROMISO CON LA CALIDAD DE TRABAJO: Capacidad para actuar con velocidad y sentido de urgencia y tomar decisiones para alcanzar los objetivos organizacionales, o del área, o bien los propios del puesto de trabajo, y obtener, además, altos niveles de desempeño. Capacidad para administrar procesos y políticas organizacionales a fin de facilitar la consecución de los resultados esperados. Implica un compromiso constante por mantenerse actualizado en los temas de su especialidad y aportar soluciones para alcanzar los estándares de calidad adecuados

Comportamientos habituales respecto de la calidad del propio trabajo y frente a la constante posibilidad de aprender	*Los comportamientos se ubican en:* Grado

- Actúa con velocidad y sentido de urgencia y toma decisiones de alto impacto para alcanzar los objetivos organizacionales.
- Promueve en toda la organización cursos de acción para obtener en conjunto altos niveles de desempeño.
- Define y diseña procesos y políticas organizacionales para facilitar la consecución de los resultados esperados.
- Demuestra un compromiso constante por mantenerse actualizado en los temas de su especialidad y, al mismo tiempo, aporta soluciones que permiten alcanzar estándares de calidad superiores para toda la organización.
- Es un referente en la organización y en la comunidad en donde actúa por su compromiso con la calidad de trabajo.

100%

G
R
A
D
O

A

- Actúa con velocidad y sentido de urgencia y toma decisiones de alto impacto para alcanzar los objetivos del área bajo su responsabilidad.
- Promueve en su área cursos de acción para obtener en conjunto altos niveles de desempeño.
- Aplica políticas y diseña procesos organizacionales para facilitar la consecución de los resultados esperados.
- Demuestra un compromiso constante por mantenerse actualizado en los temas de su especialidad y, al mismo tiempo, aporta soluciones que permiten alcanzar estándares de calidad superiores para su área.
- Es un referente en la organización por su compromiso con la calidad de trabajo.

75%
G
R
A
D
O

B

- Actúa con velocidad y sentido de urgencia y toma las decisiones adecuadas para alcanzar los objetivos del sector a su cargo.
- Promueve en su sector cursos de acción para obtener altos niveles de desempeño.
- Aplica políticas e implementa procesos organizacionales para facilitar la consecución de los resultados esperados.
- Demuestra un compromiso constante por mantenerse actualizado en los temas de su especialidad y, al mismo tiempo, aporta soluciones que permiten alcanzar estándares de calidad adecuados en su sector.
- Es un referente en su área por su compromiso con la calidad de trabajo.

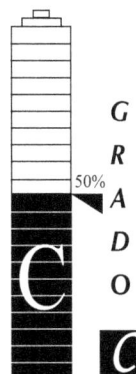

G
R
A
D
O

50%

C

C

- Actúa con velocidad y sentido de urgencia para alcanzar los objetivos de su puesto de trabajo.
- Lleva a cabo las acciones necesarias para obtener altos niveles de desempeño.
- Aplica políticas y directivas recibidas de sus superiores con el propósito de obtener los resultados esperados
- Demuestra un compromiso constante por mantenerse actualizado y aportar soluciones para alcanzar los estándares de calidad esperados.
- Es un referente para sus compañeros por su compromiso con la calidad de trabajo.

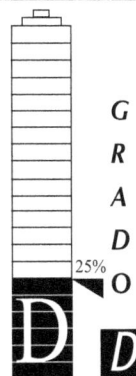

G
R
A
D
O

25%

D

D

Competencia en su
grado mínimo

- Su ritmo de actividad es constante y no se ve modificado cuando las circunstancias requieren actuar con velocidad y sentido de urgencia para alcanzar los objetivos de su puesto de trabajo.
- No realiza acciones específicas tendientes a obtener altos niveles de desempeño.
- Actúa sobre la base de su criterio sin tomar en cuenta normas y procedimientos establecidos.
- Se guía por estándares de desempeño de baja exigencia y/o sus aportes no son suficientes para alcanzar los estándares de calidad esperados.
- No es un referente para sus compañeros por su compromiso con la calidad de trabajo.

no
D
E
S
A
R
R
O
L
L
A
D
A

0%

Competencia
NO desarrollada

COMPROMISO CON LA RENTABILIDAD: Capacidad para sentir como propios los objetivos de rentabilidad y crecimiento sostenido de la organización. Capacidad para orientar sus propias acciones y las de sus colaboradores al logro de la estrategia organizacional, racionalizar las actividades y fomentar el uso adecuado de los recursos, a fin de generar un resultado óptimo.

Comportamientos cotidianos relacionados con la rentabilidad y el crecimiento sostenido de la organización. Incluye el cuidado de los bienes y recursos disponibles	Los comportamientos se ubican en: Grado

- Define objetivos de rentabilidad y crecimiento sostenido y diseña políticas y procedimientos que permiten alcanzarlos.
- Orienta las acciones propias y de todos los integrantes de la organización al logro de la estrategia corporativa.
- Racionaliza las actividades y fomenta el buen uso de los recursos disponibles a fin de generar un resultado óptimo para la organización, con un enfoque de largo plazo.
- Idea e implementa modalidades alternativas de trabajo con el objetivo de optimizar el uso de los recursos en la obtención de los resultados esperados.
- Es un referente en la organización y en el mercado por su compromiso con la rentabilidad y el crecimiento sostenido de la organización.

100%

G
R
A
D
O

A

- Define objetivos de rentabilidad y crecimiento sostenido dentro de su área, en concordancia con la estrategia organizacional.
- Orienta las acciones propias y de todos los integrantes del área a su cargo al logro de las metas corporativas.
- Racionaliza las actividades y fomenta el buen uso de los recursos disponibles para generar, en el área bajo su responsabilidad, un resultado óptimo, con un enfoque de mediano plazo.
- Plantea y ejecuta acciones para lograr una adecuada administración de los recursos bajo su responsabilidad, así como para la obtención de los resultados esperados.
- Es considerado un ejemplo entre sus colaboradores en materia de compromiso con la rentabilidad y el crecimiento sostenido de la organización.

75%

G
R
A
D
O

B

- Se identifica con los objetivos de rentabilidad y crecimiento sostenido de la organización.
- Orienta las acciones propias y de las personas a su cargo al logro de los objetivos fijados.
- Racionaliza las actividades y fomenta el buen uso de los recursos disponibles para generar un resultado óptimo de las tareas bajo su responsabilidad, con un enfoque de corto plazo.
- Logra alcanzar los mejores resultados en función de los recursos disponibles.
- Colabora desde su posición con el resto de los responsables de la organización para mantener y fomentar el compromiso en su sector.

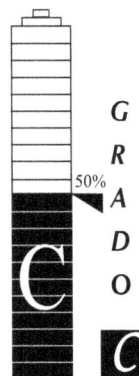

G
R
A
D
O

50%

C

C

- Cumple con los objetivos de rentabilidad fijados para su puesto de trabajo.
- Racionaliza sus acciones con el propósito de utilizar mejor los recursos disponibles.
- Sigue las instrucciones de sus superiores para realizar sus tareas eficientemente y mejorar los resultados.
- Solicita asesoramiento cuando cree tener dificultades para administrar los recursos que le fueron asignados con el objeto de ejecutar un proyecto o tarea.
- Colabora desde su función con la rentabilidad y el crecimiento de la empresa.

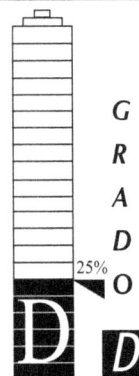

G
R
A
D
O

25%

D

D

Competencia en su
grado mínimo

- No se compromete en utilizar con racionalidad los elementos que la organización le brinda para realizar sus tareas.
- No logra realizar una correcta asignación de recursos ni una adecuada estimación de los tiempos necesarios para el cumplimiento de los diversos proyectos.
- Realiza sus tareas sobre la base de su propio criterio, sin tener en cuenta los procedimientos establecidos que permiten llevarlas a cabo de manera más eficiente a fin de mejorar los resultados obtenidos.
- Aun cuando identifica problemas en su área respecto del uso de los recursos, no propone posibles soluciones, por considerar que esa tarea es responsabilidad de otros.
- No colabora con el logro de los objetivos de su área de trabajo en términos de rentabilidad y crecimiento.

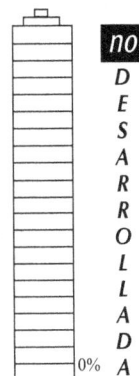

no
D
E
S
A
R
R
O
L
L
A
D
A

0%

Competencia
NO desarrollada

CONCIENCIA ORGANIZACIONAL: Capacidad para reconocer los elementos constitutivos de la propia organización, así como sus cambios; y comprender e interpretar las relaciones de poder dentro de ella, al igual que en otras organizaciones
–clientes, proveedores, etcétera–. Implica la capacidad de identificar tanto a
aquellas personas que toman las decisiones como a las que pueden influir sobre
las anteriores. Implica ser capaz de prever la forma en que los acontecimientos
o las situaciones afectarán a las personas y grupos dentro de la organización.

Comportamientos habituales respecto de la percepción de la organización y las relaciones que se dan dentro y fuera de ella	*Los comportamientos se ubican en: Grado*

- Conoce con profundidad los elementos constitutivos de la propia organización y percibe los cambios incluso antes de que estos se produzcan,
con una visión global y de largo plazo.
- Comprende e interpreta adecuadamente las relaciones de poder dentro
de su propia organización, tanto en su conjunto como en las distintas
áreas que la componen, diferenciando sus particularidades.
- Identifica adecuadamente a las personas u organizaciones que toman
las decisiones más relevantes para el negocio. Crea y mantiene una red
de contactos con aquellas que son (o pueden ser) útiles para alcanzar
los objetivos organizacionales, debido a su poder de influencia.
- Interpreta y analiza el entorno –el mercado, otras organizaciones de la
misma actividad, proveedores, etc.– a fin de prever la forma en que los
acontecimientos afectarán a las personas y grupos que integran la organización, e influye sobre el conjunto a través de acciones proactivas.
- Diseña e implementa políticas organizacionales destinadas a lograr que
los distintos integrantes de la organización comprendan tanto sus elementos constitutivos como las relaciones de poder dentro de ella, con el
propósito de lograr una mejor consecución de las metas individuales y
organizacionales.

GRADO A 100%

- Conoce en profundidad los elementos constitutivos de la propia organización y percibe los cambios con una visión global y de largo plazo.
- Comprende e interpreta adecuadamente las relaciones de poder dentro
de su propia organización, tanto en su conjunto como en las distintas
áreas que la componen.
- Identifica adecuadamente a las personas u organizaciones que toman
las decisiones más relevantes para el negocio. Crea y mantiene una red
de contactos con aquellas que son actualmente útiles para alcanzar los
objetivos organizacionales, debido a su poder de influencia.
- Interpreta y analiza el entorno –el mercado, otras organizaciones de la misma
actividad, proveedores, etc.– a fin de prever la forma en que los acontecimientos afectarán a las personas y grupos que integran la organización.
- Implementa las políticas organizacionales tendientes a lograr que los distintos integrantes de la organización comprendan tanto sus elementos constitutivos como las relaciones de poder dentro de ella, con el propósito de
lograr una mejor consecución de las metas individuales y organizacionales.

GRADO B 75%

- Conoce los elementos constitutivos de la propia organización y percibe los cambios con una visión de mediano plazo.
- Comprende e interpreta las relaciones de poder dentro de su área y su repercusión en el conjunto de la organización.
- Identifica adecuadamente a las personas que toman las decisiones más relevantes dentro de la organización. Crea y mantiene una red de contactos con ellas para alcanzar objetivos fijados para su área y para sí mismo.
- Interpreta el entorno –el mercado, otras organizaciones de la misma actividad, proveedores, etc.–, lo que le permite comprender las decisiones tomadas por sus superiores y proponer a estos posibles cursos de acción.
- Implementa las políticas organizacionales relacionadas con los elementos constitutivos y las relaciones de poder dentro de la organización, con el propósito de lograr una mejor consecución de las metas individuales y del equipo a su cargo.

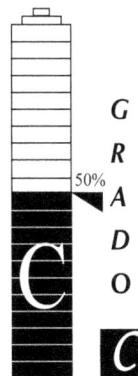

G R A D O

50%

C C

- Conoce los elementos constitutivos de la propia organización y percibe los cambios con una visión de corto plazo.
- Comprende las relaciones de poder dentro de su sector y la repercusión de estas en su área de actuación.
- Identifica adecuadamente a las personas que toman las decisiones más relevantes dentro de su área de trabajo. Crea y mantiene una red de contactos con ellas para alcanzar objetivos fijados para el equipo a su cargo (si corresponde) y para sí mismo.
- Interpreta el entorno directo de su puesto de trabajo, lo que le permite comprender las decisiones tomadas por sus superiores y actuar al respecto de manera cooperativa.
- Implementa las políticas organizacionales relacionadas con los elementos constitutivos y las relaciones de poder en la organización con el propósito de lograr una mejor consecución de sus objetivos.

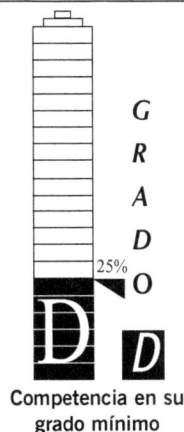

G R A D O

25%

D D

Competencia en su grado mínimo

- No conoce adecuadamente los elementos constitutivos de la propia organización ni percibe los cambios de modo de prever sus implicancias.
- Comprende las relaciones de poder dentro de su sector pero no visualiza su repercusión en relación con sus tareas o puesto de trabajo.
- Identifica a las personas que detectan el poder dentro de su área de trabajo pero no mantiene con ellas una relación positiva con el propósito de alcanzar objetivos fijados para el equipo a su cargo (si corresponde) y para sí mismo.
- No interpreta el entorno directo de su puesto de trabajo y/o no comprende las decisiones tomadas por sus superiores, lo que da como resultado que su actuación no es cooperativa ni con sus superiores ni con sus compañeros de trabajo.
- Acata las políticas organizacionales relacionadas con los elementos constitutivos y las relaciones de poder como una imposición, sin comprender que tienen como propósito la mejor consecución de sus propios objetivos.

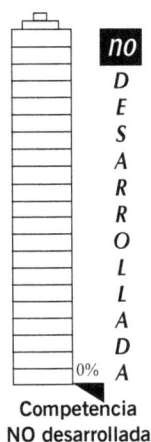

no D E S A R R O L L A D A

0%

Competencia NO desarrollada

ÉTICA: Capacidad para sentir y obrar en todo momento de acuerdo con los valores morales y las buenas costumbres y prácticas profesionales, y respetar las políticas organizacionales. Implica sentir y obrar de este modo en todo momento, tanto en la vida profesional y laboral como en la vida privada, aun en forma contraria a supuestos intereses propios o del sector/organización al que pertenece, ya que las buenas costumbres y los valores morales están por encima de su accionar, y la organización así lo desea y lo comprende.

Comportamientos cotidianos con respecto a los valores morales y las buenas costumbres y prácticas profesionales	*Los comportamientos se ubican en:* Grado

- Estructura la visión, misión, valores y estrategia de la organización sobre la base de valores morales y las buenas costumbres y prácticas organizacionales.
- Establece un marco de trabajo para sí mismo y para toda la organización basado en el respeto tanto de las políticas de la organización como de los valores y principios morales.
- Promueve en toda la organización los principios éticos aplicados a todas las esferas de actuación: profesionales, directivas o de conducción de personas, en lo que respecta al medio ambiente y en el ámbito de la sociedad y la familia.
- Prioriza valores y buenas costumbres, aun por sobre intereses propios y de la organización, y establece relaciones laborales o comerciales sobre la base de sus principios y del respeto mutuo.
- Es un modelo en la comunidad donde actúa y en la organización por su comportamiento ético, tanto en lo laboral como en los demás ámbitos de su vida.

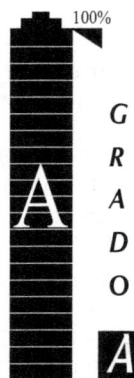

100%

G
R
A
D
O

A

- Dirige el área a su cargo y actúa cotidianamente sobre la base de valores morales y las buenas costumbres y prácticas organizacionales.
- Establece un marco de trabajo para sí mismo y para el área a su cargo basado en el respeto tanto de las políticas de la organización como de los valores y principios morales.
- Promueve en su área los principios éticos aplicados a todas las esferas de actuación: profesionales, directivas o de conducción de personas, en lo que respecta al medio ambiente y en el ámbito de la sociedad y la familia.
- Prioriza valores y buenas costumbres, aun por sobre intereses propios y de su área, y establece relaciones laborales o comerciales sobre la base de sus principios y del respeto mutuo.
- Es un modelo en la organización por su ética, tanto en lo laboral como en los demás ámbitos de su vida.

75%

G
R
A
D
O

B

- Conduce el grupo a su cargo y actúa cotidianamente sobre la base de valores morales y las buenas costumbres y prácticas organizacionales.
- Establece un marco de trabajo para sí mismo y para su sector basado en el respeto tanto de las políticas de la organización como de los valores y principios morales.
- Promueve entre sus colaboradores los principios éticos aplicados a todas las esferas de actuación: profesionales, directivas o de conducción de personas, en lo que respecta al medio ambiente y en el ámbito de la sociedad y la familia.
- Prioriza valores y buenas costumbres, aun por sobre intereses propios y de su sector, y establece relaciones laborales o comerciales sobre la base de sus principios y del respeto mutuo.
- Es un modelo en su área por su comportamiento ético, tanto en lo laboral como en los demás ámbitos de su vida.

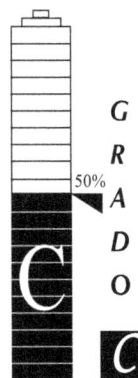

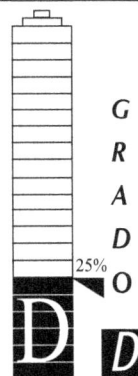

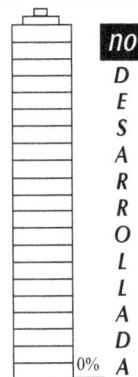

G
R
A
D
O

50%

C

C

- Actúa sobre la base de valores morales y las buenas costumbres y prácticas organizacionales.
- Respeta las políticas y los valores de la organización.
- Demuestra sus valores éticos en diferentes esferas de actuación: profesionales, en la conducción de personas (si corresponde) y en el trato con compañeros, respecto del medio ambiente y en el ámbito de la sociedad y la familia.
- Respeta valores y buenas costumbres, aun por sobre intereses propios y de su sector, y establece relaciones con otras personas sobre la base del respeto.
- Es un modelo para sus compañeros por su comportamiento ético, tanto en lo laboral como en los demás ámbitos de su vida.

G
R
A
D
O

25%

D

D

Competencia en su
grado mínimo

- En ocasiones actúa sin tener en consideración valores morales y las buenas costumbres y prácticas organizacionales.
- Aplica las políticas e instrucciones recibidas por sus superiores sin tomar en cuenta, especialmente, los valores de la organización.
- Se preocupa por cumplir lo que se le indica dentro del ámbito de la organización pero no aplica un comportamiento ético en otras esferas de actuación, como por ejemplo y según corresponda: profesionales, en la conducción de personas, en el trato con compañeros, respecto del medio ambiente o en el ámbito de la sociedad y la familia.
- Respeta valores y buenas costumbres en la medida en que no se contrapongan con sus propios intereses o los de su área o sector de trabajo. No establece relaciones con otras personas sobre la base del respeto mutuo.
- No es un modelo para sus compañeros por su comportamiento ético, tanto en lo laboral como en los demás ámbitos de su vida.

no
D
E
S
A
R
R
O
L
L
A
D
A

0%

Competencia
NO desarrollada

ÉTICA Y SENCILLEZ: Capacidad para actuar en concordancia con los valores morales y las buenas costumbres y prácticas profesionales, y respetar las políticas organizacionales. Capacidad para generar confianza en otros al ejecutar acciones o procesos no burocráticos y simples de entender desde una perspectiva diferente a la propia. Implica ser uno mismo y demostrar seguridad, ser congruente entre el decir y el hacer y no dar lugar a malentendidos.

Comportamientos cotidianos con respecto a los valores morales y las buenas costumbres y prácticas profesionales. Implica la sencillez en la actuación cotidiana	Los comportamientos se ubican en: Grado

- Estructura la visión, misión, valores y estrategia de la organización sobre la base de valores morales y las buenas costumbres y prácticas profesionales.
- Establece un marco de referencia para sí mismo y para toda la organización destinado a actuar en concordancia con los valores y las políticas organizacionales.
- Genera confianza en otros al diseñar métodos de trabajo –aplicables a toda la organización– no burocráticos, transparentes y de fácil comprensión partiendo de una perspectiva diferente.
- Demuestra a través de sus comportamientos ser en todo momento una misma persona, sin acomodarse a las circunstancias. Es seguro, congruente entre el decir y el hacer, sin dar lugar a malos entendidos. Promueve esta forma de actuar en toda la organización.
- Es un referente en la organización y en la comunidad por su ética y sencillez.

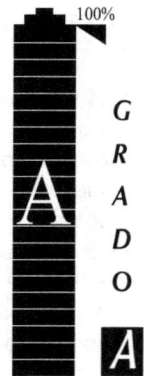

100%

G
R
A
D
O

A

- Dirige el área a su cargo sobre la base de valores morales y las buenas costumbres y prácticas profesionales.
- Establece un marco de referencia para sí mismo y para su área destinado a actuar en concordancia con los valores y las políticas organizacionales.
- Genera confianza en otros al diseñar, dentro de su área, métodos de trabajo no burocráticos, transparentes y de fácil comprensión partiendo de una perspectiva diferente.
- Demuestra a través de sus comportamientos ser en todo momento "la misma persona", sin resignar sus principios para acomodarse a las circunstancias. Es seguro, congruente entre el decir y el hacer, sin dar lugar a malos entendidos. Promueve esta forma de actuar dentro de su área.
- Es un referente en la organización por su ética y sencillez.

75% G
R
A
D
O

B

- Conduce el equipo a su cargo sobre la base de valores morales y las buenas costumbres y prácticas profesionales.
- Establece un marco de referencia para sí mismo y para su sector destinado a actuar en concordancia con los valores y las políticas organizacionales.
- Genera confianza en otros al aplicar métodos de trabajo no burocráticos, transparentes y de fácil comprensión partiendo de una perspectiva diferente.
- Demuestra a través de sus comportamientos ser en todo momento "la misma persona", sin resignar sus principios para acomodarse a las circunstancias. Es seguro, congruente entre el decir y el hacer, sin dar lugar a malos entendidos. Promueve esta forma de actuar dentro de su sector.
- Es un referente en su área por su ética y sencillez.

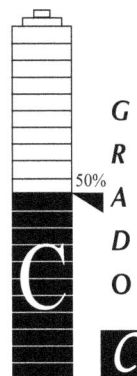

G
R
A
D
O

50%

C

C

- Realiza su tarea sobre la base de valores morales y las buenas costumbres y prácticas profesionales.
- Actúa en concordancia con los valores y las políticas organizacionales.
- Genera confianza en otros por su desempeño transparente y de fácil comprensión partiendo de una perspectiva diferente.
- Demuestra a través de sus comportamientos ser en todo momento "la misma persona", sin resignar sus principios para acomodarse a las circunstancias. Es seguro, congruente entre el decir y el hacer, sin dar lugar a malos entendidos.
- Es un referente para sus compañeros por su ética y sencillez.

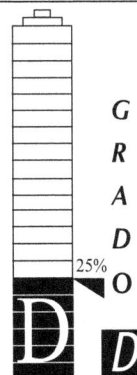

G
R
A
D
O

25%

D

D

Competencia en su grado mínimo

- ○ Realiza su tarea de acuerdo con los lineamientos recibidos sin tener en cuenta especialmente valores morales y las buenas costumbres y/o prácticas profesionales.
- ○ Aplica su propio criterio sin considerar las políticas y valores definidos por la organización y que están relacionados con su puesto de trabajo.
- ○ No genera confianza en otros, al realizar sus tareas de un modo no transparente, complejo desde la mirada de otra persona, en especial si no es de la especialidad o no conoce en profundidad el tema en cuestión.
- ○ Demuestra una aparente seguridad; sin embargo, al no ser congruente en el decir y el hacer, da lugar a malos entendidos.
- ○ No es un referente para sus compañeros por su ética y sencillez.

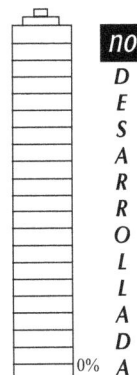

no
D
E
S
A
R
R
O
L
L
A
D
A

0%

Competencia NO desarrollada

FLEXIBILIDAD Y ADAPTACIÓN: Capacidad para trabajar con eficacia en situaciones variadas y/o inusuales, con personas o grupos diversos. Implica comprender y valorar posturas distintas a las propias, incluso puntos de vista encontrados, modificar su propio enfoque a medida que la situación cambiante lo requiera, y promover dichos cambios en su ámbito de actuación.

Comportamientos frente a situaciones, personas y puntos de vista variados, complejos y/o cambiantes	*Los comportamientos se ubican en: Grado*

- Idea y diseña políticas organizacionales para enfrentar proactivamente y con eficacia problemas y/o situaciones diversos.
- Posee tal conocimiento de mercado local, regional y global que le permite anticipar los cambios del contexto, así como sus prioridades y relaciones, y actuar en consecuencia.
- Analiza e incorpora en las políticas organizacionales las características de personas o grupos diversos, multiculturales, eventualmente conflictivos, y asume su conducción.
- Comprende y valora posturas distintas a las propias, incluso puntos de vista encontrados, modificando su propio enfoque a medida que la situación cambiante lo requiere, y promueve dichos cambios en el ámbito de la organización en su conjunto y en el entorno directo donde esta ejerza su influencia.
- Es un referente en el ámbito de la organización y en el mercado por su capacidad de adaptación a nuevas circunstancias y contextos.

100%

G
R
A
D
O

A

- Diseña políticas organizacionales para enfrentar proactivamente y con eficacia problemas y/o situaciones diversos.
- Posee tal conocimiento de mercado local y regional que le permite anticipar los cambios del contexto, así como sus prioridades y relaciones, y actuar en consecuencia, dentro de su área de trabajo.
- Analiza e interpreta adecuadamente las características de personas o grupos diversos, multiculturales, y asume su conducción.
- Comprende y valora posturas distintas a las propias, incluso puntos de vista encontrados, modificando su propio enfoque a medida que la situación cambiante lo requiere, y promueve dichos cambios en el ámbito de su área de trabajo y en el entorno directo donde esta ejerza su influencia.
- Es un referente en su área de trabajo y dentro de la propia organización por su capacidad de adaptación a nuevas circunstancias y contextos.

75%

G
R
A
D
O

B

- Implementa políticas organizacionales para enfrentar proactivamente y con eficacia problemas y/o situaciones diversos.
- Posee tal conocimiento del mercado local que le permite anticipar los cambios del contexto, así como sus prioridades y relaciones, y actuar en consecuencia, dentro de su sector de trabajo.
- Interpreta adecuadamente las características de personas o grupos diversos, multiculturales, y asume su conducción.
- Comprende y valora posturas distintas a las propias, incluso puntos de vista encontrados, modificando su propio enfoque a medida que la situación cambiante lo requiere, y promueve dichos cambios en el equipo a su cargo y en su área de influencia.
- Es un referente para sus colaboradores y dentro de su área de trabajo por su capacidad de adaptación a nuevas circunstancias y contextos.

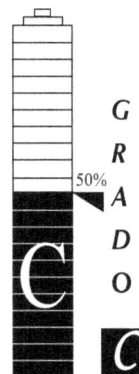

G R A D O

50%

C

- Implementa las instrucciones recibidas de sus superiores para enfrentar con eficacia problemas y/o situaciones diversos.
- Posee tal conocimiento de los temas relacionados con su puesto de trabajo que le permite anticiparse a los cambios del contexto y actuar en consecuencia.
- Interpreta adecuadamente las características de otras personas en relación con las tareas a su cargo.
- Comprende y valora posturas distintas a las propias, incluso puntos de vista encontrados, modificando su propio comportamiento a medida que la situación cambiante lo requiere.
- Es un referente para sus compañeros por su capacidad de adaptación a nuevas circunstancias y contextos.

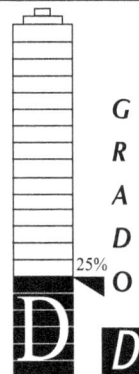

G R A D O

25%

D

Competencia en su grado mínimo

- Implementa las instrucciones recibidas de sus superiores sin comprender sus verdaderas implicancias en relación con los cambios del entorno.
- Posee conocimiento de los temas relacionados con su puesto de trabajo, pero tiene dificultades para percibir los cambios del contexto y actuar para enfrentarlos con eficacia.
- Asume que las otras personas poseen posturas similares a las propias en relación con las tareas a realizar.
- Comprende que puedan existir otras posturas pero asume que la suya es la correcta y repite comportamientos pasados.
- No es un referente para sus compañeros por su capacidad de adaptación a nuevas circunstancias y contextos. Por el contrario, es percibido como una persona que sigue las tradiciones y costumbres preestablecidas.

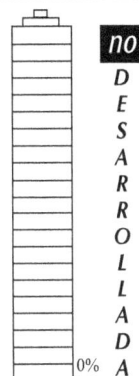

no D E S A R R O L L A D A

0%

Competencia NO desarrollada

FORTALEZA: Capacidad para obrar asumiendo el punto medio en cualquier situación. Se entiende por punto medio vencer el temor y huir de la temeridad. No se trata de alardes de fuerza física o de otro tipo; por el contrario, se relaciona con valores como la prudencia y la sensatez para optar por la posición intermedia ante las distintas circunstancias sin caer en la tentación de actuar como todopoderoso o, por el contrario, como timorato.

Comportamientos frente a situaciones cotidianas que impliquen mantener el equilibrio, más allá del temor que puedan generar	Los comportamientos se ubican en: Grado

- Idea, diseña e implementa políticas y procedimientos organizacionales con el propósito de que la organización en su conjunto, así como todos sus integrantes, obren en todo momento con *fortaleza* (actuar respetando el punto medio, entendiéndolo como vencer el temor y huir de la temeridad), en la consecución de los planes estratégicos organizacionales y, de ese modo, alcanzar la visión.
- Conduce y dirige a la organización en su conjunto bajo el principio definido de *fortaleza,* mencionado en el párrafo anterior.
- Analiza su propio desempeño, así como el de las personas que integran la organización, bajo el principio de *fortaleza.* Propone y lleva acciones correctivas cuando es necesario.
- Propone y participa en proyectos multidisciplinarios y entre organizaciones actuando de acuerdo con el principio definido de *fortaleza.*
- Es un referente para toda la organización en su conjunto y en el mercado en materia de *fortaleza,* tanto en lo personal como a la hora de hacer negocios y acuerdos.

100%

G
R
A
D
O

A

- Diseña e implementa políticas y procedimientos organizacionales con el propósito de que el área bajo su responsabilidad, así como todos sus integrantes, obren en todo momento con *fortaleza* (actuar respetando el punto medio, entendiéndolo como vencer el temor y huir de la temeridad), en la consecución de los planes estratégicos de su área y, de ese modo, alcanzar la visión.
- Conduce y dirige el área bajo su responsabilidad bajo el principio definido de *fortaleza,* mencionado en el párrafo anterior.
- Analiza su propio desempeño, así como el de las personas que integran su área, bajo el principio de *fortaleza.* Propone y lleva acciones correctivas cuando es necesario.
- Participa en proyectos multidisciplinarios y entre áreas actuando de acuerdo con el principio definido de *fortaleza.*
- Es un referente en su área y en el ámbito de la organización en materia de *fortaleza,* tanto en lo personal como a la hora de hacer negocios y acuerdos.

75% G
R
A
D
O

B

- Implementa políticas y procedimientos organizacionales con el propósito de que el sector bajo su responsabilidad así como todos sus integrantes obren en todo momento con *fortaleza* (actuar respetando el punto medio, entendiéndolo como vencer el temor y huir de la temeridad), en la consecución de los planes estratégicos.
- Conduce y dirige el equipo a su cargo bajo el principio definido de *fortaleza,* mencionado en el párrafo anterior.
- Analiza su propio desempeño y el del equipo a su cargo bajo el principio de *fortaleza.* Propone y lleva acciones correctivas cuando es necesario.
- Participa en proyectos multidisciplinarios dentro de su área, actuando de acuerdo con el principio definido de *fortaleza.*
- Es un referente para sus colaboradores y en el ámbito del área en la cual se desempeña en materia de *fortaleza,* tanto en lo personal como en relación con sus responsabilidades.

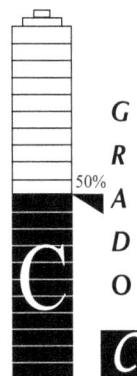

G R A D O 50%

- Implementa los procedimientos definidos para su puesto de trabajo destinados a obrar en todo momento con *fortaleza* (actuar respetando el punto medio, entendiéndolo como vencer el temor y huir de la temeridad), en la consecución de los planes estratégicos.
- Lleva a cabo las responsabilidades de su puesto de trabajo bajo el principio definido de *fortaleza,* mencionado en el párrafo anterior.
- Analiza su propio desempeño bajo el principio de *fortaleza* y lleva acciones correctivas cuando es necesario.
- Participa en proyectos con otras personas, actuando de acuerdo con el principio definido de *fortaleza.*
- Es un referente para sus compañeros en materia de *fortaleza,* tanto en lo personal como en relación con las tareas a su cargo.

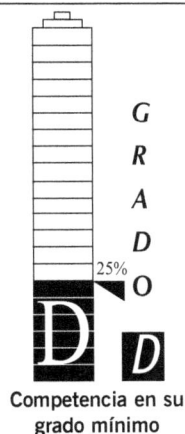

G R A D O 25%

Competencia en su grado mínimo

- Implementa los procedimientos definidos para su puesto de trabajo mostrándose en ocasiones temeroso sobre los resultados a obtener.
- Lleva a cabo las responsabilidades de su puesto de trabajo de manera inconstante, no siempre actúa de acuerdo con el principio de *fortaleza.*
- Analiza su propio desempeño bajo el principio de *fortaleza* pero no lleva a cabo las acciones correctivas necesarias para alcanzar un mayor desarrollo de esta competencia.
- Participa en proyectos con otras personas, sintiéndose inseguro respecto a cómo actuar bajo el principio del punto medio.
- No es un referente para sus compañeros en materia de *fortaleza,* ni por su comportamiento personal ni en relación con las tareas a su cargo.

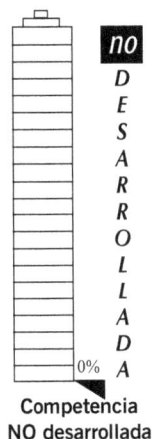

no DESARROLLADA 0%

Competencia NO desarrollada

INICIATIVA: Capacidad para actuar proactivamente y pensar en acciones futuras con el propósito de crear oportunidades o evitar problemas que no son evidentes para los demás. Implica capacidad para concretar decisiones tomadas en el pasado y la búsqueda de nuevas oportunidades o soluciones a problemas de cara al futuro.

Comportamientos habituales con relación al futuro y a la búsqueda de soluciones y nuevas oportunidades	*Los comportamientos se ubican en:* Grado

- Se anticipa a situaciones tanto externas como internas a la organización, así como nacionales, regionales y/o globales, con visión de largo plazo, y prevé opciones de cursos de acción eficaces y efectivos.
- Analiza en profundidad las situaciones planteadas y elabora planes de contingencia con el propósito de crear oportunidades y/o evitar problemas potenciales, no evidentes para los demás.
- Promueve la participación y la generación de ideas innovadoras y creativas entre sus colaboradores y les brinda retroalimentación e incentivo para que actúen de manera similar dentro de sus respectivos equipos de trabajo.
- Desarrolla la iniciativa en las distintas áreas de la organización para que todos, tanto de manera conjunta como individualmente, estén preparados para responder con celeridad a las situaciones inesperadas o de cambio.
- Es un referente en el ámbito organizacional y en el mercado por sus propuestas de mejora y eficiencia con visión de largo plazo.

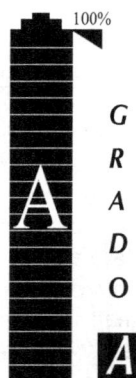

100%

G
R
A
D
O

A

- Se anticipa a situaciones tanto externas como internas a la organización, así como nacionales, regionales y/o globales, con visión de mediano plazo, y prevé opciones de cursos de acción eficaces y efectivos.
- Analiza las situaciones planteadas en profundidad y elabora planes de contingencia con el propósito de crear oportunidades y/o evitar problemas potenciales.
- Promueve la participación y la generación de ideas entre sus colaboradores y brinda retroalimentación e incentivo para que actúen de manera similar dentro de sus respectivos equipos de trabajo.
- Desarrolla la iniciativa en los distintos sectores dentro de su área para que todos, tanto de manera conjunta como individualmente, estén preparados para responder con celeridad a las situaciones inesperadas o de cambio.
- Es un referente en su área de trabajo y en el ámbito organizacional por sus propuestas de mejora y eficiencia con visión de mediano plazo.

75% G
R
A
D
O

B

- Resuelve situaciones complejas o de crisis, tanto externas como internas a la organización, con visión de corto plazo, y prevé opciones de cursos de acción eficaces y efectivos.
- Analiza las situaciones planteadas y elabora planes de contingencia con el propósito de crear oportunidades y/o evitar problemas potenciales.
- Promueve la participación entre sus colaboradores y brinda retroalimentación e incentivo para que actúen de manera similar en relación con el personal a su cargo.
- Desarrolla la iniciativa dentro de su sector a fin de que sus colaboradores estén preparados para responder rápidamente a las situaciones inesperadas o de cambio.
- Es un referente en su sector y en el ámbito de su área de trabajo por sus propuestas de mejora y eficiencia.

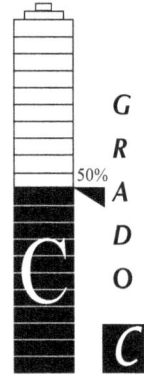

G
R
50% A
D
O

C

C

- Resuelve situaciones, tanto externas como internas a la organización, cuando estas se presentan.
- Analiza las situaciones planteadas y reacciona de manera oportuna, tanto frente a oportunidades como en la resolución de problemas.
- Promueve la participación entre sus compañeros e incentiva en ellos el mismo comportamiento.
- Desarrolla la iniciativa entre sus compañeros a fin de que estén preparados para responder rápidamente a las situaciones que se planteen en sus respectivos puestos de trabajo.
- Es un referente para sus compañeros por sus propuestas de mejora y eficiencia, en relación con las responsabilidades de su puesto.

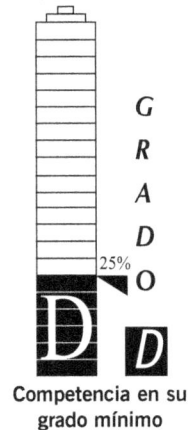

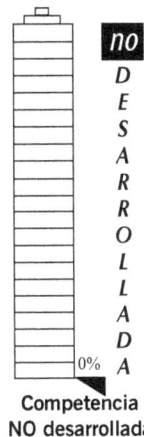

G
R
A
D
25% O

D

D

Competencia en su
grado mínimo

○ Ante situaciones complejas o de crisis se siente abrumado y no toma decisiones, a la espera de que se resuelvan por sí solas.
○ No comprende las señales que podrían indicarle que un determinado hecho es una oportunidad o un problema, para actuar rápidamente según corresponda.
○ No promueve la participación ni él mismo participa, se queda expectante frente a los hechos aguardando el curso de los acontecimientos.
○ Prefiere actuar según los usos y costumbres y propone a los otros igual comportamiento, lo que impide responder rápidamente a las situaciones nuevas y/o diferentes que se planteen en sus respectivos puestos de trabajo.
○ No es un referente para sus compañeros por sus propuestas de mejora y eficiencia, en relación con las responsabilidades de su puesto.

no
D
E
S
A
R
R
O
L
L
A
D
0% A

Competencia
NO desarrollada

INNOVACIÓN Y CREATIVIDAD: Capacidad para idear soluciones nuevas y diferentes dirigidas a resolver problemas o situaciones que se presentan en el propio puesto, la organización y/o los clientes, con el objeto de agregar valor a la organización.

Comportamientos habituales de búsqueda de propuestas alternativas y soluciones inéditas	*Los comportamientos se ubican en:* Grado

- Posee una clara visión del mercado, tanto nacional y regional como internacional, lo que le permite generar propuestas de solución y/o negocios novedosos y originales.
- Diseña políticas y métodos de trabajo organizacionales nuevos y diferentes, que contemplan los intereses de los clientes internos y externos, y propone opciones que ni la propia empresa ni otros habían presentado antes.
- Las soluciones nuevas y originales que presenta exceden su puesto de trabajo, ya que son aplicables en el ámbito de toda la organización, con repercusión positiva en la comunidad donde actúa.
- Conduce la organización con políticas y prácticas innovadoras y creativas posicionándola en un rol de liderazgo en la materia.
- Es un referente en la organización y en el mercado por presentar soluciones innovadoras y creativas a situaciones diversas, que agregan valor.

100% GRADO A

- Posee una clara visión del mercado, tanto nacional como regional, lo que le permite generar propuestas de solución y/o negocios novedosos y originales.
- Diseña métodos de trabajo para su área nuevos y diferentes, que contemplan los intereses de los clientes internos y externos, y propone opciones que ni la propia empresa ni otros habían presentado antes.
- Las soluciones nuevas y originales que presenta exceden su puesto de trabajo, ya que son aplicables en el ámbito de su área y tienen repercusión en otros sectores de la organización.
- Conduce su área a través de prácticas innovadoras y creativas que posicionan su gestión en un rol de liderazgo dentro de la organización.
- Es un referente en su área y en el ámbito de la organización por presentar soluciones innovadoras y creativas a situaciones diversas, que agregan valor.

75% GRADO B

- Posee una clara visión del mercado nacional, lo que le permite generar propuestas de solución y/o negocios novedosos y originales.
- Diseña métodos de trabajo para su sector nuevos y diferentes, que contemplan los intereses de los clientes internos y externos, proponiendo opciones que ni la propia empresa ni otros habían presentado antes.
- Las soluciones nuevas y originales que presenta exceden su puesto de trabajo, ya que son aplicables en su sector de trabajo y tienen repercusión en su área de actuación.
- Conduce el equipo de colaboradores a su cargo aplicando prácticas innovadoras y creativas que posicionan su gestión en un rol de liderazgo dentro su área.
- Es un referente para el equipo a su cargo y en el ámbito de su área de trabajo por presentar soluciones innovadoras y creativas a situaciones diversas, que agregan valor.

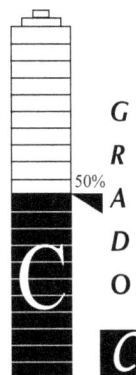

G R A D O

C

50%

- Posee una clara visión de los temas bajo su responsabilidad, lo que le permite generar propuestas de solución y/o negocios novedosos y originales.
- Aplica los métodos de trabajo a su puesto ofreciendo nuevas y diferentes soluciones que contemplan los intereses de los clientes internos y externos.
- Las soluciones nuevas y originales que presenta exceden su puesto de trabajo, ya que son aplicables –además– en otros puestos similares, con repercusión en su esfera de actuación.
- Aplica prácticas innovadoras y creativas que posicionan su gestión en un rol de liderazgo entre sus compañeros de trabajo.
- Es un referente para sus compañeros y en el ámbito de su sector de trabajo por presentar soluciones innovadoras y creativas que agregan valor.

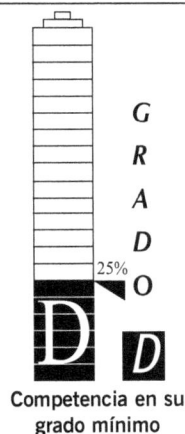

G R A D O

D

25%

Competencia en su grado mínimo

- Posee juicios previos o preconceptos sobre las formas en que se deben hacer las cosas, lo que le impide generar propuestas de solución y/o negocios novedosos y originales.
- Aplica los métodos de trabajo a su puesto aferrándose a sus propias opiniones y sin contemplar los intereses de los clientes internos y externos.
- Las soluciones que presenta sólo aplican a su puesto de trabajo y a su estilo personal, por lo tanto no pueden ser utilizadas por otros que ocupen puestos similares.
- Aplica siempre las mismas soluciones aunque no sea lo más adecuado, y asume un rol crítico frente a compañeros que presentan propuestas innovadoras y creativas.
- No es un referente para sus compañeros por presentar soluciones innovadoras y creativas que agreguen valor.

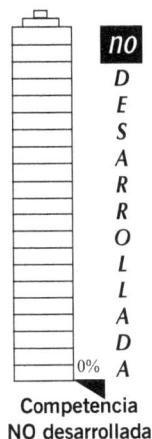

no

D E S A R R O L L A D A

0%

Competencia NO desarrollada

INTEGRIDAD: Capacidad para comportarse de acuerdo con los valores morales, las buenas costumbres y prácticas profesionales, y para actuar con seguridad y congruencia entre el decir y el hacer. Capacidad para construir relaciones duraderas basadas en un comportamiento honesto y veraz.

Comportamientos cotidianos relacionados con los valores morales y las buenas costumbres y prácticas profesionales	*Los comportamientos se ubican en: Grado*

- Actúa en concordancia con los valores morales y las buenas prácticas y costumbres profesionales, y estructura a la organización en función de ellos.
- Fomenta e inculca en todos los integrantes de la organización el respeto por los valores y la justicia en el trato con los demás.
- Construye relaciones duraderas basadas en la honestidad de sus actos.
- Es justo y seguro en la creación y aplicación de procesos y procedimientos dentro de la organización.
- Es considerado un referente en la organización y en el mercado por su congruencia constante entre el decir y hacer.

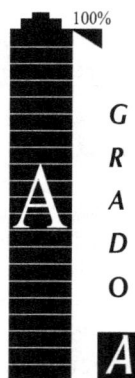

100%

G
R
A
D
O

A

A

- Guía las propias acciones y las de sus colaboradores en función de los valores morales y las buenas costumbres.
- Construye relaciones de confianza con sus colaboradores.
- Promueve un trato justo entre su gente y los orienta en situaciones en las que sus intereses y valores son inconsistentes o contradictorios.
- Siempre aplica y cumple con los procesos y procedimientos organizacionales, y fomenta entre sus colaboradores que actúen de la misma manera.
- Constituye un ejemplo para sus colaboradores por mantener una conducta congruente con los valores organizacionales.

75% G
R
A
D
O

B

B

- Guía sus acciones en función de los valores morales y las buenas costumbres.
- Alienta a sus pares y compañeros de trabajo a mantener un trato justo con los demás.
- Establece relaciones de confianza con sus compañeros de trabajo.
- Actúa en todo momento de manera congruente con lo que expresa.
- Realiza sus trabajos guiándose por medio de los procesos y procedimientos organizacionales.

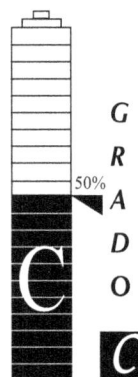

G R A D O

C

50%

- Trabaja respetando los valores morales y las buenas prácticas profesionales.
- Actúa consecuentemente con lo que dice, respetando las pautas de conducta que le exige la organización.
- Mantiene una correcta relación con sus compañeros.
- A cada persona con la que interactúa le demuestra su respeto y consideración.
- Realiza sus tareas de acuerdo con los procedimientos y procesos que se le exigen.

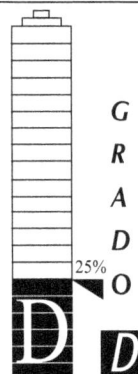

G R A D O

D

25%

Competencia en su
grado mínimo

- ○ Se guía por valores y principios siempre y cuando no contradigan sus propios intereses.
- ○ No guía su trabajo ni el de los demás de acuerdo con las buenas prácticas profesionales.
- ○ Pierde de vista los procedimientos establecidos por la organización, y se guía por su propio criterio.
- ○ Oculta acciones propias o de su equipo de trabajo cuando sabe que son contrarias a los principios o políticas de la organización.
- ○ Su actuación no es consecuente con lo que dice.

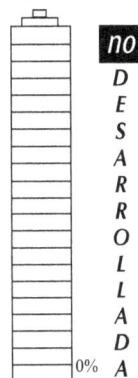

no
D E S A R R O L L A D A

0%

Competencia
NO desarrollada

JUSTICIA: Capacidad para dar a cada uno lo que le corresponde o pertenece, en los negocios, en la relación con clientes y proveedores, en el manejo del personal o en una negociación, y, al mismo tiempo, velar por el cumplimiento de los valores de la organización y trabajar mancomunadamente en pos de la visión y la estrategia de esta. Implica obrar con equidad en cualquier circunstancia, tanto personal como laboral.

Comportamientos relacionados con la capacidad para dar a cada uno lo que le corresponde	*Los comportamientos se ubican en:* Grado

- Diseña políticas y procedimientos organizacionales con el propósito de dar a cada uno lo que le corresponde o pertenece, en los negocios, en la relación con clientes y proveedores, en el manejo del personal, o en una negociación.
- Diseña y difunde políticas organizacionales para velar por el cumplimiento de los valores de la organización.
- Diseña y define políticas y procedimientos para que toda la organización en su conjunto y cada integrante en particular apliquen criterios de *justicia* y trabajen de manera mancomunada en pos de la visión y la estrategia organizacionales.
- Dirige la organización aplicando principios de *justicia* (dar a cada uno lo que le corresponde o pertenece), y alienta a los otros directivos a obrar del mismo modo.
- Es un referente en la organización y en el mercado por obrar con equidad en cualquier circunstancia, tanto personal como laboral.

100%

G
R
A
D
O

A

- Diseña métodos y procedimientos organizacionales con el propósito de dar a cada uno lo que le corresponde o pertenece, en los negocios, en la relación con clientes y proveedores, en el manejo del personal, o en una negociación.
- Difunde las políticas organizacionales para velar por el cumplimiento de los valores de la organización.
- Diseña y define políticas y procedimientos para que su área, ya sea en su conjunto o cada integrante en particular, aplique criterios de *justicia* y trabaje de manera mancomunada en pos de la visión y la estrategia organizacionales.
- Dirige su área aplicando principios de *justicia* (dar a cada uno lo que le corresponde o pertenece), y alienta a los otros colaboradores que poseen grupos de personas a cargo a obrar del mismo modo,
- Es un referente en su área y en el ámbito de la organización por obrar con equidad en cualquier circunstancia, tanto personal como laboral.

75% G
R
A
D
O

B

- Implementa procedimientos para su sector con el propósito de dar a cada uno lo que le corresponde o pertenece, en los negocios, en la relación con clientes y proveedores, en el manejo del personal, o en una negociación.
- Comunica a sus colaboradores las políticas organizacionales en relación con los valores de la organización.
- Implementa los procedimientos definidos para que su sector, tanto en su conjunto como cada integrante en particular, aplique criterios de *justicia* y trabaje de manera mancomunada en pos de la estrategia organizacional.
- Dirige el grupo de personas a su cargo aplicando principios de *justicia* (dar a cada uno lo que le corresponde o pertenece).
- Es un referente entre sus colaboradores y en su sector por obrar con equidad en cualquier circunstancia, tanto personal como laboral.

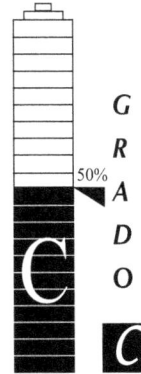

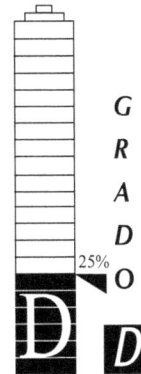

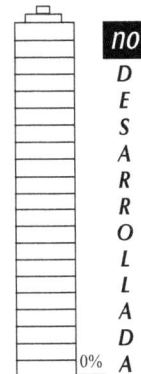

G
R
50%
A
D
O

C

C

- Implementa los procedimientos para su puesto de trabajo con el propósito de dar a cada uno lo que le corresponde o pertenece.
- Comprende las políticas organizacionales en relación con los valores de la organización.
- Implementa los procedimientos definidos para su puesto de trabajo en materia de *justicia.*
- Aplica en su puesto de trabajo los principios de *justicia* (dar a cada uno lo que le corresponde o pertenece).
- Es un referente entre sus compañeros y en su sector por obrar con equidad en cualquier circunstancia, tanto personal como laboral.

G
R
A
D
25%
O

D

D

Competencia en su
grado mínimo

- SI bien aplica los procedimientos definidos para su puesto de trabajo, siempre que le resulta posible obtiene beneficios sin cuidar el propósito de dar a cada uno lo que le corresponde o pertenece.
- Aplica las políticas organizacionales en relación con los valores de la organización sólo si está obligado a hacerlo.
- Utiliza los procedimientos definidos para su puesto de trabajo sin considerar los principios de *justicia.*
- No aplica en su puesto de trabajo los principios de *justicia,* ya que no los comparte como valor personal.
- No es un referente entre sus compañeros y en su sector por obrar con equidad en cualquier circunstancia, tanto personal como laboral.

no
D
E
S
A
R
R
O
L
L
A
0%
D
A

Competencia
NO desarrollada

PERSEVERANCIA EN LA CONSECUCIÓN DE OBJETIVOS: Capacidad para obrar con firmeza y constancia en la ejecución de proyectos y en la consecución de objetivos. Capacidad para actuar con fuerza interior, insistir cuando es necesario, repetir una acción y mantener un comportamiento constante para lograr un objetivo, tanto personal como de la organización.

Comportamientos habituales en relación con los objetivos propuestos (personales u organizacionales), aun en situaciones exigentes	*Los comportamientos se ubican en: Grado*

- Define políticas y diseña procedimientos organizacionales tendientes a lograr un comportamiento constante y firme en todos los integrantes de la organización, para alcanzar la visión y estrategia organizacionales. Fija objetivos cuya consecución requiere perseverancia.
- Actúa con fuerza interior y tenacidad, insiste cuando es necesario, repite una acción y mantiene un comportamiento constante para lograr un objetivo, tanto personal como de la organización, y desarrolla esta misma capacidad en todos los colaboradores de su organización.
- Dirige la organización sobre la base de pautas firmes, constantes y concretas, constituyéndose en un ejemplo de ello, y alienta a los otros directivos a obrar del mismo modo.
- Promueve la perseverancia como un valor organizacional y personal, propone programas para toda la organización, ofrece su entrenamiento experto y brinda retroalimentación a sus colaboradores directos.
- Es un referente en la organización y en el mercado por su perseverancia en la consecución de objetivos.

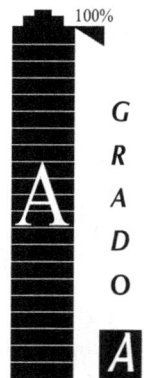

100%

G R A D O

A

- Define políticas y diseña procedimientos para su área tendientes a lograr un comportamiento constante y firme en todos sus integrantes, a fin de alcanzar la visión y estrategia organizacionales. Fija objetivos cuya consecución requiere perseverancia.
- Actúa con fuerza interior y tenacidad, insiste cuando es necesario, repite una acción y mantiene un comportamiento constante para lograr un objetivo, tanto personal como de la organización, y desarrolla esta misma capacidad en todos los integrantes de su área.
- Dirige el área a su cargo sobre la base de pautas firmes, constantes y concretas, constituyéndose en un ejemplo de ello, y alienta a los otros jefes de equipos a obrar del mismo modo.
- Promueve la perseverancia como un valor organizacional y personal, propone programas para su área, ofrece su entrenamiento experto y brinda retroalimentación a sus colaboradores directos.
- Es un referente en su área y en el ámbito de la organización por su perseverancia en la consecución de objetivos.

75%

G R A D O

B

- Implementa procedimientos para su área tendientes a lograr un comportamiento constante y firme en todos sus integrantes, a fin de alcanzar la estrategia organizacional.
- Actúa con fuerza interior y tenacidad, mantiene un comportamiento constante para lograr sus objetivos, tanto personales como de la organización, y desarrolla esta misma capacidad entre sus colaboradores.
- Dirige a su equipo sobre la base de pautas firmes, constantes y concretas, constituyéndose en un ejemplo de ello, y alienta a sus integrantes para que obren del mismo modo.
- Promueve la perseverancia como un valor organizacional y personal, propone programas para su sector y brinda retroalimentación a sus colaboradores directos.
- Es un referente para sus colaboradores y en el ámbito de su área de influencia por su perseverancia en la consecución de objetivos.

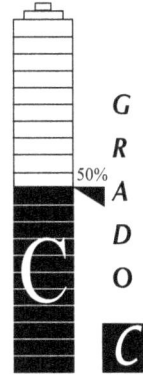

G R A D O

C

- Lleva a cabo los procedimientos definidos para su puesto de trabajo y demuestra un comportamiento constante y firme a fin de alcanzar la estrategia organizacional.
- Actúa con fuerza interior y tenacidad, y mantiene un comportamiento constante para lograr sus objetivos, tanto personales como de la organización.
- Realiza sus tareas y funciones sobre la base de pautas firmes, constantes y concretas, constituyéndose en un ejemplo para otras personas.
- Promueve la perseverancia como un valor organizacional y personal, y brinda retroalimentación a sus compañeros.
- Es un referente para sus compañeros por su perseverancia en la consecución de objetivos.

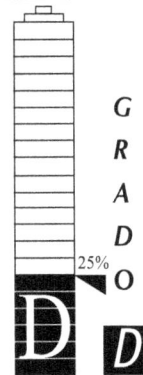

G R A D O

D

Competencia en su grado mínimo

- ○ Lleva a cabo los procedimientos definidos para su puesto de trabajo sin ser constante y firme al implementarlos.
- ○ Su ritmo de trabajo fluctúa, y no alcanza un comportamiento constante que le permita alcanzar sus objetivos, tanto personales como de la organización.
- ○ Realiza sus tareas y funciones sin seguir pautas firmes, constantes y concretas.
- ○ Frente a las dificultades baja su ritmo de trabajo. No adhiere a pautas fijadas por la organización con el propósito de alcanzar los objetivos.
- ○ Para sus compañeros es un ejemplo de no perseverancia en la consecución de objetivos.

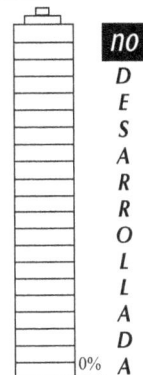

no
D E S A R R O L L A D A

Competencia NO desarrollada

PRUDENCIA: Capacidad para obrar con sensatez y moderación en todos los actos: en la aplicación de normas y políticas organizacionales, en la fijación y consecución de objetivos, en el cierre de acuerdos y demás funciones inherentes a su puesto. Implica la capacidad para discernir y distinguir lo bueno y lo malo para la organización, los colaboradores, los clientes y proveedores y para sí mismo.

Comportamientos habituales con relación al discernimiento, la sensatez y la moderación, en los ámbitos personal y profesional	*Los comportamientos se ubican en: Grado*
• Diseña políticas y normas organizacionales sobre la base del buen juicio, que permiten a todos los integrantes de la organización obrar con sensatez y moderación en los diversos actos: en la fijación y consecución de objetivos, en el cierre de acuerdos y demás funciones inherentes a sus puestos. • En su accionar distingue y diferencia entre lo bueno y lo malo tanto para la organización en su conjunto, los colaboradores, los clientes y proveedores, como para sí mismo. • Diseña y define políticas y procedimientos para que toda la organización en su conjunto y cada integrante en particular apliquen criterios de *prudencia* (obrar con sensatez y moderación en todos los actos) y trabajen de manera mancomunada en pos de la visión y la estrategia organizacionales. • Dirige la organización aplicando principios de *prudencia;* alienta a los otros directivos a obrar del mismo modo y ofrece su entrenamiento experto a quienes lo requieren. • Es un referente en la organización y en el mercado por su prudencia, tanto en su vida laboral como en el ámbito personal.	100% **A** G R A D O **A**
• Diseña políticas y normas organizacionales sobre la base del buen juicio, que permitan a todos los integrantes de su área obrar con sensatez y moderación en los diversos actos: en la fijación y consecución de objetivos, en el cierre de acuerdos y demás funciones inherentes a sus puestos. • En su accionar distingue y diferencia entre lo bueno y lo malo tanto para el área a su cargo –en su conjunto–, los colaboradores, los clientes y proveedores, como para sí mismo. • Diseña y define políticas y procedimientos para que el área a su cargo en su conjunto y cada integrante en particular apliquen criterios de *prudencia* (obrar con sensatez y moderación en todos los actos) y trabajen de manera mancomunada en pos de la visión y la estrategia organizacionales. • Dirige su área aplicando principios de *prudencia;* alienta a los jefes de equipo a obrar del mismo modo y ofrece su entrenamiento experto a quienes lo requieren. • Es un referente en su área y en el ámbito de la organización por su prudencia, tanto en su vida laboral como en el ámbito personal.	75% G R A D O **B** **B**

- Aplica políticas y normas organizacionales sobre la base del buen juicio, que permitan a todos los integrantes de su sector obrar con sensatez y moderación en los diversos actos: en la fijación y consecución de objetivos y demás funciones inherentes a sus puestos.
- En su accionar distingue y diferencia entre lo bueno y lo malo, tanto para su sector, sus colaboradores, clientes y proveedores, como para sí mismo.
- Aplica políticas y procedimientos para que su sector y cada uno de sus integrantes apliquen criterios de *prudencia* (obrar con sensatez y moderación en todos los actos) y trabajen de manera mancomunada en pos de los objetivos fijados.
- Dirige al equipo de colaboradores a su cargo aplicando principios de *prudencia* y ofrece su entrenamiento experto a quienes lo requieren.
- Es un referente entre sus colaboradores y en el ámbito de su área por su prudencia, tanto en su vida laboral como en el ámbito personal.

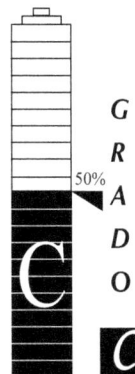

G
R
A 50%
D
O
C

- Aplica políticas y normas organizacionales sobre la base del buen juicio, obrando con sensatez y moderación en todos sus actos, en la consecución de objetivos y demás funciones inherentes a su puesto.
- En su accionar distingue y diferencia entre lo bueno y lo malo, en relación con su tarea y funciones y para sí mismo.
- Aplica políticas y procedimientos en relación con su puesto de trabajo y utiliza criterios de *prudencia* (obrar con sensatez y moderación en todos los actos), con el propósito de alcanzar los objetivos fijados tanto para su puesto como para su sector.
- Aplica principios de *prudencia* y ofrece su entrenamiento experto a sus compañeros que lo requieren.
- Es un referente entre sus compañeros y en el ámbito de su sector por su prudencia, tanto en su vida laboral como en el ámbito personal.

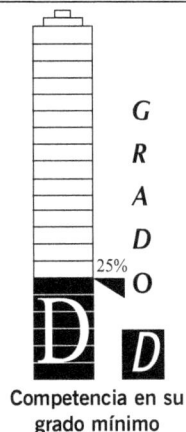

G
R
A
D
O 25%
D

Competencia en su grado mínimo

- Aplica políticas y normas organizacionales sin actuar con sensatez y moderación. Su comportamiento no es prudente al intentar alcanzar los objetivos y llevar a cabo las funciones inherentes a su puesto.
- Puede distinguir entre lo bueno y lo malo, pero cuando debe actuar no logra un comportamiento acorde a esta diferenciación.
- Aplica políticas y procedimientos en relación con su puesto de trabajo sin relacionarlos con los criterios de *prudencia* (obrar con sensatez y moderación en todos los actos).
- No aplica principios de *prudencia,* y lo reconoce luego de haber actuado de manera imprudente.
- No es un referente entre sus compañeros por su prudencia, tanto en su vida laboral como en el ámbito personal.

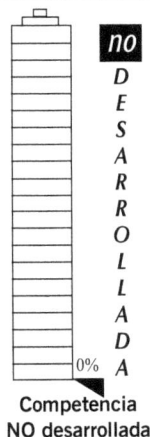

no
D
E
S
A
R
R
O
L
L
A
D
A 0%

Competencia NO desarrollada

RESPETO: Capacidad para dar a los otros y a uno mismo un trato digno, franco y tolerante, y comportarse de acuerdo con los valores morales, las buenas costumbres y las buenas prácticas profesionales, y para actuar con seguridad y congruencia entre el decir y el hacer. Implica la capacidad para construir relaciones cálidas y duraderas basadas en una conducta honesta y veraz.

Comportamientos relacionados con la capacidad para dar a los otros, y lograr para sí mismo, un trato digno y tolerante	*Los comportamientos se ubican en:* Grado

- Diseña estrategias para fomentar en todo el ámbito de la organización el trato digno, franco y tolerante.
- Actúa en concordancia con los valores morales y las buenas prácticas y costumbres profesionales, estructurando a la organización en función de ellos.
- Fomenta e inculca en todos los integrantes de la organización el respeto por los valores, la honestidad y el respeto en el trato con los demás.
- Construye relaciones cálidas basadas en la honestidad de sus actos con todos sus interlocutores, fomentando un clima organizacional de respeto.
- Es considerado un referente en la organización y en el mercado por la congruencia constante entre sus palabras y sus actos.

100%

G
R
A
D
O

A

- Brinda un trato digno, franco y tolerante, y obtiene reciprocidad. Fomenta idéntica actitud en el equipo de trabajo a su cargo.
- Guía las propias acciones y las de sus colaboradores en función de los valores morales y las buenas prácticas profesionales.
- Construye relaciones cálidas con sus colaboradores, sobre la base de su conducta honesta y veraz.
- Siempre aplica y cumple con los procesos y procedimientos organizacionales en materia de respeto por los demás, fomentando entre sus colaboradores que actúen de la misma manera.
- Constituye un ejemplo para sus colaboradores por mantener una conducta congruente con los valores organizacionales.

75%
G
R
A
D
O

B

- Ofrece un trato digno, franco y tolerante, y obtiene reciprocidad. Fomenta la misma actitud en sus colaboradores más directos.
- Guía sus acciones en función de los valores morales y las buenas prácticas profesionales.
- Alienta a sus pares y compañeros de trabajo a mantener un trato respetuoso y considerado con los demás.
- Establece relaciones cálidas con sus compañeros de trabajo.
- Actúa en todo momento de manera congruente con lo que expresa.

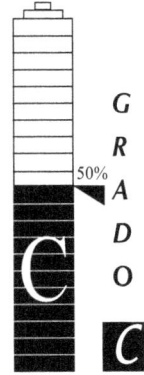

G
R
A
D
O

C

50%

C

- Brinda un trato digno, franco y tolerante, y obtiene reciprocidad.
- Trabaja respetando los valores morales y las buenas prácticas profesionales.
- Actúa consecuentemente con lo que dice, y respeta las pautas de conducta que le exige la organización.
- Mantiene una correcta relación con sus compañeros.
- A cada persona con la que interactúa le demuestra su respeto y consideración.

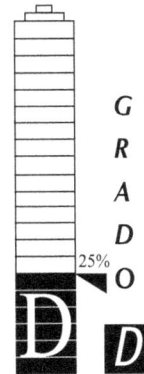

G
R
A
D
O

D

25%

D

Competencia en su grado mínimo

- Su trato no siempre es respetuoso hacia los demás.
- Se guía por valores y principios siempre y cuando no contradigan sus propios intereses.
- No guía su trabajo ni el de los demás de acuerdo con las buenas prácticas profesionales.
- Oculta acciones propias o de su equipo de trabajo cuando sabe que son contrarias a los principios o políticas de la organización.
- Su actuación no es consecuente con su discurso.

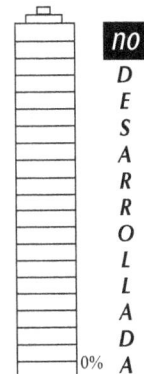

no
D
E
S
A
R
R
O
L
L
A
D
A

0%

Competencia NO desarrollada

RESPONSABILIDAD PERSONAL: Capacidad para mantener el balance entre las obligaciones personales y profesionales, promover el logro de los objetivos corporativos y un adecuado ambiente laboral.

Comportamientos cotidianos relacionados con la vida personal y profesional/laboral	Los comportamientos se ubican en: Grado

- Mantiene un adecuado balance entre las obligaciones personales y profesionales, tanto en lo que respecta a sí mismo como a la organización en su conjunto.
- Diseña políticas organizacionales que promueven el equilibrio entre las responsabilidades personales y laborales de sus colaboradores.
- Promueve el logro de los objetivos organizacionales y un buen ambiente laboral.
- Analiza y elabora soluciones que permiten mejorar los tiempos y la calidad en la ejecución de las tareas y procesos, y facilita así el logro de los objetivos organizacionales.
- Es un referente para sus colaboradores y para la organización con relación a este aspecto.

100%

G
R
A
D
O

A

- Mantiene un adecuado balance entre las obligaciones personales y profesionales, tanto a nivel individual como en su área de trabajo.
- Lleva a cabo acciones entre sus colaboradores para velar por el cumplimiento de las políticas organizacionales en relación con las responsabilidades a cargo.
- Promueve el logro de los objetivos asignados a su área y un mejor ambiente laboral dentro de su campo de acción.
- Implementa nuevas formas de realizar las tareas que se traducen en mejores resultados del área a su cargo que a su vez repercuten en el conjunto de la organización.
- Es un ejemplo entre los colaboradores del área en materia de responsabilidad.

75% G
R
A
D
O

B

- Mantiene un adecuado equilibrio entre las obligaciones personales y profesionales, tanto a nivel individual como entre los colaboradores a su cargo.
- Vela para que sus colaboradores logren un correcto equilibrio entre su vida personal y profesional.
- Logra, junto con sus colaboradores, los objetivos de su sector, en un adecuado clima laboral.
- Busca oportunidades para mejorar el desempeño y el logro de resultados de su sector.
- Propone mejoras para sus áreas de interés.

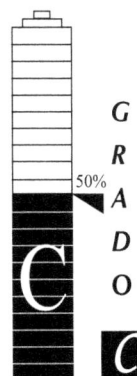

G
R
A
D
O

C

50%

- Cumple con las tareas a su cargo y logra alcanzar los objetivos laborales sin descuidar sus obligaciones personales.
- Consigue mantener un adecuado equilibrio entre su vida personal y profesional.
- Trabaja preservando en su entorno un buen clima laboral.
- Aplica los procedimientos organizacionales para mejorar los tiempos y la calidad en la ejecución de sus tareas.
- Solicita ayuda en situaciones que no puede manejar y lo desestabilizan tanto personal como profesionalmente.

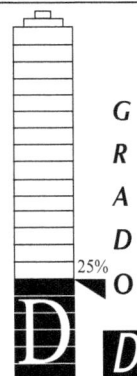

G
R
A
D
O

D

25%

Competencia en su grado mínimo

- Descuida sus objetivos laborales (o personales) cuando se siente desbordado por sus obligaciones personales (o laborales).
- Muestra escaso interés por buscar formas de optimizar su desempeño y encontrar soluciones a pequeños problemas que se le presentan.
- Cumple con los objetivos asignados descuidando el clima laboral y sin tener en cuenta el entorno en el que se desempeña.
- Presenta una actitud negativa frente a las soluciones propuestas para mejorar los tiempos y la calidad en la ejecución de las tareas.
- No se responsabiliza por su trabajo, por lo que realiza sus tareas sin la calidad requerida y fuera de término.

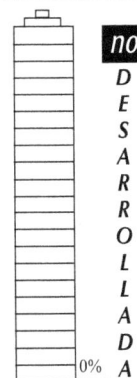

no
D
E
S
A
R
R
O
L
L
A
D
A

0%

Competencia NO desarrollada

RESPONSABILIDAD SOCIAL: Capacidad para identificarse con las políticas organizacionales en materia de responsabilidad social, diseñar, proponer y luego llevar a cabo propuestas orientadas a contribuir y colaborar con la sociedad en las áreas en las cuales esta presenta mayores carencias, y por ende, mayor necesidad de ayuda y colaboración.

Comportamientos cotidianos en relación con la responsabilidad social	Los comportamientos se ubican en: Grado

- Fija políticas organizacionales en materia de responsabilidad social, con visión de largo plazo.
- Diseña, propone y luego lleva a cabo propuestas orientadas a contribuir y colaborar con la sociedad en las áreas en las cuales esta presenta mayores carencias, y por ende, mayor necesidad de ayuda y colaboración.
- Comprende rápidamente otras culturas, sus maneras de pensar y comportarse y las diferentes formas de hacer las cosas, y utiliza dicha comprensión en beneficio de las políticas organizacionales en materia de responsabilidad social.
- Desarrolla y participa activamente en la implementación de planes orientados a fomentar el bien común.
- Es un referente en la organización y en el mercado donde actúa en materia de responsabilidad social.

100%

G
R
A
D
O

A

- Promueve las políticas organizacionales en materia de responsabilidad social.
- Diseña, propone y lleva a cabo, junto con su área de trabajo, propuestas orientadas a contribuir y colaborar con la sociedad en las áreas donde esta presenta mayores carencias.
- Comprende otras culturas, sus maneras de pensar y comportarse, y utiliza dicha comprensión en beneficio de las políticas organizacionales en materia de responsabilidad social.
- Participa e interviene activamente en el desarrollo y ejecución de los planes de asistencia que instrumenta su organización, y fomenta igual actitud entre sus colaboradores.
- Es un referente en su área y en el ámbito de la organización en materia de responsabilidad social.

75%

G
R
A
D
O

B

- Se identifica con las políticas organizacionales en materia de responsabilidad social, y motiva a los colaboradores y/o pares de su área a actuar de la misma manera.
- Propone acciones orientadas a colaborar con la sociedad en las áreas donde esta presenta mayores carencias.
- Comprende otras culturas y utiliza dicha comprensión en beneficio de las políticas organizacionales en materia de responsabilidad social.
- Promociona, de manera formal e informal, los programas de asistencia con los que cuenta la organización, a fin de que lleguen a quienes los necesitan.
- Es un referente para sus colaboradores y en el ámbito del área donde se desempeña en materia de responsabilidad social.

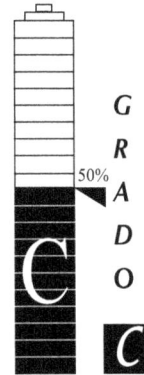

G R A D O
50%
C
C

- Se identifica con las políticas organizacionales en materia de responsabilidad social.
- Lleva a cabo acciones orientadas a colaborar con la sociedad en todo aquello que guarde relación con sus propias tareas o responsabilidades.
- Comprende rápidamente otras culturas.
- Colabora en la implementación de los planes de asistencia y ayuda social que lleva adelante la organización.
- Es un referente para sus compañeros en materia de responsabilidad social.

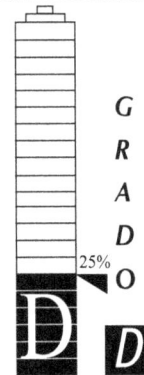

G R A D O
25%
D
D

Competencia en su grado mínimo

- Cumple con las políticas organizacionales en materia de responsabilidad social sólo cuando se lo solicitan.
- No propone acciones orientadas a colaborar con la sociedad.
- Le cuesta comprender otras culturas y adaptarse a ellas, por lo que no logra realizar un aporte significativo a las políticas organizacionales en materia de responsabilidad social.
- No se involucra en la implementación de los planes de asistencia y ayuda social que la organización realiza, por considerar que sus responsabilidades y obligaciones laborales requieren de su dedicación absoluta o porque piensa que hacerlo no corresponde a su rol.
- No comprende el porqué de las políticas organizacionales en materia de responsabilidad social; considera que la asistencia y ayuda en los temas sociales es responsabilidad exclusiva de los organismos del sector público.

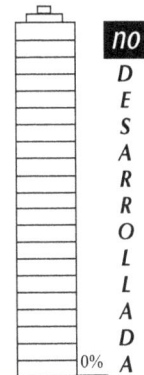

no D E S A R R O L L A D A
0%
Competencia NO desarrollada

SENCILLEZ: Capacidad para explicar de manera clara y precisa tanto los éxitos como los fracasos, problemas o acontecimientos negativos. Capacidad para expresarse sin dobleces ni engaños, decir siempre la verdad y lo que siente. Implica generar confianza en superiores, colaboradores y compañeros de trabajo, así como buscar nuevos y mejores caminos para hacer las cosas y evitar las soluciones complicadas y burocráticas.

Comportamientos habituales en relación con la transparencia y la búsqueda de soluciones simples y eficaces	Los comportamientos se ubican en: Grado

- Define y fija políticas organizacionales y las comunica de manera clara y precisa a todos los niveles de la organización. Del mismo modo, comunica fracasos o acontecimientos negativos sin dobleces ni engaños, diciendo siempre la verdad y lo que siente.
- Busca nuevos y mejores caminos para hacer las cosas y diseña métodos de trabajo y procedimientos para toda la organización, evitando las soluciones complicadas y burocráticas.
- Genera confianza en superiores, colaboradores y compañeros de trabajo al evidenciar en todo momento un comportamiento humilde, confiable, sin dobles mensajes, sobre la base de la verdad. Alienta a los demás a que asuman un comportamiento similar, en cascada desde su nivel hacia toda la organización.
- Dirige la organización y alienta a los otros directivos a obrar del mismo modo, aplicando principios de *sencillez* (obrar y comunicar sus acciones sin dobleces ni engaños, diciendo siempre la verdad) y ofrece su entrenamiento experto a otros que así lo requieran.
- Es un referente en la organización y en el mercado por su sencillez.

100%

GRADO

A

- Define y fija políticas para su área y las comunica de manera clara y precisa a todos los niveles relacionados. Del mismo modo, comunica fracasos o acontecimientos negativos sin dobleces ni engaños, diciendo siempre la verdad y lo que siente.
- Busca nuevos y mejores caminos para hacer las cosas y diseña métodos de trabajo y procedimientos para su área, evitando las soluciones complicadas y burocráticas.
- Genera confianza en superiores, colaboradores y compañeros de trabajo al evidenciar en todo momento un comportamiento humilde, confiable, sin dobles mensajes, en base a la verdad. Alienta a los jefes de equipo a su cargo a que asuman un comportamiento similar.
- Dirige su área aplicando principios de *sencillez* (obrar y comunicar sus acciones sin dobleces ni engaños, diciendo siempre la verdad), alienta a los jefes de equipo a su cargo a obrar del mismo modo, y ofrece su entrenamiento experto a quienes lo requieran.
- Es un referente en el ámbito de la organización por su sencillez.

75% GRADO

B

- Aplica las políticas organizacionales en su sector y las comunica de manera clara y precisa a sus colaboradores. Del mismo modo, comunica fracasos o acontecimientos negativos sin dobleces ni engaños, diciendo siempre la verdad y lo que siente.
- Busca nuevos y mejores caminos para hacer las cosas y propone métodos de trabajo y procedimientos para su sector, evitando las soluciones complicadas y burocráticas.
- Genera confianza en superiores, colaboradores y compañeros de trabajo al evidenciar en todo momento un comportamiento honesto, sin dobles mensajes, sobre la base de la verdad.
- Dirige a sus colaboradores aplicando principios de *sencillez* (obrar y comunicar sus acciones sin dobleces ni engaños, diciendo siempre la verdad) y ofrece su entrenamiento experto a quienes lo requieren.
- Es un referente para sus colaboradores y en su área de influencia por su sencillez.

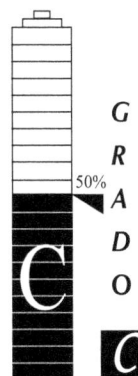

GRADO
50%
C
C

- Aplica los métodos de trabajo definidos para su puesto de trabajo y, cuando es necesario, se expresa de manera clara y precisa. Del mismo modo, comunica fracasos o acontecimientos negativos sin dobleces ni engaños, diciendo siempre la verdad y lo que siente.
- Busca nuevos y mejores caminos para hacer las cosas y propone soluciones en relación con su puesto de trabajo, evitando las soluciones complicadas y burocráticas.
- Genera confianza en superiores, colaboradores y compañeros de trabajo al evidenciar en todo momento un comportamiento honesto sobre la base de la verdad.
- Aplica en su tarea principios de *sencillez* (obrar y comunicar sus acciones sin dobleces ni engaños, diciendo siempre la verdad) y ofrece su entrenamiento experto a sus compañeros que lo requieren.
- Es un referente para sus compañeros y en el ámbito de su sector por su sencillez.

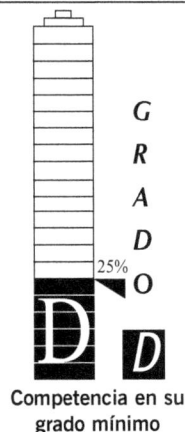

GRADO
25%
D
D
Competencia en su grado mínimo

- Aplica los métodos de trabajo definidos para su puesto de trabajo pero no comunica a otras personas los aspectos relacionados de manera clara y precisa.
- Cuando propone soluciones en relación con su puesto de trabajo, estas son complicadas, burocráticas y/o con más pasos de los necesarios.
- No genera confianza en superiores, colaboradores y compañeros de trabajo o bien porque no siempre dice la verdad, o bien porque su forma de expresarse no es clara y precisa, o bien porque dice una cosa y hace otra.
- No aplica en su tarea principios de *sencillez* (obrar y comunicar sus acciones sin dobleces ni engaños, diciendo siempre la verdad) y no acepta entrenamiento experto de sus superiores o compañeros con relación a este aspecto.
- No es un referente para sus compañeros por su sencillez.

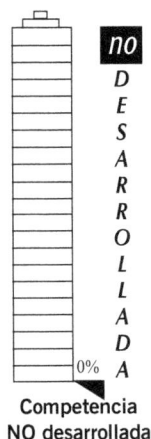

no
DESARROLLADA
0%
Competencia NO desarrollada

TEMPLE: Capacidad para obrar con serenidad y dominio tanto de sí mismo como en relación con las actividades a su cargo. Capacidad para afrontar de manera enérgica y al mismo tiempo serena las dificultades y los riesgos y explicar a otros problemas, fracasos o acontecimientos negativos. Implica seguir adelante en medio de circunstancias adversas, resistir tempestades y llegar a buen puerto.

Comportamientos habituales frente a los acontecimientos negativos y a los fracasos propios o ajenos	Los comportamientos se ubican en: Grado

- Define la visión organizacional aun en tiempos difíciles, y obra con serenidad y dominio tanto de sí mismo como en relación con los planes estratégicos de la organización.
- Afronta de manera enérgica y al mismo tiempo serena las dificultades y los riesgos; dirige la organización bajo esas circunstancias y explica a otros problemas, fracasos o acontecimientos negativos.
- Lleva adelante a la organización en circunstancias adversas, con la determinación de "resistir las tempestades y llegar a buen puerto".
- Dirige la organización aplicando principios de *templanza* (actuar con moderación y sobriedad, y afrontar las dificultades y riesgos con fortaleza enérgica y serenidad), alienta a los otros directivos a obrar del mismo modo, y ofrece su entrenamiento experto a quienes lo requieren.
- Es un referente en la organización y el mercado por su templanza.

100%

GRADO

A

- Define la visión para su área aun en tiempos difíciles, y obra con serenidad y dominio tanto de sí mismo como en relación con los planes estratégicos que se encuentran bajo su responsabilidad.
- Afronta de manera enérgica y al mismo tiempo serena las dificultades y los riesgos; dirige el área a su cargo bajo esas circunstancias y explica a otros problemas, fracasos o acontecimientos negativos.
- Lleva adelante su área en medio de circunstancias adversas, con la determinación de "resistir las tempestades y llegar a buen puerto".
- Dirige su área aplicando principios de *templanza* (actuar con moderación y sobriedad, y afrontar las dificultades y riesgos con fortaleza enérgica y serenidad), alienta a los jefes de equipo a su cargo a obrar del mismo modo, y ofrece su entrenamiento experto a quienes lo requieren.
- Es un referente en su área y en el ámbito de la organización por su templanza.

75% GRADO

B

- Aplica en su sector las directivas recibidas aun en tiempos difíciles, y obra con serenidad y dominio tanto de sí mismo como en relación con las responsabilidades a su cargo.
- Afronta de manera enérgica y al mismo tiempo serena las dificultades y los riesgos; dirige el sector a su cargo bajo esas circunstancias y explica a sus colaboradores problemas, fracasos o acontecimientos negativos.
- Lleva adelante su sector en circunstancias adversas, con la determinación de "resistir las tempestades y llegar a buen puerto".
- Dirige su sector aplicando principios de *templanza* (actuar con moderación y sobriedad, y afrontar las dificultades y riesgos con fortaleza enérgica y serenidad), alienta a sus colaboradores a obrar del mismo modo, y ofrece su entrenamiento experto a quienes lo requieren.
- Es un referente para sus colaboradores y en su área por su templanza.

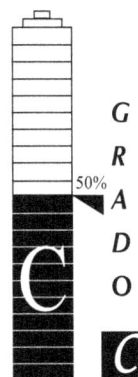

G
R
A
D
O

C

50%

- Realiza sus tareas habituales aun en tiempos difíciles, y obra con serenidad y dominio tanto de sí mismo como en relación con las responsabilidades a su cargo.
- Afronta de manera enérgica y serena las dificultades y explica a otros problemas, fracasos o acontecimientos negativos.
- Realiza adecuadamente su tarea en circunstancias adversas.
- Aplica en su puesto de trabajo principios de *templanza* (actuar con moderación y sobriedad, y afrontar las dificultades y riesgos con fortaleza enérgica y serenidad) y ofrece su entrenamiento experto a sus compañeros que lo requieren.
- Es un referente para sus compañeros y en su sector por su templanza.

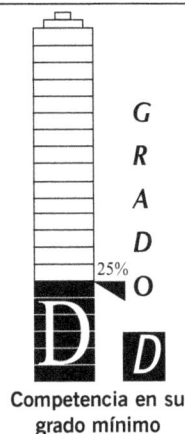

G
R
A
D
O

D

25%

Competencia en su grado mínimo

- Realiza sus tareas habituales evidenciando nerviosismo o abatimiento, situaciones que justifica o explica en función de los acontecimientos difíciles en los que debe desempeñarse.
- Sobredimensiona logros, relativiza fracasos o acontecimientos negativos, y no evalúa de manera objetiva los hechos.
- Cuando las circunstancias son adversas realiza sus tareas con un alto costo personal que impacta negativamente en su desempeño y resultados.
- No aplica en su puesto de trabajo principios de *templanza* (actuar con moderación y sobriedad, y afrontar las dificultades y riesgos con fortaleza enérgica y serenidad) y no acepta entrenamiento experto por parte de sus superiores y/o compañeros con relación a este aspecto.
- No es un referente para sus compañeros en materia de templanza.

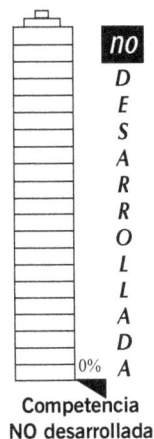

no

D
E
S
A
R
R
O
L
L
A
D
A

0%

Competencia NO desarrollada

DICCIONARIO DE COMPORTAMIENTOS

COMPETENCIAS ESPECÍFICAS GERENCIALES

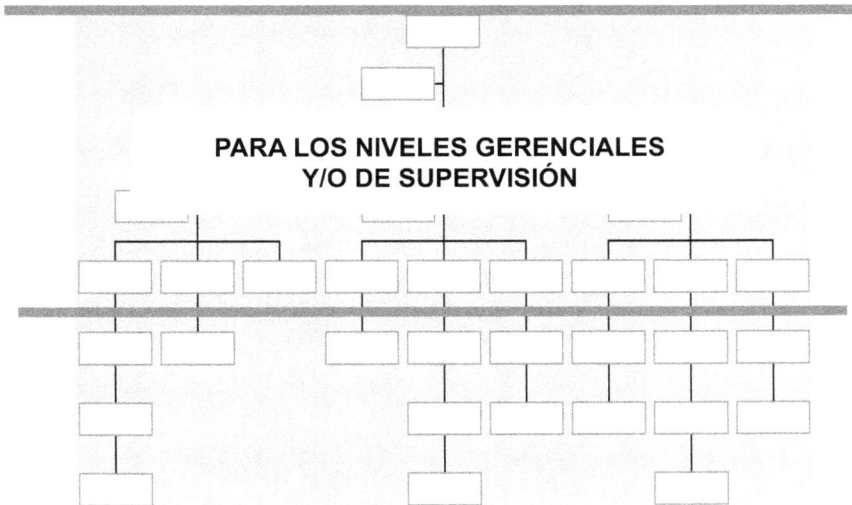

COMPETENCIAS
CARDINALES

COMPETENCIAS
ESPECÍFICAS
GERENCIALES

COMPETENCIAS
ESPECÍFICAS
POR ÁREA

**PARA LOS NIVELES GERENCIALES
Y/O DE SUPERVISIÓN**

Diccionario de comportamientos.
Competencias específicas gerenciales

En este capítulo se presentarán ejemplos de comportamientos relacionados con las competencias específicas gerenciales. Como una breve introducción a la temática se incluyen a continuación algunas definiciones de conceptos relacionados.

Definiciones

Competencia. Hace referencia a las características de personalidad, devenidas en comportamientos, que generan un desempeño exitoso en un puesto de trabajo.

Competencia cardinal. Competencia aplicable a todos los integrantes de la organización. Las competencias cardinales representan su esencia y permiten alcanzar la visión organizacional.

Competencia específica. Competencia aplicable a colectivos específicos, por ejemplo, un área de la organización o un cierto nivel, como el gerencial.

Comportamiento. Aquello que una persona hace (acción física) o dice (discurso). Sinónimo: conducta.

Comportamiento observable. Aquel comportamiento que puede ser visto (acción física) u oído (en un discurso).

Modelo de competencias. Conjunto de procesos relacionados con las personas que integran la organización y que tienen como propósito alinearlas en pos de los objetivos organizacionales o empresariales.

Las competencias seleccionadas como ejemplos de las específicas gerenciales para la preparación de esta obra son:

1. *Conducción de personas*
2. *Dirección de equipos de trabajo*
3. *Empowerment*
4. *Entrenador*
5. *Entrepreneurial*
6. *Liderar con el ejemplo*
7. *Liderazgo*
8. *Liderazgo ejecutivo (capacidad para ser líder de líderes)*
9. *Liderazgo para el cambio*
10. *Visión estratégica*

Para la confección de esta obra hemos considerado unas competencias como cardinales y otras como específicas; sin embargo, es muy importante destacar que cualquiera de ellas puede ser considerada en una categoría u otra, según se requiera.

Las competencias mencionadas como cardinales podrían, también, ser consideradas específicas. Del mismo modo, cualquiera de las competencias mencionadas como específicas, podría ser considerada cardinal.

Si bien no es tan frecuente, las competencias específicas gerenciales podrían ser consideradas tanto cardinales como específicas. Cada organización deberá diseñar su propio modelo de acuerdo con sus necesidades.

Una vez que se haya decidido el esquema final, en todos los casos los comportamientos asociados, que se reflejarán en el *Diccionario de comportamientos,* replicarán la misma categorización.

Usted tiene en sus manos un libro, no un modelo de una organización en particular. No obstante, se seguirá el lineamiento general consignado más arriba para la presentación de las competencias en las tres obras relacionadas: *Diccionario de competencias. La Trilogía. Tomo 1; Diccionario de comportamientos. La Trilogía. Tomo 2,* y *Diccionario de preguntas. La Trilogía. Tomo 3.*

Competencias gerenciales. Cómo utilizarlas

NOMBRE DE
LA COMPETENCIA

DESCRIPCIÓN DE
LA COMPETENCIA

Conducción de personas

Capacidad para dirigir un grupo de colaboradores, distribuir tareas y delegar autoridad, además de proveer oportunidades de aprendizaje y crecimiento. Implica la capacidad para desarrollar el talento y potencial de su gente, brindar retroalimentación oportuna sobre su desempeño y adaptar los estilos de dirección a las características individuales y de grupo, al identificar y reconocer aquello que motiva, estimula e inspira a sus colaboradores, con la finalidad de permitirles realizar sus mejores contribuciones.

Comportamientos cotidianos relativos a la vínculación con otras personas, de su área, de otras áreas, clientes, proveedores u otras relacionadas con su puesto de trabajo	*Los comportamientos se ubican en: Grado*

- Dirige grupos de colaboradores de alto desempeño, orientándolos en temas de dirección; distribuye tareas y delega autoridad.
- Provee oportunidades de aprendizaje y fomenta el crecimiento profesional dentro de la organización.
- Desarrolla el talento y potencial de los colaboradores al brindar retroalimentación oportuna y profunda sobre su desempeño.
- Adapta su estilo de conducción a las características individuales y grupales de las personas a su cargo; identifica y reconoce aquello que los motiva, estimula e inspira.
- Es un referente en materia de conducción de personas. Guía a aquellos colaboradores que también son jefes en lo que respecta a la dirección de sus propios equipos de trabajo.

GRADO A:
Ideal para el número 1
de la organización

- Dirige a sus colaboradores, orientándolos en temas de dirección; distribuye tareas y delega autoridad.
- Brinda oportunidades de aprendizaje y crecimiento en su área.
- Motiva el desarrollo del talento y potencial de su gente al brindarle una profunda retroalimentación.
- Adapta el estilo de conducción a las características individuales y grupales.
- Guía en materia de conducción de personas a aquellos de sus colaboradores que poseen, a su vez, personas a su cargo.

GRADO B:
Ideal para Directores y
Gerentes

- Dirige a sus colaboradores, distribuye tareas y delega autoridad.
- Se toma su tiempo para explicar a sus colaboradores las tareas a realizar, motivándolos a que aprendan la forma correcta de llevarlas a cabo.
- Incentiva a su gente al brindarle retroalimentación oportuna.
- Es flexible en su estilo de conducción, adaptándolo a las características particulares de las personas o el grupo a su cargo.
- Guía a sus colaboradores en la realización de sus tareas, brindándoles ayuda y apoyo.

GRADO C:
Ideal para segundos
niveles de gerencia

- Supervisa un grupo de colaboradores, distribuye tareas y delega autoridad.
- Si se lo solicitan, está dispuesto a explicar a sus compañeros cómo realizar las tareas.
- Brinda retroalimentación oportuna.
- Se muestra abierto a adaptar su estilo de conducción a las principales características de los colaboradores a su cargo.
- Logra que sus colaboradores tengan en cuenta sus sugerencias al momento de realizar las tareas.

GRADO D:
Ideal para supervisores,
jefes de grupos, etc.

Competencia en su grado mínimo

- Tiene dificultades para dirigir grupos de trabajo; no logra una adecuada distribución de tareas y le cuesta delegar autoridad.
- No se toma el tiempo necesario para explicar a sus colaboradores cómo deben realizar las tareas, por lo que las oportunidades de aprendizaje y de crecimiento en su área son nulas.
- Brinda retroalimentación a sus colaboradores, pero no lo hace de manera eficaz y oportuna.
- Mantiene un estilo de conducción rígido, aun cuando este no se adapta al grupo de colaboradores a su cargo.
- No es tomado como referente, ni se valora su consejo.

Competencia NO desarrollada

CONDUCCIÓN DE PERSONAS: Capacidad para dirigir un grupo de colaboradores, distribuir tareas y delegar autoridad, además de proveer oportunidades de aprendizaje y crecimiento. Implica la capacidad para desarrollar el talento y potencial de su gente, brindar retroalimentación oportuna sobre su desempeño y adaptar los estilos de dirección a las características individuales y de grupo, al identificar y reconocer aquello que motiva, estimula e inspira a sus colaboradores, con la finalidad de permitirles realizar sus mejores contribuciones.

Comportamientos cotidianos de un jefe en relación con sus colaboradores	Los comportamientos se ubican en: Grado

- Dirige grupos de colaboradores de alto desempeño, orientándolos en temas de dirección; distribuye tareas y delega autoridad.
- Provee oportunidades de aprendizaje y fomenta el crecimiento profesional dentro de la organización.
- Desarrolla el talento y potencial de los colaboradores al brindar retroalimentación oportuna y profunda sobre su desempeño.
- Adapta su estilo de conducción a las características individuales y grupales de las personas a su cargo; identifica y reconoce aquello que los motiva, estimula e inspira.
- Es un referente en materia de conducción de personas. Guía a aquellos colaboradores que también son jefes en lo que respecta a la dirección de sus propios equipos de trabajo.

100%

A G R A D O

A

- Dirige a sus colaboradores, orientándolos en temas de dirección; distribuye tareas y delega autoridad.
- Brinda oportunidades de aprendizaje y crecimiento en su área.
- Motiva el desarrollo del talento y potencial de su gente al brindarle una profunda retroalimentación.
- Adapta el estilo de conducción a las características individuales y grupales.
- Guía en materia de conducción de personas a aquellos de sus colaboradores que poseen, a su vez, personas a su cargo.

75% G R A D O

B

- Dirige a sus colaboradores, distribuye tareas y delega autoridad.
- Se toma su tiempo para explicar a sus colaboradores las tareas a realizar, motivándolos a que aprendan la forma correcta de llevarlas a cabo.
- Incentiva a su gente al brindarle retroalimentación oportuna.
- Es flexible en su estilo de conducción, adaptándolo a las características particulares de las personas o el grupo a su cargo.
- Guía a sus colaboradores en la realización de sus tareas, brindándoles ayuda y apoyo.

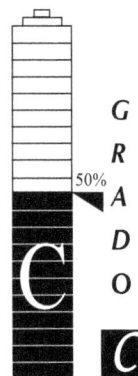

G
R
A
D
O

C

50%

C

- Supervisa un grupo de colaboradores, distribuye tareas y delega autoridad.
- Si se lo solicitan, está dispuesto a explicar a sus compañeros cómo realizar las tareas.
- Brinda retroalimentación oportuna.
- Se muestra abierto a adaptar su estilo de conducción a las principales características de los colaboradores a su cargo.
- Logra que sus colaboradores tengan en cuenta sus sugerencias al momento de realizar las tareas.

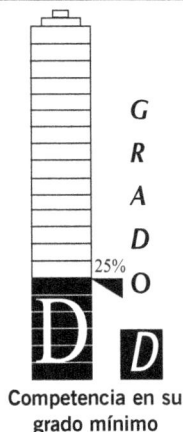

G
R
A
D
O

D

25%

D

Competencia en su grado mínimo

○ Tiene dificultades para dirigir grupos de trabajo; no logra una adecuada distribución de tareas y le cuesta delegar autoridad.
○ No se toma el tiempo necesario para explicar a sus colaboradores cómo deben realizar las tareas, por lo que las oportunidades de aprendizaje y de crecimiento en su área son nulas.
○ Brinda retroalimentación a sus colaboradores, pero no lo hace de manera eficaz y oportuna.
○ Mantiene un estilo de conducción rígido, aun cuando este no se adapta al grupo de colaboradores a su cargo.
○ No es tomado como referente, ni se valora su consejo.

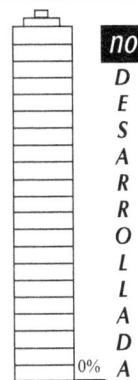

no
D
E
S
A
R
R
O
L
L
A
D
A

0%

Competencia NO desarrollada

DIRECCIÓN DE EQUIPOS DE TRABAJO: Capacidad para integrar, desarrollar, consolidar y conducir con éxito un equipo de trabajo, y alentar a sus integrantes a actuar con autonomía y responsabilidad. Implica la capacidad para coordinar y distribuir adecuadamente las tareas en el equipo, en función de las competencias y conocimientos de cada integrante, estipular plazos de cumplimiento y dirigir las acciones del grupo hacia una meta u objetivo determinado.

Comportamientos relacionados con la conducción o dirección de otras personas	*Los comportamientos se ubican en:* Grado

- Idea, desarrolla e implanta estrategias y políticas que permiten estimular y promover el trabajo en equipos interdisciplinarios a lo largo de toda la organización.
- Estimula a los miembros de la organización a lograr las metas corporativas con altos estándares de rendimiento.
- Potencia la posibilidad de crecimiento y éxito tanto de la organización como de cada uno de sus integrantes.
- Promueve, a través del ejemplo, la colaboración integral de todos los integrantes de los equipos, con miras a incrementar la productividad y alcanzar mejoras tangibles en el desempeño.
- Desarrolla, dirige y participa de equipos de trabajo de alto desempeño, sobre la base de la definición de objetivos grupales desafiantes que implican la colaboración y la participación de todos los integrantes.

100%

GRADO

A

A

- Idea, desarrolla e implanta estrategias que permiten estimular y promover el trabajo en equipos interdisciplinarios a partir del área a su cargo.
- Estimula a los miembros de su área a lograr las metas corporativas con altos estándares de rendimiento.
- Potencia las posibilidades de crecimiento y éxito de cada uno de los colaboradores de su área.
- Promueve e incentiva la colaboración integral de todos los integrantes de los equipos, con miras a incrementar la productividad y alcanzar mejoras tangibles en el desempeño.
- Dirige e integra equipos de trabajo de alto desempeño, logrando la colaboración de todos los integrantes en pos de alcanzar los objetivos establecidos.

75%

GRADO

B

B

- Participa, apoya y alienta el trabajo en equipos interdisciplinarios.
- Orienta a los colaboradores de su sector a lograr metas comunes con altos estándares de rendimiento.
- Potencia las posibilidades de todos los involucrados en cada proyecto.
- Demuestra entusiasmo, motiva a otros y colabora con los demás integrantes del equipo, con miras a incrementar la productividad y alcanzar metas organizacionales.
- Apoya y alienta las actividades en equipo a fin de obtener un alto desempeño que facilite el logro de los objetivos comunes.

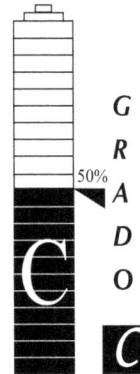

G R A D O

50%

C

C

- Participa y demuestra una actitud positiva como integrante de equipos interdisciplinarios.
- Trabaja con personas de otras áreas y disciplinas, con el propósito de alcanzar objetivos comunes.
- Involucra a todos los integrantes del equipo en los objetivos y metas a alcanzar.
- Colabora con su grupo de trabajo para incrementar la productividad y alcanzar las metas organizacionales.
- Ayuda a los miembros del equipo a integrarse y a obtener un alto desempeño que facilite el logro de los objetivos fijados.

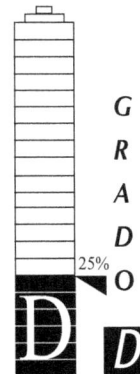

G R A D O

25%

D

D

Competencia en su grado mínimo

- Asume una actitud pasiva al integrar equipos interdisciplinarios, demostrando escasa iniciativa y poca disposición a colaborar.
- Su postura dificulta que su grupo mantenga el nivel de colaboración integral adecuado, perjudicando la productividad del equipo.
- Debido a la actitud que toma frente a los trabajos interdisciplinarios, dificulta severamente la posibilidad de crecimiento y éxito de todos los involucrados.
- No promueve las actividades en equipo, lo que impide alcanzar un alto desempeño y el logro de los objetivos comunes en el área donde se desempeña.
- No es reconocido por los miembros de su equipo como un ejemplo, al no esforzarse para lograr las metas corporativas con altos estándares de rendimiento.

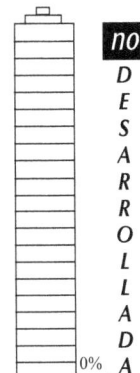

no D E S A R R O L L A D A

0%

Competencia NO desarrollada

EMPOWERMENT[1]: Capacidad para otorgar poder al equipo de trabajo y compartir tanto los éxitos como las consecuencias negativas de los resultados, con todos los colaboradores. Capacidad para emprender acciones eficaces orientadas a mejorar y potenciar el talento de las personas, tanto en conocimientos como en competencias. Capacidad para obtener los mejores resultados, lograr la integración del grupo y aprovechar la diversidad de los miembros del equipo para lograr un valor añadido superior al negocio. Implica fijar objetivos de desempeño claros y medibles y asignar las responsabilidades correspondientes.

Comportamientos cotidianos con relación al modo de conducción del equipo de trabajo y a la delegación de autoridad y responsabilidades	*Los comportamientos se ubican en: Grado*
• Diseña e implanta métodos de trabajo organizacionales que permiten otorgar poder a los diferentes equipos de trabajo y compartir tanto los éxitos como las consecuencias de los resultados con todos los colaboradores. • Emprende acciones eficaces para mejorar y potenciar el talento tanto en conocimientos como en competencias, en toda la organización. • Obtiene los mejores resultados organizacionales, logra la integración de las distintas áreas y aprovecha la diversidad de todos los colaboradores para lograr un valor añadido superior a la estrategia organizacional. • Implanta políticas y fija objetivos de desempeño claros y medibles, y asigna las responsabilidades correspondientes a las distintas áreas. • Es un ejemplo en la organización y en la comunidad donde actúa por su capacidad para otorgar poder a sus equipos de trabajo, superando los estándares fijados.	100% **G R A D O** **A**
• Diseña e implanta métodos de trabajo organizacionales que permiten otorgar poder a los diferentes equipos de trabajo y compartir tanto los éxitos como las consecuencias de los resultados con todos los colaboradores de su área. • Emprende en su área acciones eficaces para mejorar y potenciar el talento tanto en conocimientos como en competencias. • Obtiene y supera los objetivos fijados para su área, logra la integración de los distintos sectores y aprovecha la diversidad de todos los colaboradores del sector para incorporar un valor añadido superior a la estrategia organizacional. • Implanta procesos y fija objetivos de desempeño claros y medibles, y asigna las responsabilidades correspondientes a los distintos sectores a su cargo. • Es un ejemplo en la organización por su capacidad para otorgar poder a sus equipos de trabajo, superando los estándares fijados.	75% **G R A D O** **B**

1 *Empowerment* es una palabra inglesa de difícil traducción, por lo cual se la utilizará en su lengua de origen. Su definición es: procedimientos y políticas organizacionales tendientes a que las decisiones se tomen lo más cerca posible de la ocurrencia de un hecho en particular. Es importante señalar que, en el tratamiento de competencias, se llamará *empowerment* a la capacidad para trabajar siguiendo tales procedimientos y políticas organizacionales.

- Implanta métodos de trabajo que permiten otorgar poder a los diferentes equipos de colaboradores y compartir con ellos tanto los éxitos como las consecuencias de los resultados.
- Emprende acciones eficaces para mejorar y potenciar el talento de sus colaboradores tanto en conocimientos como en competencias.
- Logra alcanzar los objetivos fijados y aprovecha la diversidad de los colaboradores de su sector para añadir valor a la tarea realizada.
- Fija a sus colaboradores objetivos de desempeño claros y medibles, y asigna las responsabilidades correspondientes.
- Es un ejemplo en su área de trabajo por su capacidad para otorgar poder a sus colaboradores, superando los estándares fijados.

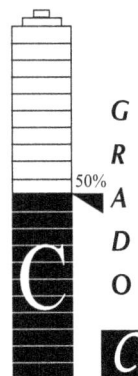

G
R
A
D
O

50%

C

C

- Trabaja sobre la base de métodos organizacionales diseñados para otorgar poder a los colaboradores y compartir con ellos tanto los éxitos como las consecuencias de los resultados.
- Emprende acciones eficaces para mejorar, tanto en conocimientos como en competencias.
- Alcanza los objetivos fijados y, al mismo tiempo, logra añadir valor a la tarea realizada.
- Se desempeña con eficacia sobre la base de objetivos de desempeño claros y medibles.
- Es un ejemplo para sus compañeros por su capacidad para trabajar bajo empowerment y, al mismo tiempo, superar los estándares fijados a su puesto de trabajo.

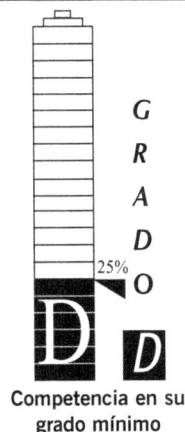

G
R
A
D
O

25%

D

D

Competencia en su
grado mínimo

- Su desempeño no se basa en los métodos de trabajo organizacionales especialmente diseñados para otorgar poder a los colaboradores, por lo cual estos no pueden actuar de acuerdo con lo esperado.
- Emprende acciones para mejorar, tanto en conocimientos como en competencias, sin alcanzar el nivel deseado por la organización en relación con su puesto de trabajo.
- Alcanza los objetivos fijados sin lograr, al mismo tiempo, añadir valor a la tarea realizada.
- Realiza las tareas solicitadas sin alcanzar los criterios de calidad establecidos.
- No es un ejemplo para sus compañeros por su capacidad para trabajar bajo empowerment y, al mismo tiempo, superar los estándares fijados para su puesto de trabajo.

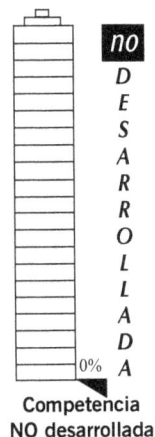

no
D
E
S
A
R
R
O
L
L
A
D
A

0%

Competencia
NO desarrollada

ENTRENADOR[2]: Capacidad para formar a otros tanto en conocimientos como en competencias. Implica un genuino esfuerzo para fomentar el aprendizaje a largo plazo y/o el desarrollo de otros, más allá de su responsabilidad específica y cotidiana. El desarrollo a lograr en otros será sobre la base del esfuerzo individual y según el puesto que la otra persona ocupe en la actualidad o se prevé que ocupará en el futuro.

Comportamientos habituales en relación con el desarrollo de las capacidades (conocimientos y competencias) de sus colaboradores	Los comportamientos se ubican en: Grado

- Ofrece retroalimentación honesta, respetuosa y objetiva a sus colaboradores señalándoles sus fortalezas y debilidades junto con las necesidades de desarrollo más relevantes.
- Fomenta la independencia y busca desarrollar las capacidades, conocimientos y competencias de sus colaboradores, apoyándolos hasta que puedan desempeñarse sin su ayuda.
- Fortalece las capacidades de los demás y trabaja con ellos para identificar fortalezas y experiencias con el objeto de fomentar el aprendizaje y crecimiento a largo plazo.
- Apoya de manera activa a los colaboradores capaces que buscan otras oportunidades dentro de la organización y les brinda consejo.
- Realiza seguimiento de la carrera individual de cada uno de sus colaboradores y les brinda consejo efectivo, considerando todas las variables relacionadas.

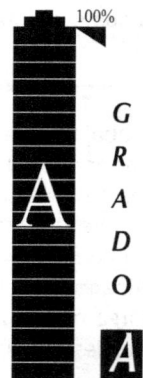

GRADO A — 100%

- Da retroalimentación positiva en términos de comportamientos concretos sin emitir juicios personales, brindando consejo eficaz.
- Delega tareas de manera completa y supervisa su cumplimiento a fin de fomentar la autonomía y seguridad de sus colaboradores.
- Se interesa proactivamente y escucha a sus colaboradores cuando estos le plantean dudas/consultas sobre sus capacidades y los guía acerca de posibles cursos de acción para incrementarlas. Promueve entre sus colaboradores las oportunidades que ofrece la organización en materia de aprendizaje.
- Demuestra interés constante y genuino por el desarrollo y la capacitación de sus colaboradores, tomando en cuenta sus objetivos personales, y los alienta en sus carreras organizacionales.
- Comprende las necesidades y planes personales de sus colaboradores para después de valorar sus capacidades asignarles tareas desafiantes que les permitan desarrollar sus conocimientos y competencias y crecer dentro de la organización.

GRADO B — 75%

---

2 A esta competencia también se la podría denominar *Capacidad para ser entrenador de sus colaboradores.*

- Da retroalimentación sobre comportamientos y comunica las expectativas positivas para un desempeño futuro.
- Brinda la autoridad y responsabilidad necesarias para realizar las tareas.
- Escucha a sus colaboradores, hace sugerencias para que mejoren en la tarea a realizar y los alienta a participar en actividades de aprendizaje.
- Realiza seguimiento sobre el grado de desarrollo de sus colaboradores, tanto en conocimientos como en competencias, y los alienta a crecer en sus puestos.
- Se informa acerca de los planes personales de sus colaboradores para luego asignarles tareas desafiantes que les permitan desarrollar conocimientos y competencias en sus puestos de trabajo.

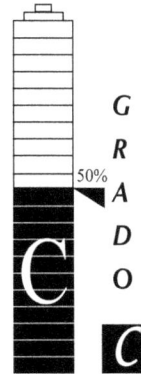

G R A D O

50%

C

C

- Realiza seguimiento sobre las tareas delegadas y proporciona una retroalimentación constructiva.
- Demuestra confianza en sus colaboradores al delegarles tareas.
- Brinda instrucciones prácticas y proporciona ayuda cuando le es requerido por sus colaboradores. Formula preguntas para verificar que han adquirido nuevas capacidades.
- Cuando le es requerido (por sus jefes o el área de Recursos Humanos) realiza un seguimiento positivo del desarrollo de sus colaboradores y no obstaculiza eventuales traslados de estos a otras áreas.
- Actúa cuando toma conocimiento de la existencia de oportunidades dentro de la organización acordes a las capacidades e intereses de sus colaboradores.

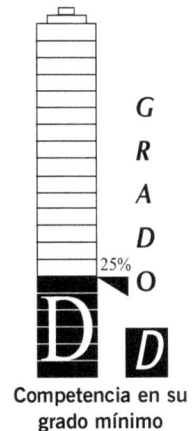

G R A D O

25%

D

D

Competencia en su
grado mínimo

- Brinda retroalimentación, pero no ayuda a los otros a mejorar en su desempeño y/o corregir los errores cometidos.
- No brinda instrucciones claras y precisas. Cuando se le solicita ayuda sus instrucciones no son prácticas, confunde más que aporta.
- Cuando se le solicita ayuda ofrece realizar por sí mismo la tarea; siempre está dispuesto a hacer lo que el otro le pide, dificultando de ese modo el aprendizaje.
- Dificulta el acceso de sus colaboradores a oportunidades en otras áreas de la organización.
- Se desentiende de las carreras de sus colaboradores. Si alguno de ellos es promovido a un nivel superior, lo felicita señalando primero las dificultades que pueden estar implícitas.

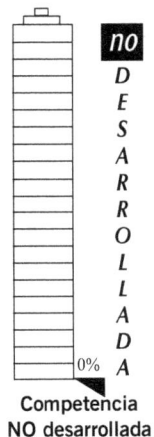

no

D E S A R R O L L A D A

0%

Competencia
NO desarrollada

ENTREPRENEURIAL[3]: Capacidad para transformar su gestión o un área de negocios de baja productividad y rendimiento en una de alta productividad y rendimiento. Capacidad para buscar el cambio, responder cuando se presenta y aprovecharlo como una oportunidad, y guiar en este sentido tanto su accionar como el de otros, con iniciativa y habilidad para los negocios. Implica vivir y sentir la actividad empresarial y constituirse en un promotor de ella.

Comportamientos habituales en relación con los negocios, los recursos económicos y la productividad	*Los comportamientos se ubican en: Grado*

- Transforma una actividad (área u organización) trasladándola desde una zona de baja rentabilidad a otra de mayor rendimiento, y se anticipa a otros por su conocimiento, su visión y la pertinencia de las decisiones que toma.
- Realiza adecuados análisis de las variables económicas, de mercado y de negocios, y descubre así oportunidades aun donde otros no las ven, aprovechándolas mediante políticas y estrategias organizacionales relacionadas.
- Busca el cambio y responde a él con éxito, y guía a la organización en esa misma dirección.
- Frente a situaciones nuevas y/o cambiantes, las interpreta adecuadamente y las transforma en oportunidades para su empresa y para sí mismo, si es pertinente.
- Es un referente en el mercado y en su organización por su calidad de *entrepreneur.*

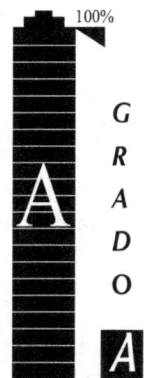

100%

A

G R A D O

A

- Transforma el área o negocio a su cargo trasladándolo desde una zona de baja rentabilidad a otra de mayor rendimiento, y obra con anticipación e iniciativa.
- Realiza adecuados análisis de las variables económicas, de mercado y de negocios, y descubre así oportunidades aun donde otros no las ven, a consecuencia de lo cual diseña planes adecuados para toda la organización.
- Busca el cambio y responde a él con éxito, y guía al área a su cargo en esa misma dirección.
- Frente a situaciones nuevas y/o cambiantes, las interpreta adecuadamente y las transforma en oportunidades para el área a su cargo y para sí mismo, si es pertinente.
- Es un referente en su área de acción por su calidad de *entrepreneur.*

75%

B

G R A D O

B

---

3 Esta competencia hace referencia a la capacidad para ser *entrepreneur,* definida como la de aquel que lleva recursos económicos desde zonas de baja productividad y bajo rendimiento a zonas de alta productividad y alto rendimiento. Un *entrepreneur* puede ser corporativo (desempeñarse dentro de una empresa o corporación), o ser dueño de su propia organización.

- Transforma el sector a su cargo trasladándolo desde una zona de baja rentabilidad o productividad –según corresponda– a otra de mayor rendimiento, y obra con iniciativa.
- Realiza adecuados análisis de las variables económicas y de mercado, y descubre así oportunidades aun donde otros no las ven, a consecuencia de lo cual propone planes adecuados para toda su área de trabajo.
- Busca el cambio y responde a él con éxito, y guía al sector o equipo a su cargo en esa misma dirección.
- Frente a situaciones nuevas y/o cambiantes, las interpreta adecuadamente y las transforma en oportunidades para el sector o equipo a su cargo y para sí mismo, si es pertinente.
- Es un referente en su sector (o para el equipo a su cargo) por su calidad de *entrepreneur*.

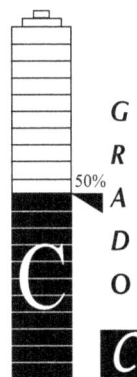

G
R
A
D
O

50%

C

C

- Transforma las tareas bajo su responsabilidad para incrementar su productividad y rendimiento.
- Realiza un adecuado análisis de las variables que se encuentran en su radio de acción, y descubre así oportunidades aun donde otros no las ven, a consecuencia de lo cual propone planes adecuados en relación con sus responsabilidades.
- Busca el cambio, responde a él y guía a sus colaboradores en esa misma dirección.
- Frente a situaciones nuevas y/o cambiantes, las visualiza y transforma en oportunidades para sus colaboradores y para sí mismo, si es pertinente.
- Es un referente para sus colaboradores por su calidad de *entrepreneur*.

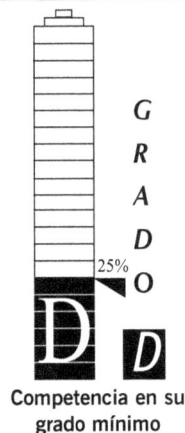

G
R
A
D
O

25%

D

D

Competencia en su
grado mínimo

- ○ Transforma las tareas bajo su responsabilidad sin lograr objetivos de mejora en cuanto a productividad o rendimiento.
- ○ Realiza un adecuado análisis de las variables que se encuentran en su radio de acción, pero no detecta oportunidades ni propone planes adecuados en relación con sus responsabilidades.
- ○ Busca el cambio, pero su respuesta no es adecuada y/o no guía a sus colaboradores para que respondan a él de la mejor manera.
- ○ Frente a situaciones nuevas y/o cambiantes, las visualiza, pero no logra transformarlas en oportunidades.
- ○ Sus colaboradores no lo perciben como un referente por su calidad de *entrepreneur*.

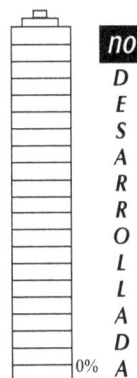

no
D
E
S
A
R
R
O
L
L
A
D
A

0%

Competencia
NO desarrollada

LIDERAR CON EL EJEMPLO: Capacidad para comunicar la visión estratégica y los valores de la organización a través de un modelo de conducción personal acorde con la ética, y motivar a los colaboradores a alcanzar los objetivos planteados con sentido de pertenencia y real compromiso. Capacidad para promover la innovación y la creatividad, en un ambiente de trabajo confortable.

Comportamientos cotidianos de un jefe en relación con sus colaboradores	Los comportamientos se ubican en: Grado

- Fija y comunica la visión estratégica y los valores de la organización a través de un modelo de conducción personal acorde con la ética.
- Motiva a todos los integrantes de la organización a lograr los objetivos planteados; fomenta el sentido de pertenencia y promueve la innovación y creatividad, en un ambiente de trabajo confortable.
- Fija políticas organizacionales que permiten alcanzar la estrategia de la organización, logrando constituirse en ejemplo de liderazgo para sus pares y colaboradores.
- Alienta a que cada uno de los máximos directivos de la organización se constituya en ejemplo de liderazgo para sus respectivos equipos y, al mismo tiempo, en promotor del buen ambiente laboral basado en el respeto.
- Es un referente en el mercado y en la organización por sus valores personales y como promotor de la innovación.

A — 100% — GRADO — A

- Comunica la visión estratégica y los valores de la organización a través de un modelo de conducción personal acorde con la ética.
- Motiva a sus colaboradores a lograr los objetivos planteados; fomenta el sentido de pertenencia y promueve la innovación y creatividad, en un ambiente de trabajo confortable.
- Cumple y hace cumplir las políticas organizacionales. Demuestra un claro compromiso con la organización y exige lo mismo de sus colaboradores.
- Es un ejemplo para todos los integrantes de su área, y promotor de un buen ambiente laboral basado en el respeto.
- Es un referente en la organización por sus valores personales y como promotor de la innovación.

B — 75% — GRADO — B

- Comunica la estrategia y los valores organizacionales; conduce en base a principios éticos al personal a su cargo, y alienta a actuar de la misma forma a aquellos colaboradores suyos que también son jefes.
- Motiva a sus colaboradores y fomenta el sentido de pertenencia y la creatividad, en un ambiente de trabajo confortable.
- Cumple y hace cumplir las políticas organizacionales.
- Crea y mantiene un buen ambiente laboral en su sector y entre sus colaboradores, logrando transformarse en una guía para ellos.
- Es un ejemplo para sus colaboradores, en lo que respecta tanto a valores personales como a innovación.

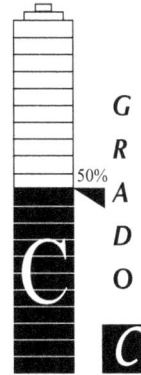

G
R
A 50%
D
O

C

C

- Comunica la estrategia y los valores organizacionales, y conduce sobre la base de principios éticos al personal a su cargo.
- Motiva a sus colaboradores y fomenta el sentido de pertenencia.
- Cumple las políticas organizacionales.
- Mantiene un buen ambiente laboral en su sector y entre sus colaboradores.
- Es un ejemplo para sus compañeros por los valores éticos que sostiene.

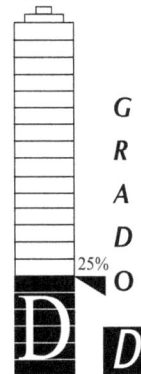

G
R
A
D
O 25%

D

D

Competencia en su
grado mínimo

- Tiene dificultades al transmitir la misión y visión de la organización y los objetivos del área bajo su responsabilidad.
- Exige a sus colaboradores compromiso y dedicación, pero él no los demuestra.
- No logra incorporar las políticas organizacionales.
- Se muestra indiferente ante los comentarios y solicitudes de sus colaboradores, generando un ambiente laboral tenso.
- Se lo percibe como un conductor con falencias respecto de su integridad y sus valores éticos, por lo que no se confía en él.

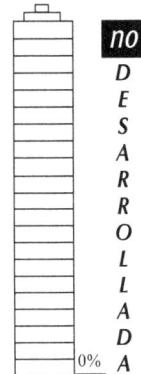

no
D
E
S
A
R
R
O
L
L
A
D
A 0%

Competencia
NO desarrollada

LIDERAZGO: Capacidad para generar compromiso y lograr el respaldo de sus superiores con vistas a enfrentar con éxito los desafíos de la organización. Capacidad para asegurar una adecuada conducción de personas, desarrollar el talento, y lograr y mantener un clima organizacional armónico y desafiante.

Comportamientos cotidianos relacionados con el estilo de conducción del equipo de trabajo y la creación de compromiso tanto de superiores como de subordinados	*Los comportamientos se ubican en:* Grado

- Diseña estrategias, procesos, cursos de acción y métodos de trabajo con el propósito de asegurar una exitosa conducción de personas y desarrollar su talento.
- Delinea estrategias y cursos de acción con el fin de lograr el compromiso y el respaldo de las distintas áreas de la organización para alcanzar la estrategia.
- Genera y mantiene de un modo activo un clima organizacional armónico y desafiante.
- Es un referente dentro de la organización por su liderazgo y su capacidad para lograr el desarrollo de todos los integrantes.
- Evidencia visión y proyección de largo plazo en la conducción y desarrollo de personas.

GRADO A — 100%

- Propone y diseña procesos, cursos de acción y métodos de trabajo con el propósito de asegurar una adecuada conducción de personas y desarrollar su talento.
- Propone y diseña procesos y cursos de acción con el fin de lograr el compromiso y el respaldo de sus superiores para enfrentar los desafíos propuestos para su área.
- Promueve y sostiene un clima organizacional armónico y desafiante.
- Es un ejemplo dentro de la organización por su liderazgo y capacidad de desarrollar a los colaboradores en su área de actuación.
- Su desempeño en la conducción y desarrollo de personas transluce visión y proyección en el mediano plazo.

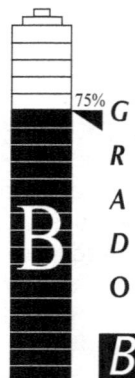

GRADO B — 75%

- Busca siempre asegurar una adecuada conducción de personas y el desarrollo de su talento, y propone nuevas estrategias para ello cuando lo considera oportuno.
- Propone cursos de acción con el fin de lograr el compromiso y el respaldo de sus superiores para enfrentar los desafíos del equipo a su cargo.
- Propicia un clima organizacional armónico y desafiante.
- Funciona como un ejemplo para su entorno próximo por su liderazgo y capacidad de desarrollar a los otros.
- Muestra visión y proyección, en el corto plazo, para la conducción y desarrollo de personas.

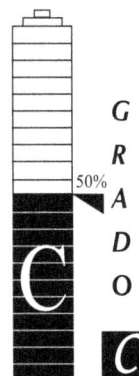

G
R
A
D
O

C

50%

- Asegura una adecuada conducción de personas y el desarrollo de su talento.
- Obtiene el compromiso y el respaldo de sus superiores para el logro de los desafíos del equipo que integra.
- Contribuye a mantener un clima organizacional armónico y desafiante.
- Es bien considerado en su entorno próximo por su capacidad de liderar y desarrollar a los otros.
- Considera la necesidad de pensar a futuro en la conducción y desarrollo de personas.

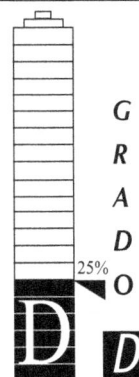

G
R
A
D
O

D

25%

Competencia en su
grado mínimo

- No logra asegurar una adecuada conducción de personas ni desarrollar su talento.
- No es eficaz para obtener el compromiso y el respaldo de sus superiores a fin de enfrentar los desafíos del equipo que integra o de los equipos a su cargo.
- Genera un clima organizacional tenso.
- No es visto por su entorno organizacional como un ejemplo a seguir por su capacidad de liderar y lograr el desarrollo de sus colaboradores.
- Carece de visión y proyección a futuro para la conducción y desarrollo de personas.

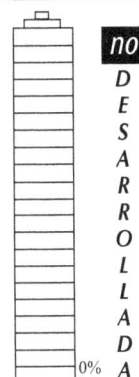

no
D
E
S
A
R
R
O
L
L
A
D
A

0%

Competencia
NO desarrollada

LIDERAZGO EJECUTIVO[4]**:** Capacidad para dirigir a un grupo o equipo de trabajo del que dependen otros equipos, y comunicar la visión de la organización, tanto desde su rol formal como desde la autoridad moral que define su carácter de líder. Implica ser un *líder de líderes,* al crear un clima de energía y compromiso junto con un fuerte deseo de guiar a los demás, que se verifica en el comportamiento de los otros al acompañar su gestión con entusiasmo.

Comportamientos habituales con relación a la orientación y motivación brindadas a un grupo humano o equipo de trabajo, del que dependen otros equipos	Los comportamientos se ubican en: Grado

- Define y comunica la visión organizacional y genera a su alrededor entusiasmo, ilusión y compromiso profundo con los objetivos y metas organizacionales.
- Asume el liderazgo de equipos diversos y aun problemáticos, mejora su desempeño y logra que alcancen sus respectivos objetivos organizacionales.
- Brinda entrenamiento experto y forma a otros líderes en el ámbito de la organización y en otros ámbitos de actuación.
- Define las metas globales e individuales de cada grupo y toma decisiones que faciliten su consecución.
- Es un referente interno y externo en materia de liderazgo ejecutivo (líder de líderes), tanto formal como informal.

100%

G
R
A
D
O

A

- Comunica misión, visión, objetivos y políticas organizacionales, y motiva a todos a identificarse y participar de ellos.
- Conduce equipos a los que a su vez reportan otros equipos, de manera eficaz y positiva, aun cuando exista cierta oposición inicial.
- Es un modelo a seguir en materia de liderazgo para sus colaboradores directos e indirectos, en el ámbito de la organización.
- Analiza las metas globales e individuales de cada grupo y toma decisiones que facilitan su consecución.
- Es considerado dentro de su área un referente en materia de liderazgo ejecutivo (líder de líderes), tanto formal como informal.

75%

G
R
A
D
O

B

---

4 *Liderazgo ejecutivo* es la competencia relacionada con la capacidad para ser líder de líderes.

- Comunica misión, visión, objetivos y políticas organizacionales, y motiva a las personas a su cargo a identificarse con ellos.
- Conduce equipos a los que a su vez reportan otros, de manera eficaz y positiva.
- Es un modelo a seguir en materia de liderazgo para sus colaboradores directos e indirectos, en el ámbito de su área de actuación.
- Analiza las metas globales e individuales de cada grupo y toma decisiones que facilitan su consecución.
- Es considerado un referente en materia de liderazgo ejecutivo (líder de líderes) para sus colaboradores directos, quienes buscan y aprecian su opinión.

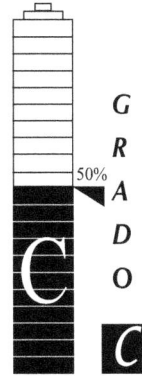

G
R
50%
A
D
O

C

C

- Comunica misión, visión, objetivos y políticas organizacionales, asegurándose que han sido comprendidos.
- Conduce equipos a los que a su vez reportan otros, de manera eficaz y positiva.
- Es un modelo a seguir en materia de liderazgo para sus colaboradores directos.
- Analiza las metas globales e individuales de cada grupo y los apoya en su consecución.
- Es un referente para sus colaboradores directos en materia de liderazgo ejecutivo.

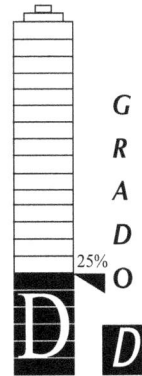

G
R
A
D
25%
O

D

D

Competencia en su
grado mínimo

- Tiene dificultades para transmitir visión, misión y objetivos organizacionales.
- No es percibido como un modelo de líder por los grupos a su cargo.
- Le cuesta delegar y administrar adecuadamente los tiempos.
- No brinda información detallada sobre las metas y objetivos a alcanzar, aunque sostiene que su deseo es ayudar a lograrlos.
- Con su accionar obstaculiza, sin percibirlo, el desarrollo positivo del grupo.

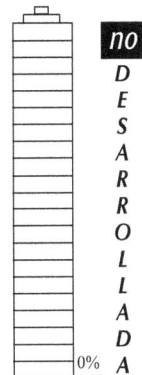

no
D
E
S
A
R
R
O
L
L
A
D
0%
A

Competencia
NO desarrollada

LIDERAZGO PARA EL CAMBIO: Capacidad para comunicar la visión estratégica de la organización y lograr que la misma parezca no sólo posible sino también deseable para los *stakeholders*[5]. Capacidad para generar en los otros motivación y compromiso genuinos. Capacidad para promover la innovación y los nuevos emprendimientos, y lograr transformar las situaciones de cambio en oportunidades.

Comportamientos ante la percepción de una necesidad de cambio	Los comportamientos se ubican en: Grado

100%

- Idea y diseña la visión estratégica de la organización y logra no sólo que parezca posible sino también que sea deseable para los *stakeholders*.
- Genera en todos los integrantes de la organización motivación y compromiso genuinos.
- Promueve la innovación y los nuevos emprendimientos y logra transformar las situaciones de cambio en oportunidades.
- Es un entrenador experto reconocido en la organización y fuera de ella, por lo cual es requerido para asumir ese rol.
- Es un referente en la organización y en la comunidad en donde actúa por ser un líder y promotor del cambio.

G R A D O

A

- Comunica al más alto nivel la visión estratégica de la organización y logra no sólo que parezca posible sino también que sea deseable para los *stakeholders*.
- Genera en todos los integrantes de su área motivación y compromiso genuinos.
- Promueve en su área la innovación y los nuevos emprendimientos y logra transformar las situaciones de cambio en oportunidades.
- Es un entrenador experto reconocido en la organización, por lo cual es requerido para asumir ese rol por sus pares y colaboradores.
- Es un referente en la organización por ser un líder y promotor del cambio.

75% G R A D O

B

5   El término *stakeholders* hace referencia a los distintos sectores de interés en torno de una organización: accionistas, ejecutivos, colaboradores, clientes, proveedores, gobierno, bancos, organismos de control, etcétera.

- Comunica la visión estratégica de la organización y produce entusiasmo entre quienes lo escuchan.
- Genera entre sus colaboradores y pares motivación y compromiso genuinos.
- Promueve en su sector la innovación y logra transformar las situaciones de cambio en oportunidades.
- Es un entrenador experto reconocido en su área, por lo cual es requerido para asumir ese rol por sus pares y colaboradores.
- Es un referente en su área por ser un líder y promotor del cambio.

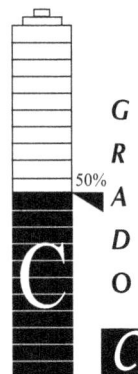

G
R
A
D
O

50%

C

C

- Comunica la visión estratégica de la organización y produce entusiasmo al hacerlo.
- Genera entre sus compañeros y colaboradores (si corresponde) motivación y compromiso genuinos.
- Promueve entre sus compañeros la innovación y logra transformar las situaciones de cambio en oportunidades.
- Es un entrenador experto reconocido entre sus compañeros, quienes lo consultan y solicitan su apoyo.
- Es un referente para sus compañeros en materia de liderazgo para el cambio.

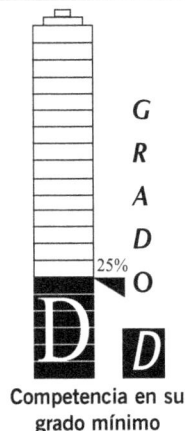

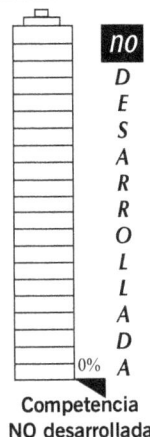

G
R
A
D
O

25%

D

D

Competencia en su grado mínimo

- Su visión estratégica no recibe apoyo por parte de los *stakeholders.*
- No comunica claramente la visión organizacional, por lo cual no logra impactar ni a los *stakeholders* ni a sus compañeros o colaboradores.
- Se guía por modas o tendencias no probadas y propone cambios y/o acciones inadecuados o no relacionados con la estrategia organizacional.
- Cuando se requiere un entrenador en materia de cambio, sus compañeros consultan a otras personas y no solicitan su apoyo u opinión.
- No es un referente para sus compañeros en materia de liderazgo para el cambio.

no
D
E
S
A
R
R
O
L
L
A
D
A

0%

Competencia NO desarrollada

VISIÓN ESTRATÉGICA: Capacidad para anticiparse y comprender los cambios del entorno, y establecer su impacto a corto, mediano y largo plazo en la organización, con el propósito de optimizar las fortalezas, actuar sobre las debilidades y aprovechar las oportunidades del contexto. Implica la capacidad para visualizar y conducir la empresa o el área a cargo como un sistema integral, para lograr objetivos y metas retadores, asociados a la estrategia corporativa.

Comportamientos relacionados con la capacidad para comprender los cambios y el entorno	*Los comportamientos se ubican en: Grado*

- Se anticipa y comprende los cambios del entorno y establece su impacto a corto, mediano y largo plazo.
- Diseña políticas y procedimientos que permiten optimizar el aprovechamiento de las fortalezas de la organización y actuar sobre sus debilidades.
- Detecta y aprovecha las oportunidades del entorno logrando beneficios para la organización.
- Fija la visión de la institución y conduce a esta como un sistema integral, para lograr objetivos y metas retadores, asociados a la estrategia corporativa.
- Es considerado en el mercado una autoridad en materia de visión estratégica.

100%

G R A D O

A

- Comprende los cambios del entorno y establece su impacto a corto, mediano y largo plazo.
- Modifica procedimientos del área a su cargo que permiten optimizar las fortalezas de la organización y actuar sobre sus debilidades, con el propósito de aprovechar las oportunidades que se presentan.
- Comprende y utiliza las oportunidades del entorno logrando beneficios para su área de trabajo.
- Conduce el área bajo su responsabilidad teniendo en cuenta que la organización es un sistema integral, donde las acciones y resultados de un sector repercuten sobre la totalidad.
- Comprende que el objetivo último es que las acciones de las distintas áreas se vean reflejadas en el logro de la estrategia corporativa.

75% G R A D O

B

- Comprende los cambios del entorno y establece su impacto a corto y mediano plazo.
- Propone mejoras sobre aspectos relacionados con su ámbito de actuación para la mejor utilización de los recursos y fortalezas, y la reducción de las debilidades.
- Lleva a cabo los planes empresariales y de negocios que define la organización para el logro de los objetivos planteados, y los implementa en su grupo de trabajo.
- Actúa y/o conduce el grupo a su cargo teniendo siempre presente que actúa dentro de una organización que se ha definido como un sistema integrado.
- Reconoce la importancia que tienen tanto sus acciones como las de su grupo, y cómo estas repercuten en el logro de la estrategia corporativa.

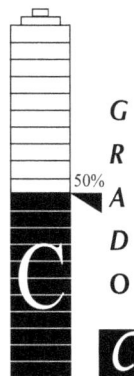

G R A D O

50%

C

C

- Se adecua a los cambios del entorno.
- Detecta nuevas oportunidades en el área de su especialidad en función de las necesidades y características organizacionales.
- Trabaja utilizando los procesos y procedimientos que le indica la organización para lograr un mejor resultado en sus tareas y de esta forma ayudar a alcanzar los objetivos de la empresa.
- Comprende que la organización donde trabaja es un sistema integrado.
- Realiza su trabajo consciente de que sus acciones tienen incidencia en el logro de la estrategia corporativa.

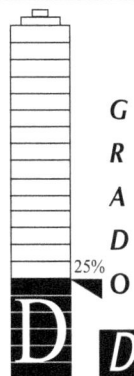

G R A D O

25%

D

D

Competencia en su grado mínimo

- No se adecua en tiempo y forma a los cambios del entorno.
- Modifica los procedimientos que se le indican impidiendo optimizar las fortalezas y actuar sobre las debilidades.
- Realiza sus trabajos sin ser consciente de la repercusión que tienen en el resultado corporativo.
- Tiene dificultades para comprender las oportunidades del entorno.
- No logra identificar a las personas que podrían ayudarlo a realizar sus tareas y alcanzar sus objetivos para así contribuir de una mejor manera a los fines de la organización.

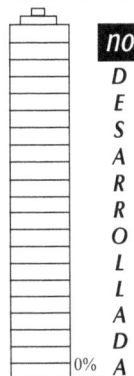

no D E S A R R O L L A D A

0%

Competencia NO desarrollada

DICCIONARIO DE COMPORTAMIENTOS

COMPETENCIAS ESPECÍFICAS POR ÁREA

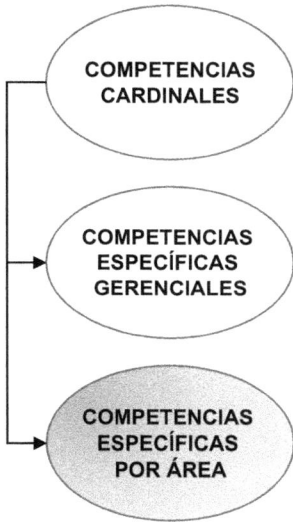

COMPETENCIAS
CARDINALES

COMPETENCIAS
ESPECÍFICAS
GERENCIALES

COMPETENCIAS
ESPECÍFICAS
POR ÁREA

**PARA LAS DIFERENTES ÁREAS
DE LA ORGANIZACIÓN**

Diccionario de comportamientos. Competencias específicas por área

En este capítulo se presentan ejemplos de comportamientos relacionados con las competencias específicas por área. Se ha optado por esta denominación *(específicas por área)* por ser la de mayor utilización en la aplicación práctica del modelo. También se las podría denominar *específicas por familia de puestos*.

Como se expresara, lo más usual es hacer la agrupación de familias de puestos por áreas y, de ser necesario, estas pueden a su vez dividirse en subáreas, de allí el nombre utilizado para la preparación de la presente obra. Ejemplos de áreas: Producción, Finanzas, Sistemas, Recursos Humanos, Compras, Ventas, Mercadeo, etcétera.

Si una organización desea definir competencias *por procesos*, la forma de hacerlo es similar. Se eligen competencias para ser utilizadas en los diferentes procesos de la organización.

Como una breve introducción a la temática se incluyen a continuación algunas definiciones de conceptos relacionados.

Definiciones

Competencia. Hace referencia a las características de personalidad, devenidas en comportamientos, que generan un desempeño exitoso en un puesto de trabajo.

Competencia cardinal. Competencia aplicable a todos los integrantes de la organización. Las competencias cardinales representan su esencia y permiten alcanzar la visión organizacional.

Competencia específica. Competencia aplicable a colectivos específicos, por ejemplo, un área de la organización o un cierto nivel, como el gerencial.

Comportamiento. Aquello que una persona hace (acción física) o dice (discurso). Sinónimo: conducta.

Comportamiento observable. Aquel comportamiento que puede ser visto (acción física) u oído (en un discurso).

Modelo de competencias. Conjunto de procesos relacionados con las personas que integran la organización y que tienen como propósito alinearlas en pos de los objetivos organizacionales o empresariales.

Las competencias seleccionadas como ejemplos de las que serían específicas por área para la preparación de esta obra son:

1. *Adaptabilidad - Flexibilidad*

2. *Calidad y mejora continua*

3. *Capacidad de planificación y organización*

4. *Cierre de acuerdos*

5. *Colaboración*

6. *Competencia "del náufrago"*

7. *Comunicación eficaz*

8. *Conocimiento de la industria y el mercado*

9. *Conocimientos técnicos*

10. *Credibilidad técnica*

11. *Desarrollo y autodesarrollo del talento*

12. *Dinamismo - Energía*

13. *Gestión y logro de objetivos*

14. *Habilidades mediáticas*

15. *Influencia y negociación*

16. *Iniciativa - Autonomía*

17. *Manejo de crisis*

18. *Orientación a los resultados con calidad*

19. *Orientación al cliente interno y externo*

20. *Pensamiento analítico*

21. *Pensamiento conceptual*

22. *Pensamiento estratégico*

23. *Productividad*

24. *Profundidad en el conocimiento de los productos*

25. *Relaciones públicas*

26. *Responsabilidad*

27. *Temple y dinamismo*

28. *Tolerancia a la presión de trabajo*

29. *Toma de decisiones*

30. *Trabajo en equipo*

Para la confección de esta obra hemos considerado unas competencias como cardinales y otras como específicas; sin embargo, es muy importante destacar que cualquiera de ellas puede ser considerada en una categoría u otra, según se requiera.

Las competencias mencionadas como cardinales podrían, también, ser consideradas específicas. Del mismo modo, cualquiera de las competencias mencionadas como específicas podría ser considerada cardinal.

Si bien no es tan frecuente, las competencias específicas gerenciales podrían ser consideradas tanto cardinales como específicas. Cada organización deberá diseñar su propio modelo de acuerdo con sus necesidades.

Una vez que se haya decidido el esquema final, en todos los casos los comportamientos asociados, que se reflejarán en el *Diccionario de comportamientos,* replicarán la misma categorización.

Usted tiene en sus manos un libro, no un modelo de una organización en particular. No obstante, se seguirá el lineamiento general consignado más arriba para la presentación de las competencias en las tres obras relacionadas: *Diccionario de competencias. La Trilogía. Tomo 1; Diccionario de comportamientos. La Trilogía. Tomo 2,* y *Diccionario de preguntas. La Trilogía. Tomo 3.*

ADAPTABILIDAD - FLEXIBILIDAD: Capacidad para comprender y apreciar perspectivas diferentes, cambiar convicciones y conductas a fin de adaptarse en forma rápida y eficiente a diversas situaciones, contextos, medios y personas. Implica realizar una revisión crítica de su propia actuación.

Comportamientos cotidianos relacionados con situaciones cambiantes tanto del entorno como de la propia organización	*Los comportamientos se ubican en:* Grado

- Comprende y aprecia perspectivas diferentes (a las que otorga un valor especial), y cambia convicciones y conductas a fin de adaptarse en forma rápida y eficiente a diversas situaciones, contextos (internos o externos a la organización), medios y personas.
- Lleva a cabo revisiones críticas de las estrategias y objetivos de su área, y propone cambios cuando advierte que es necesario.
- Adecua su propio accionar y el de su equipo de trabajo a fin de lograr hacer frente a nuevas situaciones.
- Realiza, si corresponde, una revisión crítica de las estrategias de la organización en su conjunto, y propone cambios.
- Implementa nuevas metodologías y herramientas que facilitan la adaptación a diversos contextos, medios, etc., y fomenta su uso en la organización.

100%

G R A D O

A

A

- Comprende y considera perspectivas diferentes, y cambia convicciones y conductas a fin de adaptarse en forma rápida y eficiente a diversas situaciones, contextos (internos o externos a la organización), medios y personas.
- Lleva a cabo revisiones críticas de los objetivos bajo su responsabilidad, y propone cambios cuando advierte que es necesario.
- Adecua su propio accionar a fin de lograr hacer frente a nuevas situaciones, e incentiva a su equipo de trabajo a actuar de la misma forma.
- Ajusta su accionar a los objetivos de la organización.
- Asimila y utiliza nuevas metodologías y herramientas que facilitan la adaptación a diversos contextos, medios, etc., y fomenta su uso entre sus colaboradores.

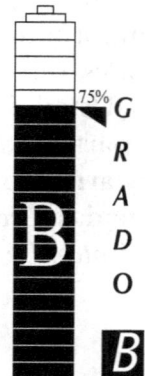

75% G R A D O

B

B

- Comprende perspectivas diferentes, cambiando convicciones y conductas a fin de adaptarse en forma eficiente a diversas situaciones, contextos, medios y personas.
- Revisa los objetivos bajo su responsabilidad y propone cambios cuando advierte que es necesario.
- Adapta su propio accionar a fin de lograr hacer frente a nuevas situaciones.
- Ajusta su accionar a los objetivos propuestos para su sector.
- Para adaptarse a diversos contextos, aplica las herramientas o metodologías propuestas por la organización con ese objetivo.

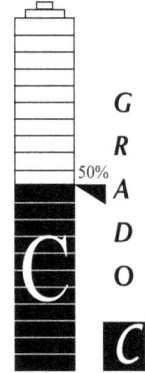

G R A D O

50%

C

C

- Comprende perspectivas diferentes, cambiando ciertas conductas a fin de adaptarse a diversas situaciones.
- Acepta los cambios que le son propuestos en sus objetivos y trabaja para alcanzarlos.
- Ante nuevas situaciones, cambia su comportamiento y manera de actuar cuando se lo sugieren.
- Modifica su accionar en pos de los objetivos que le son fijados.
- Muestra compromiso con las metodologías y herramientas que propone la organización para facilitar su adaptación a diversos contextos.

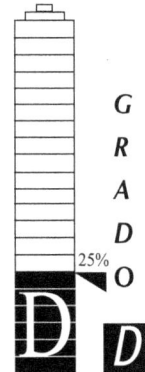

G R A D O

25%

D

D

Competencia en su grado mínimo

- Trabaja cómodo en situaciones, contextos y medios conocidos, pero no acepta ni comprende perspectivas diferentes.
- Se siente inseguro en el cumplimiento de sus objetivos cuando le plantean cambios en ellos.
- Es muy metódico, por lo que no consigue adaptar su accionar frente a nuevas situaciones.
- No ajusta su accionar a los objetivos de la organización.
- Tiene dificultades para adaptarse a nuevas metodologías y herramientas de trabajo.

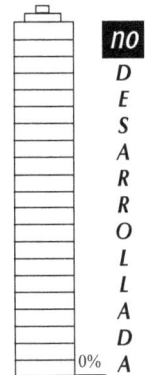

no D E S A R R O L L A D A

0%

Competencia NO desarrollada

CALIDAD Y MEJORA CONTINUA: Capacidad para optimizar los recursos disponibles –personas, materiales, etc.– y agregar valor a través de ideas, enfoques o soluciones originales o diferentes en relación con la tarea asignada, las funciones de las personas a cargo, y/o los procesos y métodos de la organización. Implica la actitud permanente de brindar aportes que signifiquen una solución a situaciones inusuales y/o aportes que permitan perfeccionar, modernizar u optimizar el uso de los recursos a cargo.

Comportamientos cotidianos en relación con la realización de tareas, la asunción de responsabilidades y la utilización de recursos	Los comportamientos se ubican en: Grado

- Diseña métodos de trabajo organizacionales que permiten optimizar los recursos disponibles –personas, materiales, etcétera–.
- Idea e implementa herramientas para agregar valor a través de ideas, enfoques o soluciones originales o diferentes a los tradicionales, en relación con las tareas de las personas a su cargo y/o los procesos y métodos de la organización.
- Genera y promueve en la organización la disposición permanente a brindar aportes que signifiquen una solución a problemáticas inusuales o perfeccionen, modernicen u optimicen el uso de los recursos.
- Planea y toma decisiones que facilitan a la organización una óptima consecución de sus objetivos, a través del uso eficiente de los recursos disponibles.
- Es un referente en la organización y el mercado en general en materia de calidad y mejora continua.

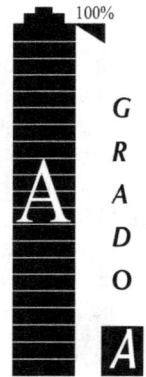

100%

G R A D O

A

- Diseña métodos de trabajo para su área que permiten optimizar los recursos disponibles –personas, materiales, etcétera–.
- Idea e implementa procesos para agregar valor a través de ideas, enfoques o soluciones originales o diferentes a los tradicionales, en relación con las tareas del área a su cargo y/o los procesos y métodos de la organización.
- Genera en su área de trabajo la disposición permanente a obtener aportes que signifiquen una solución a problemáticas inusuales o perfeccionen, modernicen u optimicen el uso de los recursos.
- Toma decisiones que facilitan a su área de trabajo una óptima consecución de sus objetivos, a través del uso eficiente de los recursos disponibles.
- Es un referente en su área en materia de calidad y mejora continua.

75% G R A D O

B

- Optimiza (o propone acciones en ese sentido, según corresponda) los recursos disponibles –personas, materiales, etcétera–.
- Agrega valor a través de ideas o soluciones originales o diferentes a los tradicionales, en relación con las tareas de las personas a su cargo y/o los procesos y métodos de su área de trabajo.
- Brinda aportes que significan una solución a problemáticas inusuales o perfeccionan, modernizan u optimizan el uso de los recursos.
- Toma decisiones que facilitan a sus colaboradores y/o pares la consecución de sus objetivos, a través del uso eficiente de los recursos disponibles.
- Es tomado como ejemplo por sus colaboradores y/o pares en materia de calidad y mejora continua.

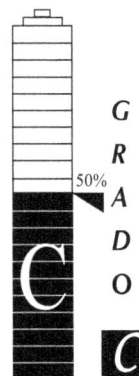

G
R
A
D
O

C

50%

- Propone acciones con el propósito de optimizar los recursos disponibles –personas, materiales, etcétera–.
- Agrega valor al aportar soluciones factibles en la realización de sus tareas y/o los procesos y métodos de su área de trabajo.
- Brinda aportes que significan una solución a problemáticas específicas u optimizan el uso de los recursos a su cargo.
- Alcanza sus metas logrando un uso eficiente de los recursos asignados.
- Ejecuta sus tareas de manera eficiente.

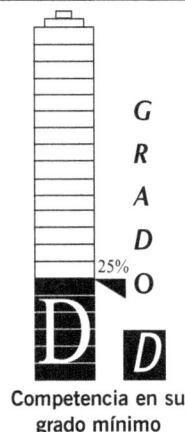

G
R
A
D
O

D

25%

Competencia en su
grado mínimo

- Se concentra en el logro de los objetivos descuidando la administración y optimización de los recursos disponibles –personas, materiales, etc.–.
- Aplica soluciones estándar en la realización de sus tareas.
- No brinda aportes significativos que optimicen el uso de los recursos a su cargo.
- Toma decisiones que no aportan valor agregado ni facilitan a sus colaboradores y/o pares alcanzar sus metas mediante un uso eficiente de los recursos disponibles.
- No es considerado un ejemplo a seguir por sus colaboradores y/o pares, dado que no demuestra con actos concretos su preocupación por realizar sus tareas de manera eficiente.

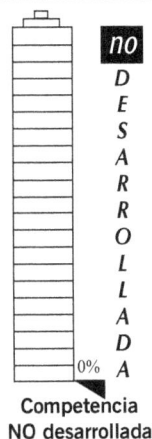

no
D
E
S
A
R
R
O
L
L
A
D
A

0%

Competencia
NO desarrollada

CAPACIDAD DE PLANIFICACIÓN Y ORGANIZACIÓN: Capacidad para determinar eficazmente metas y prioridades de su tarea, área o proyecto, y especificar las etapas, acciones, plazos y recursos requeridos para el logro de los objetivos. Incluye utilizar mecanismos de seguimiento y verificación de los grados de avance de las distintas tareas para mantener el control del proceso y aplicar las medidas correctivas necesarias.

Comportamientos relacionados con la realización de las tareas a cargo, su seguimiento, cumplimiento de metas y fijación de prioridades	*Los comportamientos se ubican en: Grado*

- Diseña métodos de trabajo organizacionales que permiten determinar eficazmente metas y prioridades para todos los colaboradores.
- Especifica las etapas, acciones, plazos y recursos requeridos para el logro de los objetivos fijados para la organización, en general, así como para cada etapa en particular.
- Diseña e implementa mecanismos de seguimiento y verificación de los grados de avance de las distintas etapas para mantener el control de los proyectos o procesos y poder, de ese modo, aplicar las medidas correctivas que se revelan necesarias.
- Se anticipa a posibles obstáculos que puedan interferir en la obtención de las metas y prioridades organizacionales.
- Es un referente en materia de planificación y organización, tanto a nivel personal como organizacional.

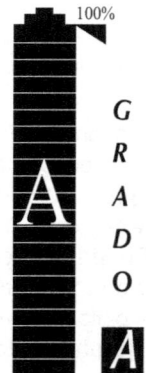

100%

G
R
A
D
O

A

- Diseña métodos de trabajo para su área que permiten determinar eficazmente metas y prioridades para sus colaboradores.
- Define etapas, acciones, plazos y recursos requeridos para el logro de los objetivos fijados para su área de trabajo, en general, así como para cada etapa en particular.
- Diseña herramientas de seguimiento y verificación de los grados de avance de las distintas etapas, para mantener el control de los proyectos o procesos de su área de trabajo y de ese modo poder aplicar las medidas correctivas que son necesarias.
- Es proactivo y actúa con efectividad en el manejo de problemas o situaciones inesperadas que podrían obstaculizar el logro de las metas pautadas.
- Es un referente en materia de planificación y organización para sus colaboradores.

75% G
R
A
D
O

B

- Determina eficazmente metas y prioridades para su área, sector o proyecto.
- Define las etapas, acciones, plazos y recursos requeridos para el logro de los objetivos fijados para su sector.
- Utiliza mecanismos de seguimiento y control del grado de avance de las distintas etapas de las tareas o proyectos a su cargo, y aplica las medidas correctivas necesarias.
- Está atento al surgimiento de obstáculos que podrían impedir el logro de las metas pautadas, y los maneja y supera.
- Es considerado un ejemplo en su sector por su gran capacidad de planificación y organización.

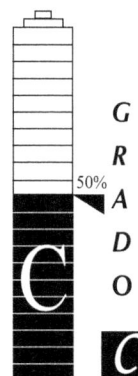

G R A D O

50%

C

C

- Determina eficazmente metas y prioridades en relación con las tareas a su cargo.
- Determina etapas, acciones, plazos y recursos requeridos para el logro de los objetivos que le son fijados.
- Aplica mecanismos de seguimiento y control que le permiten verificar el cumplimiento de las tareas a su cargo, y realiza las medidas correctivas necesarias.
- Consigue superar, con esfuerzo y dedicación, los obstáculos que impiden el logro de los objetivos pautados.
- Estructura y planifica su trabajo y logra eficazmente la consecución de los objetivos planteados.

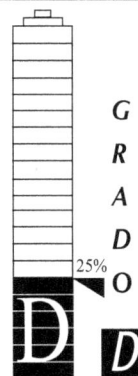

G R A D O

25%

D

D

Competencia en su
grado mínimo

- No determina eficazmente metas ni prioridades para su área, sector o proyecto, dado que no visualiza la real importancia que esto tiene para la organización.
- No suele planificar acciones ni definir tiempos y/o recursos para lograr los objetivos planteados.
- El seguimiento y control que realiza del grado de avance de las distintas etapas de las tareas o proyectos en los cuales participa no son sistemáticos, por lo que no puede aplicar en tiempo y forma las medidas correctivas necesarias.
- No logra superar los obstáculos que se le presentan, lo que le impide la consecución de los objetivos pautados.
- Le cuesta planificar y organizar eficazmente las tareas que se encuentran a su cargo.

no D E S A R R O L L A D A

0%

Competencia
NO desarrollada

CIERRE DE ACUERDOS: Capacidad para concretar y formalizar acuerdos y vínculos con los clientes, a través de propuestas y soluciones oportunas que respondan a sus necesidades y expectativas, y lograr beneficios para ambas partes.

Comportamientos relacionados con el cierre de acuerdos de cualquier tipo, con clientes externos o internos u otras personas relacionadas con su gestión	Los comportamientos se ubican en: Grado

- Concreta y formaliza acuerdos y vínculos duraderos y beneficiosos para la organización y para el cliente.
- Desarrolla propuestas y soluciones oportunas que responden a las necesidades y expectativas de todas las partes del negocio.
- Identifica los factores clave en la decisión del cliente, no siempre evidentes, a fin de hacer foco en ellos al presentarle la propuesta de la organización.
- Logra que los clientes acepten las propuestas que se les presentan, concretando las ventas.
- Elabora estrategias adecuadas para convencer al cliente y generar en él un nivel de confianza y aceptación que se traduzca en decisiones mutuamente convenientes y favorables.

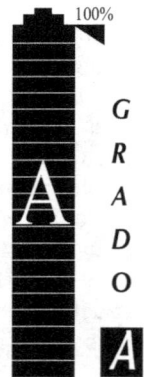

100%

G
R
A
D
O

A

- Identifica el interés del cliente, en función de lo cual se aboca a cerrar tratos comerciales con él.
- Desarrolla soluciones efectivas y demuestra creatividad en su diseño.
- Concreta y formaliza de manera oportuna acuerdos que implican mutuos beneficios.
- Elimina los factores de las propuestas que pueden generar objeciones, facilitando así su aceptación.
- Genera confianza en el cliente y logra consolidar los vínculos comerciales.

75%
G
R
A
D
O

B

- Comprende y percibe correctamente los intereses y necesidades de sus clientes.
- Desarrolla soluciones específicas, sobre la base del conocimiento que tiene acerca de los productos que ofrece, y su experiencia previa.
- Concreta acuerdos puntuales con el cliente.
- Lleva a cabo efectivos intentos para lograr que el cliente tome una decisión favorable con respecto a las propuestas ofrecidas.
- Logra generar confianza en el cliente y predisponerlo positivamente al cierre del acuerdo comercial.

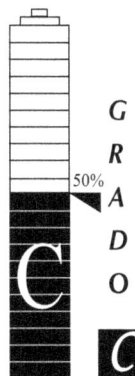

G R A D O

50%

C C

- Desarrolla propuestas sobre la base de una adecuada comprensión de los requerimientos del cliente.
- Propone soluciones estándar que responden estrictamente a la problemática planteada.
- Cierra acuerdos comerciales que se adecuan a los lineamientos y las expectativas de la organización.
- Consigue predisponer positivamente al cliente a la compra del servicio o producto ofrecido.
- Goza de credibilidad ante los clientes, lo que constituye un factor importante en su relación con ellos y en las decisiones que estos toman con respecto a la compra del producto o servicio ofrecido.

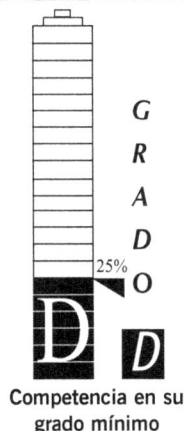

G R A D O

25%

D D

Competencia en su grado mínimo

- Las soluciones que desarrolla no siempre responden a las necesidades y expectativas de los clientes.
- En su afán por cerrar acuerdos o concretar la venta de un producto o servicio suele no respetar ciertos lineamientos organizacionales.
- Percibe superficialmente los factores relevantes en la decisión del cliente, si no son del todo evidentes, por lo que no logra hacer foco en lo realmente importante al momento de presentarle propuestas e intentar cerrar acuerdos comerciales.
- No logra generar una buena predisposición en los clientes, dado que no consigue manejar las objeciones que presentan.
- Genera escasa confianza en el cliente, porque se muestra ambiguo cuando debe realizar aclaraciones acerca de ciertos aspectos de las propuestas presentadas.

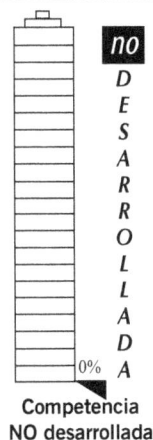

no DESARROLLADA

0%

Competencia NO desarrollada

COLABORACIÓN: Capacidad para brindar apoyo a los otros (pares, superiores y colaboradores), responder a sus necesidades y requerimientos, y solucionar sus problemas o dudas, aunque las mismas no hayan sido manifestadas expresamente. Implica actuar como facilitador para el logro de los objetivos, a fin de crear relaciones basadas en la confianza.

Comportamientos cotidianos relativos a la vínculación con otras personas, de su área, de otras áreas, clientes, proveedores u otras relacionadas con su puesto de trabajo	*Los comportamientos se ubican en: Grado*

- Brinda apoyo y ayuda a otros (pares, superiores y colaboradores), y responde así a las necesidades y requerimientos que presentan.
- Facilita la resolución de problemas o dudas, mediante iniciativas anticipadoras y espontáneas.
- Apoya decididamente a otras personas y difunde formas de relacionamiento basadas en la confianza.
- Promueve el espíritu de colaboración en toda la organización, y logra constituirse en un facilitador para el logro de los objetivos.
- Implementa mecanismos organizacionales tendientes a fomentar la cooperación interdepartamental como instrumento para el logro de los objetivos comunes.

GRADO A — 100%

- Brinda ayuda y colaboración a las personas de su área y de otras relacionadas.
- Muestra interés por las necesidades de sus colaboradores y los apoya en el cumplimiento de sus objetivos.
- Crea relaciones de confianza.
- Promueve activamente la cooperación en el interior de su área y con otras relacionadas.
- Utiliza los mecanismos organizacionales que promueven la cooperación interdepartamental y propone mejoras relativas a ellos.

GRADO B — 75%

- Apoya y colabora activamente con los integrantes de su propia área.
- Posee buena predisposición para ayudar a otros.
- Coopera activamente con los integrantes de su área en el cumplimiento de los objetivos comunes.
- Es considerado una persona de confianza dentro de su sector de trabajo.
- Escucha los requerimientos de los demás para ayudarlos en el cumplimiento de sus objetivos, sin descuidar los propios.

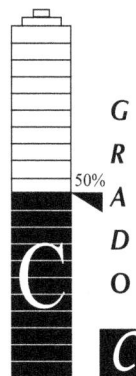

G
R
50% **A**
D
O

C

- Coopera y brinda soporte a las personas de su entorno cuando se lo solicitan.
- Tiene en cuenta las necesidades de los demás.
- Mantiene una buena relación con sus compañeros y establece buenos vínculos.
- Presta colaboración a su grupo de trabajo en temas de su especialidad.
- Está atento y bien dispuesto ante los requerimientos de su grupo de trabajo.

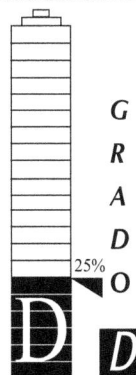

G
R
A
D
25% **O**

D

Competencia en su grado mínimo

- No demuestra interés por las necesidades de otros sectores y mantiene una actitud poco colaborativa hacia ellos en la consecución de sus objetivos.
- Es individualista en su trabajo, no tiene en cuenta las necesidades de los demás.
- Muestra poca inclinación para contribuir con otros si eso no es parte de sus responsabilidades.
- Colabora con los integrantes de su equipo sólo si resulta estrictamente necesario.
- No logra crear relaciones sólidas con las personas con las que interactúa, dado que no logra generar en ellas la suficiente confianza en su desempeño profesional y/o personal.

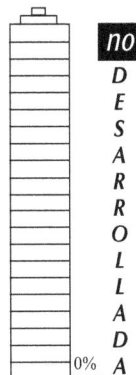

no
D
E
S
A
R
R
O
L
L
A
0% **D**
A

Competencia NO desarrollada

COMPETENCIA "DEL NÁUFRAGO": Capacidad para sobrevivir y lograr que sobreviva la organización o área a su cargo en épocas difíciles, aun en las peores condiciones del mercado, que afecten tanto al propio sector de negocios como a todos en general, en un contexto donde, según los casos, la gestión pueda verse dificultada por ruptura de la cadena de pagos, recesión, huelgas o paros. Incluye la capacidad de dirigir organizaciones en procesos de cesación de pagos o concurso preventivo de acreedores[1].

Comportamientos relacionados con la supervivencia (propia y organizacional) en épocas difíciles de cualquier tipo, tanto particulares de la organización como del mercado	Los comportamientos se ubican en: Grado
• Identifica las dificultades y las tendencias del mercado fijando políticas organizacionales para enfrentarlas proactivamente, con visión de largo plazo. • Identifica las dificultades y fortalezas de su propia organización en un contexto complejo y/o adverso, y fija estrategias retadoras para alcanzar la visión organizacional. • Enfrenta con mirada positiva y asume como un reto las situaciones o escenarios adversos, complejos y difíciles tanto del ámbito nacional como internacional. • Propone e implementa acciones para controlar y/o minimizar y/o contrarrestar (según corresponda) las amenazas potenciales externas a la organización. • Es reconocido como un referente visionario y estratega, en especial en momentos críticos o de fuertes cambios.	100% G R A D O A
• Identifica las dificultades y las tendencias del mercado y aplica en su área las políticas definidas por la organización para enfrentarlas proactivamente, con visión de mediano plazo. • Identifica las dificultades y fortalezas de su área de trabajo en un contexto complejo y/o adverso, e implementa estrategias retadoras para alcanzar los objetivos planteados a su área de trabajo. • Enfrenta con mirada positiva y asume como un reto las situaciones o escenarios adversos, complejos y difíciles que debe enfrentar la organización y su área de trabajo en particular. • Implementa las acciones definidas por la dirección para controlar y/o minimizar y/o contrarrestar (según corresponda) las amenazas potenciales externas a la organización, y propone sugerencias para su área de trabajo. • Es reconocido como un referente estratégico en su área de trabajo, en especial en momentos críticos o de fuertes cambios.	75% G R A D O B

---

1   La situación de cesación de pagos puede tener diferentes nombres según la legislación de cada país. En la jerga del sector también se la denomina *Chapter Eleven* en alusión al número de capítulo en la Ley Federal de Bancarrota de los Estados Unidos.

- Identifica las dificultades del mercado y aplica en su sector las políticas definidas por la organización para enfrentarlas proactivamente con visión de corto plazo.
- Identifica las dificultades y fortalezas de su área de trabajo en un contexto complejo y/o adverso, e implementa las acciones sugeridas desde la dirección para alcanzar los objetivos planteados a su sector de trabajo.
- Enfrenta con mirada positiva y asume como un reto las situaciones o escenarios adversos, complejos y difíciles que debe enfrentar la organización y su sector de trabajo en particular.
- Implementa las acciones definidas por la dirección para controlar y/o minimizar y/o contrarrestar (según corresponda) las amenazas potenciales externas a la organización, y propone sugerencias para su sector de trabajo.
- Es reconocido como un referente por sus colaboradores, en especial en momentos críticos o de fuertes cambios.

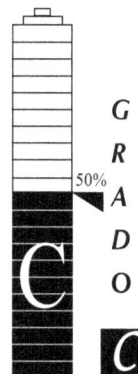

GRADO C

50%

- Comprende las dificultades del mercado y aplica en su puesto de trabajo las políticas definidas por la organización para enfrentarlas en el momento en que se presenten.
- Identifica las dificultades y fortalezas relacionadas con su puesto de trabajo en un contexto complejo y/o adverso implementando las acciones sugeridas desde la dirección para alcanzar los objetivos que se le han fijado de acuerdo con sus responsabilidades.
- Enfrenta con mirada positiva las situaciones o escenarios adversos, complejos y difíciles que debe enfrentar la organización y su sector de trabajo en particular.
- Implementa las acciones definidas por la dirección para controlar y/o minimizar y/o contrarrestar (según corresponda) las potenciales amenazas del contexto.
- Es reconocido por sus compañeros como un referente en momentos críticos para el sector en el cual se desempeñan.

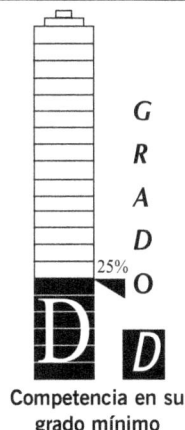

GRADO D

25%

Competencia en su grado mínimo

- Desestima la importancia de las dificultades del mercado y no aplica en su puesto de trabajo las políticas definidas por la organización para enfrentarlas o lo hace con reticencia, según sean las circunstancias.
- Identifica las dificultades y fortalezas relacionadas con su puesto de trabajo en contextos complejos y/o adversos, pero desestima la importancia de las acciones sugeridas desde la dirección para alcanzar los objetivos que se le han fijado.
- Enfrenta con mirada negativa las situaciones o escenarios adversos, complejos y difíciles que debe enfrentar la organización y su sector de trabajo en particular.
- Sigue las instrucciones que recibe de sus superiores con la certeza de que las acciones definidas por la dirección para controlar y/o minimizar y/o contrarrestar las amenazas no serán efectivas, y lo manifiesta.
- Sus compañeros y superiores lo reconocen como una persona que tiene dificultades para desempeñarse adecuadamente en momentos críticos.

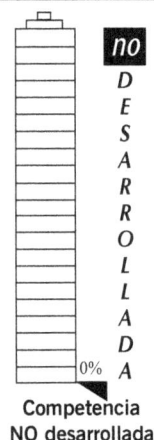

no DESARROLLADA

0%

Competencia NO desarrollada

COMUNICACIÓN EFICAZ: Capacidad para escuchar y entender al otro, para transmitir en forma clara y oportuna la información requerida por los demás a fin de alcanzar los objetivos organizacionales, y para mantener canales de comunicación abiertos y redes de contacto formales e informales, que abarquen los diferentes niveles de la organización.

Comportamientos cotidianos respecto de la relación con otras personas	Los comportamientos se ubican en: Grado

- Escucha y entiende a los demás, manteniendo canales de comunicación abiertos.
- Transmite en forma clara y oportuna la información requerida por los demás, facilitando la consecución de los objetivos organizacionales.
- Adapta su estilo comunicacional a las características particulares de la audiencia o interlocutor.
- Estructura canales de comunicación organizacionales que permiten establecer relaciones en todos los sentidos (ascendente, descendente, horizontal) y promueven el intercambio inteligente de información.
- Desarrolla redes de contacto formales e informales que permiten crear un ámbito positivo de intercomunicación.

100%

A GRADO

A

- Escucha las opiniones y puntos de vista de los demás.
- Selecciona los métodos de comunicación más adecuados a fin de lograr intercambios efectivos.
- Minimiza las barreras y distorsiones comunicacionales que afectan la circulación de la información, y que por ende dificultan la adecuada ejecución de las tareas y el logro de los objetivos.
- Promueve dentro de su sector el intercambio permanente de información, con el propósito de mantener a todas las personas adecuadamente informadas acerca de los temas que los afectan.
- Utiliza de manera efectiva los canales de comunicación existentes, tanto formales como informales.

75% GRADO

B

B

- Comunica ideas y transmite información de manera clara y concisa.
- Adapta su discurso de acuerdo al tipo de interlocutor con el que debe vincularse.
- Escucha adecuadamente a otros y se asegura de haber comprendido exactamente lo que desean expresar.
- Aprovecha los canales de comunicación existentes, formales e informales, a fin de obtener la información que necesita para la realización de sus tareas.
- Alienta una comunicación abierta y fluida entre los integrantes de su equipo, logrando un correcto funcionamiento del grupo.

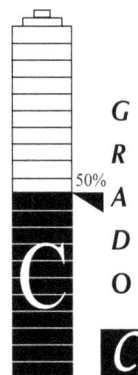

G R A D O

50%

C

- Escucha atentamente a sus interlocutores.
- Comunica sus ideas de manera clara y entendible.
- Realiza preguntas adecuadas a fin de obtener la información que necesita para realizar sus tareas.
- Mantiene una adecuada comunicación con los integrantes de su equipo de trabajo.
- Adecua su discurso a las características de su interlocutor.

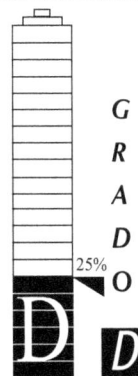

G R A D O

25%

D

Competencia en su
grado mínimo

- Le cuesta comunicarse de manera clara y objetiva.
- Utiliza un lenguaje complicado que no responde ni se adapta a las características de su interlocutor.
- Muestra escaso interés por escuchar a otros.
- Al comunicar sus ideas no se asegura de que sus interlocutores hayan comprendido exactamente lo expuesto.
- No mantiene una adecuada ni fluida comunicación con los integrantes de su equipo.

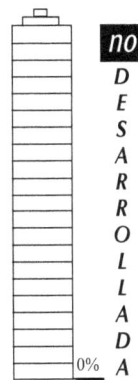

no D E S A R R O L L A D A

0%

Competencia
NO desarrollada

CONOCIMIENTO DE LA INDUSTRIA Y EL MERCADO: Capacidad para comprender las necesidades de los clientes y consumidores, tanto nacionales como internacionales. Implica conocer las tendencias y oportunidades del mercado, las amenazas de las empresas competidoras, los puntos fuertes y débiles de la propia organización, y el marco regulatorio, además de conocer a fondo los productos y evaluar la factibilidad y viabilidad de su adaptación a los requerimientos, gustos y necesidades del cliente.

Comportamientos cotidianos relacionados con la capacidad para comprender las necesidades de sus clientes (internos y externos), consumidores finales y, con relación a otros participantes del mercado, conocer tendencias y posibles amenazas	*Los comportamientos se ubican en: Grado*

- Detecta y comprende las necesidades actuales y futuras de los clientes, tanto nacionales como internacionales, sobre la base de un profundo conocimiento del mercado.
- Instrumenta métodos de trabajo para identificar las tendencias, oportunidades y amenazas que el mercado presenta, en función del análisis de los puntos fuertes y débiles de la organización.
- Exhibe un conocimiento detallado y completo del marco regulatorio pertinente y un profundo conocimiento de los productos.
- Evalúa la factibilidad y viabilidad de la adaptación de los productos ofrecidos a los requerimientos, gustos y necesidades de clientes y consumidores, sobre la base de un profundo conocimiento del mercado y los productos disponibles.
- Es un referente en el mercado, tanto nacional como regional, por sus conocimientos en la materia.

100%

G R A D O

A

- Comprende las necesidades actuales y futuras de los clientes, tanto nacionales como internacionales, sobre la base de un correcto conocimiento del mercado.
- Identifica las tendencias, oportunidades y amenazas que el mercado presenta en relación con las actividades de la organización, y analiza las fortalezas y debilidades de la organización en ese contexto.
- Posee un amplio conocimiento del marco regulatorio pertinente y de los productos ofrecidos por la organización.
- Evalúa correctamente la viabilidad de la adaptación de los productos a las necesidades y preferencias de clientes y consumidores
- Es un referente en el mercado nacional por sus conocimientos en la materia.

75%

G R A D O

B

- Detecta y comprende las necesidades de los clientes (nacionales o internacionales, según corresponda), basado en su conocimiento del mercado.
- Identifica las tendencias, oportunidades y amenazas que el mercado presenta en relación con las actividades de los clientes de su área, utilizando ese conocimiento para detectar fortalezas y debilidades en el funcionamiento de su área.
- Posee un adecuado conocimiento de los productos y de los aspectos del marco regulatorio pertinentes para su tarea y las del equipo a su cargo.
- Muestra interés por investigar e incrementar sus conocimientos acerca del mercado.
- Es reconocido por los colaboradores de su área como un ejemplo en la materia.

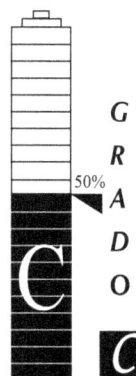

G
R
A
D
O

50%

C

C

- Comprende las necesidades de los clientes (nacionales o internacionales, según corresponda), basado en su conocimiento del mercado.
- Identifica oportunidades y amenazas del contexto donde opera.
- Consulta a sus superiores sobre aspectos que desconoce del marco regulatorio vigente o en relación con las actividades de los clientes.
- Posee un conocimiento adecuado, para su cargo, de los productos y de las necesidades y preferencias de clientes y consumidores.
- Se mantiene actualizado y en pleno conocimiento de las características generales del mercado y de la industria.

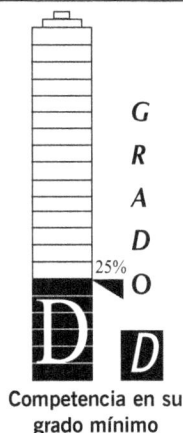

G
R
A
D
O

25%

D

D

Competencia en su
grado mínimo

- Atiende las necesidades de los clientes sin tener en cuenta el mercado en el que desarrollan sus actividades.
- No conoce en profundidad las actividades de sus clientes y no procura asesorase al respecto.
- No identifica adecuadamente las oportunidades y amenazas del mercado.
- Atiende las necesidades de los clientes sin considerar el marco regulatorio pertinente.
- No tiene un conocimiento de los productos acorde a lo requerido por sus responsabilidades.

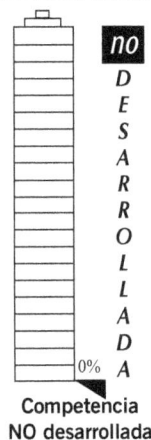

no
D
E
S
A
R
R
O
L
L
A
D
A

0%

Competencia
NO desarrollada

CONOCIMIENTOS TÉCNICOS[2]**:** Capacidad para poseer, mantener actualizados y demostrar todos aquellos conocimientos y/o experiencias específicas que se requieran para el ejercicio de la función a cargo, y avivar de manera constante el interés por aprender y compartir con otros los conocimientos y experiencias propios.

Comportamientos cotidianos relacionados con los conocimientos que el puesto de trabajo requiere para alcanzar un desempeño exitoso	*Los comportamientos se ubican en: Grado*

100%

- Entiende, conoce –y lo demuestra y pone en práctica, a nivel de experto– todos los temas de su especialidad y función, desde los más sencillos hasta los más complejos.
- Renueva de manera constante su interés y curiosidad por aprender.
- Comparte con los demás sus conocimientos y experiencia.
- Asume activamente el rol de entrenador de otros, con el propósito de ayudarlos a desarrollar sus conocimientos en las materias que domina.
- Se constituye como un referente dentro y fuera de la organización por sus conocimientos técnicos sobre su especialidad. Es reconocido en la comunidad donde actúa como experto.

G R A D O

A

A

- Entiende, conoce –y lo pone en práctica– todos los temas de su especialidad y función, desde los más sencillos hasta los más complejos.
- Mantiene de manera constante su interés y curiosidad por aprender.
- Utiliza sus conocimientos y experiencia, y los comparte con los demás.
- Toma activamente el rol de entrenador de otros, logrando ayudarlos a desarrollar sus conocimientos en las materias que domina.
- Es un referente dentro de la organización por sus conocimientos técnicos relativos a los procesos a su cargo.

75% G R A D O

B

B

2   El concepto "conocimientos técnicos" incluye el manejo de idiomas y el dominio de cualquier temática en particular que un puesto de trabajo pueda requerir.

- Entiende, conoce y pone en práctica diferentes temas de su especialidad y función.
- Mantiene un constante interés por aprender.
- Se muestra abierto a compartir con los demás sus conocimientos y experiencia.
- Asume el rol de entrenador de otros para ayudarlos a desempeñar eficazmente sus tareas.
- Se constituye como un referente para su entorno próximo por sus conocimientos técnicos en relación con su puesto de trabajo.

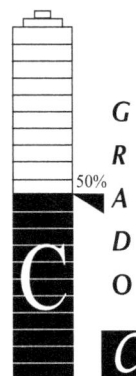

G
R
A 50%
D
O

C

C

- Entiende, conoce y pone en práctica diferentes temas relacionados con el desempeño de su función.
- Evidencia un constante interés por aprender.
- No tiene problemas en compartir con los demás sus conocimientos y experiencia.
- Contribuye a mejorar el desempeño de otros funcionarios en sus tareas, en función de su propio conocimiento técnico de los temas de su especialidad.
- Es visto por su entorno próximo como una instancia válida de consulta sobre los temas técnicos relacionados con el desempeño de su trabajo.

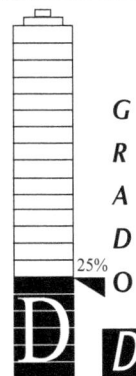

G
R
A
D
O 25%

D

D

Competencia en su
grado mínimo

- No domina adecuadamente los conocimientos técnicos requeridos para el desempeño satisfactorio de su tarea.
- Carece de interés en aprender nuevos conocimientos o perfeccionar o actualizar los que ya posee.
- Conserva para sí mismo su experiencia profesional, sin compartirla de un modo útil con las personas de su entorno organizacional próximo.
- Aun en los aspectos técnicos de su trabajo que domina satisfactoriamente, no contribuye a desarrollar el conocimiento de otros funcionarios en la materia.
- En su entorno organizacional próximo no resulta una instancia confiable de consultas sobre temas de conocimiento técnico propios de su tarea.

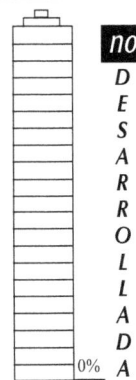

no
D
E
S
A
R
R
O
L
L
A
D 0%
A

Competencia
NO desarrollada

CREDIBILIDAD TÉCNICA: Capacidad para alcanzar con precisión los objetivos planteados, superar los estándares de calidad establecidos, al comprender la esencia de los problemas complejos, generar soluciones prácticas y aplicables, y brindar beneficios tanto para el cliente como para la organización. Capacidad para generar confianza en los demás por su desempeño profesional y constituirse en un referente a quien consultar. Implica ser reconocido por poseer sólidos conocimientos y experiencia.

Comportamientos cotidianos relacionados con los conocimientos (que el puesto de trabajo requiere) y con la posibilidad de alcanzar un nivel de referente en función de estos conocimientos y experiencia	*Los comportamientos se ubican en: Grado*

- Posee y demuestra profundidad y solidez en sus conocimientos técnicos, fundados en su permanente actualización en su área de especialidad y en su experiencia profesional.
- Logra que los demás perciban su nivel de preparación y confíen en él como fuente de consulta ante problemas técnicos.
- Traduce sus conocimientos en acciones cotidianas tendientes a la obtención de resultados, tanto para la organización como para el cliente, con un alto grado de precisión y por encima de los estándares de calidad establecidos.
- Comprende la esencia de los aspectos complejos de los problemas y halla soluciones prácticas y beneficiosas para la organización y el cliente.
- Ayuda a solucionar los problemas de otras áreas.

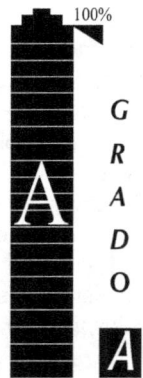

100%

G
R
A
D
O

A

- Demuestra en su trabajo conocimientos técnicos y experiencia en su área de especialización.
- Es reconocido en el ámbito de la organización por la seguridad de su juicio sobre los temas técnicos de su especialidad.
- Aprovecha su preparación en el desarrollo de las tareas a su cargo, obteniendo resultados que le permiten cumplir con los estándares de calidad requeridos, satisfaciendo las necesidades de los clientes y de la organización.
- Brinda en tiempo y forma soluciones a problemas técnicos de alta complejidad.
- Es consultado por otras personas sobre los temas de su especialidad, dado que perciben su experiencia e idoneidad técnicas.

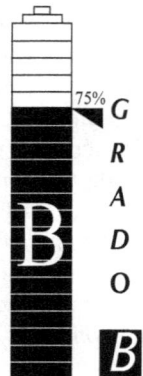

75% G
R
A
D
O

B

- Maneja los conocimientos esenciales requeridos para el desempeño de su cargo.
- Lleva a cabo sus tareas apropiadamente, y responde a las necesidades técnicas.
- Identifica y propone soluciones a problemas técnicos de alta complejidad.
- Genera en los demás confianza en su desempeño.
- Genera confianza y mantiene una actitud abierta a colaborar con otras áreas en los temas de su especialidad.

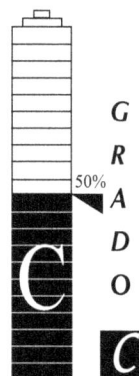

G
R
50%
A
D
O

C

C

- Maneja los conocimientos básicos de su área de especialización.
- Lleva a cabo las tareas apropiadamente.
- Responde a los requerimientos técnicos de su área de especialidad.
- Identifica problemas técnicos de alta complejidad.
- Genera confianza en los niveles operativos a través de su desempeño.

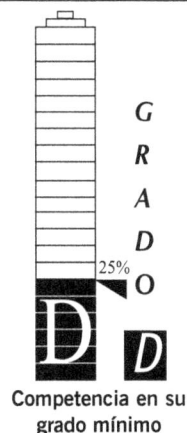

G
R
A
D
25%
O

D

D

Competencia en su
grado mínimo

- No posee un buen manejo de las técnicas, normas y procedimientos de su área de especialización.
- Los trabajos que realiza no cumplen con los estándares de calidad requeridos por la organización.
- Brinda solución a problemas técnicos básicos y sencillos, pero no logra ofrecer una adecuada respuesta ante problemas de alta complejidad.
- No es percibido como un profesional con buen nivel de preparación, por lo que no es un referente al que se consulte.
- No tiene un buen manejo de los conocimientos esenciales requeridos en su área de especialización.

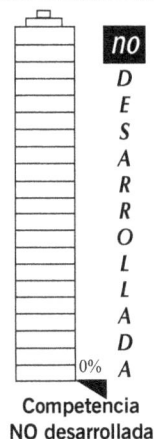

no
D
E
S
A
R
R
O
L
L
A
D
0%
A

Competencia
NO desarrollada

DESARROLLO Y AUTODESARROLLO DEL TALENTO: Capacidad para fomentar e incentivar el crecimiento del talento (conocimientos y competencias) propio y de los demás, y utilizar para ello diversas tecnologías, herramientas y medios, según sea lo más adecuado. Implica la búsqueda del aprendizaje continuo, mantenerse actualizado y poder incorporar nuevos conocimientos a su área de trabajo para obtener mejores resultados en el negocio.

Comportamientos cotidianos relacionados con el desarrollo del talento propio, del equipo a cargo y de los compañeros	*Los comportamientos se ubican en:* Grado

- Instrumenta métodos de trabajo para la identificación permanente de las oportunidades de crecimiento y desarrollo del talento (conocimientos y competencias) dentro de la organización, y los aplica igualmente a sí mismo.
- Instala y difunde el concepto de autodesarrollo como una responsabilidad individual.
- Maximiza la utilidad de las tecnologías, herramientas y medios disponibles para el desarrollo del talento.
- Mantiene una actitud proactiva hacia el aprendizaje continuo, la actualización permanente y la incorporación de nuevos conocimientos a la organización, tendientes a mejorar las actividades, la gestión y los resultados.
- Es considerado un referente organizacional tanto por el desarrollo del talento de sus colaboradores como por su propio desarrollo.

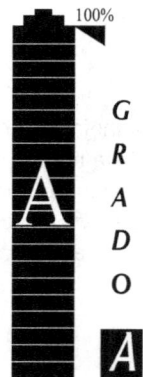

100% — G R A D O — A

- Identifica oportunidades de desarrollo en conocimientos y competencias, tanto para sí mismo como para los demás integrantes del equipo de trabajo a su cargo.
- Entiende el concepto de autodesarrollo como responsabilidad individual, y lo evidencia en sus comportamientos.
- Administra de manera eficiente y adecuada las tecnologías, herramientas y medios existentes destinados al desarrollo del talento.
- Busca nuevos caminos de aprendizaje y actualización permanentes que resultan útiles para su desempeño y el de sus colaboradores.
- Es valorado y considerado por sus colaboradores como un ejemplo en la materia.

75% — G R A D O — B

- Identifica oportunidades de crecimiento del talento (conocimientos y competencias) para sí mismo y para sus colaboradores más cercanos.
- Es consciente de la importancia del autodesarrollo.
- Utiliza adecuadamente las tecnologías, herramientas y medios disponibles para el desarrollo de las capacidades propias y ajenas.
- Tiene disposición para incorporar nuevos aprendizajes y mantenerse actualizado.
- Demuestra interés por el desarrollo de su gente, por lo que la capacita e instruye personalmente, proporcionándole oportunidades de aprendizaje y desarrollo.

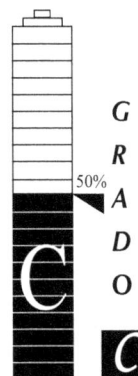

G
R
A
D
O

50%

C

C

- Reconoce oportunidades de mejora para sí mismo y para sus colaboradores más directos, tanto en cuanto a conocimientos como en lo que respecta a competencias.
- Acepta la retroalimentación ofrecida por los demás, y determina los cursos de acción más adecuados.
- Está abierto a propuestas relacionadas con nuevos aprendizajes.
- Utiliza las tecnologías y herramientas disponibles para el desarrollo de sus propias capacidades.
- Demuestra interés por desarrollarse y lograr un desempeño superior.

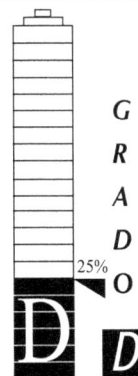

G
R
A
D
O

25%

D

D

Competencia en su
grado mínimo

○ Dificulta el acceso de su gente a cursos y/o actividades orientados al desarrollo de sus conocimientos y competencias, y no se preocupa por el desarrollo de sus propias capacidades.
○ No valora la información que recibe a través de la retroalimentación que le brindan, dado que no considera que esta sea una herramienta útil para identificar necesidades de desarrollo.
○ Es reticente a incorporar nuevos aprendizajes.
○ No está informado acerca de las tecnologías, herramientas y medios existentes destinados al desarrollo del talento dentro de la organización.
○ No logra identificar oportunidades de desarrollo para sí mismo ni para su equipo de colaboradores.

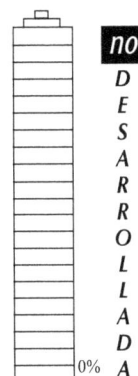

no
D
E
S
A
R
R
O
L
L
A
D
A

0%

Competencia
NO desarrollada

DINAMISMO - ENERGÍA: Capacidad para trabajar activamente en situaciones cambiantes y retadoras, con interlocutores diversos, en jornadas extensas de trabajo, sin que por esto se vean afectados su nivel de actividad o su juicio profesional. Implica seguir adelante en circunstancias adversas, con serenidad y dominio de sí mismo.

Comportamientos cotidianos en relación con la realización de tareas en situaciones cambiantes y retadoras y a lo largo de jornadas exigentes	Los comportamientos se ubican en: Grado

- Promueve en toda la organización, y a través del ejemplo, la disposición a trabajar activamente en situaciones cambiantes y retadoras.
- Toma acertadas decisiones, tanto de largo y mediano plazo como de efecto inmediato, con interlocutores diversos, en jornadas de trabajo extensas, sin que se vean afectados su nivel de actividad ni el de los demás integrantes de su área.
- Sigue adelante y alienta a otros, en medio de circunstancias adversas, demostrando serenidad y dominio de sí mismo.
- Diseña e implementa métodos de trabajo dirigidos a incentivar, tanto en su área como en el resto de la organización, el desarrollo de las tareas con dinamismo y energía.
- Es un referente organizacional en lo que respecta al dinamismo y la energía en el trabajo.

100%

G R A D O

A

A

- Promueve en su área, y a través del ejemplo, la disposición a trabajar activamente en situaciones cambiantes y retadoras.
- Toma acertadas decisiones de mediano plazo, con interlocutores diversos, en jornadas de trabajo extensas, sin que se vean afectados su nivel de actividad ni el de los demás integrantes de su equipo.
- Sigue adelante y alienta a los colaboradores de su área de trabajo en circunstancias adversas, y demuestra serenidad y dominio de sí mismo.
- Diseña e implementa procesos de trabajo dirigidos a incentivar, en su área o equipo, el desarrollo de las tareas con dinamismo y energía.
- Es un referente en su área de trabajo en lo que respecta al dinamismo y la energía en el trabajo.

75%

G R A D O

B

B

- Trabaja activamente en situaciones cambiantes y retadoras, motivando a sus colaboradores a actuar de la misma forma.
- Mantiene su nivel de actividad y su juicio profesional aun en jornadas de trabajo extensas.
- Sigue adelante y alienta a su entorno inmediato en circunstancias adversas, y demuestra en todo momento serenidad y dominio de sí mismo.
- Implementa procesos de trabajo para incentivar en su entorno inmediato el desarrollo de las tareas con dinamismo y energía.
- Es considerado un ejemplo en su entorno inmediato por su forma de actuar dinámica.

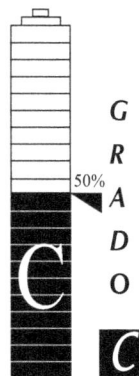

G R A D O
50%
C

C

- Trabaja activamente en situaciones cambiantes y retadoras.
- Logra trabajar en jornadas extensas de trabajo, sin que por esto se vean afectados su nivel de actividad o su juicio profesional.
- Sigue adelante con serenidad y dominio de sí mismo en situaciones adversas.
- Ejecuta procesos creados para desarrollar las tareas con dinamismo y energía.
- Mantiene una actitud dinámica y entusiasta en la realización de las tareas a su cargo.

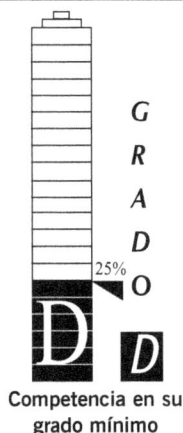

G R A D O
25%
D

D

Competencia en su grado mínimo

- Se desorienta y no sabe cómo actuar ante situaciones cambiantes y retadoras, viéndose afectado su desempeño laboral.
- No logra mantener su nivel de actividad y su juicio profesional en jornadas extensas de trabajo.
- Pierde su serenidad y dominio de la situación ante circunstancias adversas.
- No logra generar entre sus colaboradores y/o pares un desempeño dinámico, como consecuencia de que él mismo no lo demuestra.
- Cuando debe realizar tareas complejas o exigentes, su nivel de dinamismo y energía se ve afectado.

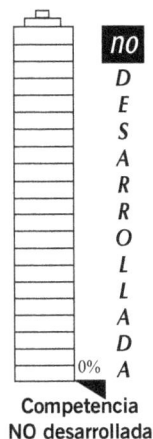

no DESARROLLADA
0%

Competencia NO desarrollada

GESTIÓN Y LOGRO DE OBJETIVOS: Capacidad para orientarse al logro de los objetivos, seleccionar y formar personas, delegar, generar directrices, planificar, diseñar, analizar información, movilizar recursos organizacionales, controlar la gestión, sopesar riesgos e integrar las actividades de manera de lograr la eficacia, eficiencia y calidad en el cumplimiento de la misión y funciones de la organización.

Comportamientos cotidianos relacionados con el logro de objetivos, propios y del equipo a cargo	*Los comportamientos se ubican en:* Grado

- Establece, tanto para sí mismo/a como para la organización en general, metas retadoras y desafiantes.
- Conforma y participa de equipos de trabajo inteligentemente y maximiza la obtención de resultados positivos para la organización; selecciona colaboradores/as, presta siempre atención a la formación de personas y sabe cuándo y cómo es conveniente delegar tareas.
- Genera directrices y ejerce sus funciones basado en una planificación sistemática, diseñando estrategias y procesos fundados en una lectura inteligente e innovadora de la información disponible.
- Logra movilizar los recursos organizacionales de un modo innovador e inteligente, y logra su optimización mediante el control de la gestión, evaluando cuidadosamente los riesgos y evidenciando conocimiento de la organización en la integración de actividades.
- Funda todas sus decisiones y acciones en criterios de eficacia, eficiencia, calidad y racionalidad en el uso de los recursos disponibles para el cumplimiento de los objetivos de la organización.

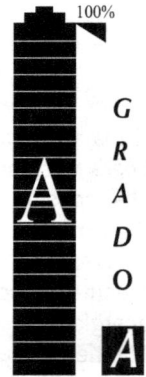

100%

G R A D O

A

- Fija, tanto para sí mismo como para sus colaboradores, metas retadoras y desafiantes.
- Logra la obtención de resultados positivos al formar equipos de trabajo y seleccionar colaboradores/as de un modo adecuado, al tiempo que contribuye a la formación de personas y delega apropiadamente tareas.
- Traza líneas de dirección y ejerce sus funciones con base en una planificación sistemática y un análisis atento de la información disponible, y diseña estrategias y cursos de acción.
- Moviliza los recursos organizacionales, controlando la gestión, siendo cuidadoso en la evaluación de riesgos y buscando la integración de actividades para maximizar la eficiencia.
- Sus acciones y las del equipo a su cargo se realizan sobre la base de criterios de eficacia, eficiencia, calidad y racionalidad en el uso de los recursos disponibles para cumplir los objetivos de la organización.

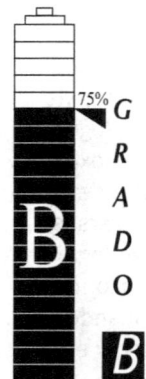

75% G R A D O

B

- Fija, tanto para sí mismo como para otros funcionarios, metas retadoras.
- Selecciona colaboradores, atiende a la formación de personas y delega tareas con criterio, buscando mejorar los resultados obtenidos.
- Ejerce sus funciones con base en una planificación previa, y genera directrices y propuestas sustentadas siempre en la información disponible.
- Busca permanentemente movilizar los recursos organizacionales, y apunta a una gestión controlada, al evaluar los riesgos y promover el aprovechamiento de recursos mediante la integración de actividades.
- Trabaja para cumplir estándares de eficacia, eficiencia y calidad en el ejercicio de sus funciones, y administra apropiadamente los recursos disponibles para alcanzar los objetivos de la organización.

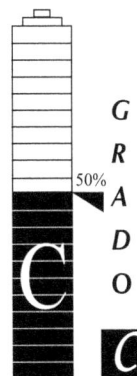

*G
R
A
D
O*

50%

C

- Establece para sí mismo metas retadoras.
- Considera siempre la obtención de resultados, al seleccionar colaboradores, promover la formación de personas y delegar tareas.
- Evidencia planificación y dirección en el ejercicio de sus funciones, y presenta propuestas con base en la información disponible.
- Busca el aprovechamiento de los recursos organizacionales, y apunta a una gestión controlada, para lo cual evalúa los riesgos y la posible integración de actividades.
- Considera, en el ejercicio de sus funciones, criterios de eficacia, eficiencia, calidad y racionalidad en el uso de los recursos.

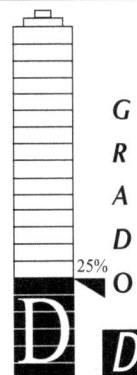

*G
R
A
D
O*

25%

D

Competencia en su
grad mínimo

- No establece para sí mismo objetivos desafiantes ni orientados al logro de las metas de la organización
- Muestra fallas en la planificación de las tareas a su cargo.
- No evidencia en el desempeño de sus funciones criterios de eficacia, eficiencia y calidad.
- No resulta un ejemplo a seguir para su entorno organizacional próximo por su compromiso con los objetivos organizacionales, sectoriales y del país.
- Es poco atento al aprovechamiento y la adecuada administración de los recursos que la organización pone a su disposición.

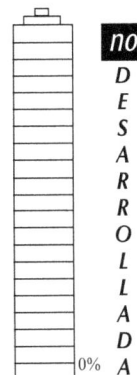

*no
D
E
S
A
R
R
O
L
L
A
D
A*

0%

Competencia
NO desarrollada

HABILIDADES MEDIÁTICAS[3]: Capacidad para comunicarse a través de los medios de comunicación con efectividad y eficacia. Implica actuar con desenvoltura frente a los medios en general, en conferencias de prensa, en reuniones con sus pares y/o superiores, o con la comunidad, y en la grabación de videos, teleconferencias y cualquier otro medio de comunicación. Capacidad para mantener una buena relación con la prensa en todas sus variantes y comunicar lo que desea con claridad y sencillez.

Comportamientos observables en situaciones de exposición pública o masiva	Los comportamientos se ubican en: Grado

- Se maneja con fluidez frente a los medios de comunicación, y mantiene al mismo tiempo una buena relación con la prensa, nacional e internacional, desenvolviéndose con efectividad y eficacia aun en situaciones de crisis o adversidad.
- Se maneja con seguridad y desenvoltura frente a los medios, tanto en situaciones que se hayan planeado con anticipación como frente a circunstancias inesperadas, incluso frente a interlocutores agresivos.
- Posee un adecuado nivel de expresión verbal, y utiliza un lenguaje rico en palabras, matices y frases que adapta a las circunstancias e interlocutores, en los idiomas en que sea necesario comunicarse, junto con un adecuado empleo de la expresión corporal.
- Expone las ideas que planea comunicar y prioriza el mensaje que se desea transmitir, cuidando la imagen organizacional, aun cuando sea obstaculizado o presionado, y no responde aquello que no ha planeado ni desea decir.
- Es un referente en el mercado y en la organización por su manejo de los medios de comunicación y su buena imagen pública.

100%

A

G R A D O

A

- Se maneja con fluidez frente a los medios de comunicación y mantiene al mismo tiempo una buena relación con la prensa de su ciudad o región, desenvolviéndose con efectividad y eficacia aun en situaciones de crisis o adversidad.
- Se maneja con seguridad y desenvoltura frente a los medios, tanto en situaciones que se hayan planeado con anticipación como en circunstancias inesperadas.
- Posee un adecuado nivel de expresión verbal y utiliza un lenguaje rico en palabras y frases que adapta a las circunstancias e interlocutores, en los idiomas en que sea necesario comunicarse, junto con un adecuado empleo de la expresión corporal.
- Expone las ideas que planea comunicar y cuida la imagen organizacional, aun cuando sea obstaculizado o presionado; no responde aquello que no ha planeado ni desea decir.
- Es un referente en la organización por su manejo de los medios de comunicación y su buena imagen dentro de la organización.

75%

B

G R A D O

B

---

3   La expresión "habilidades mediáticas" hace referencia a la capacidad de enfrentar los medios de comunicación no como tarea habitual –como sería, por ejemplo, el caso de un conductor de televisión– sino como parte de la función de un CEO, Director Ejecutivo o Gerente General que, en determinadas circunstancias, especialmente de crisis, debe comunicarse, a través de los medios, con la comunidad, región y/o país en donde la organización opera. El término "mediático"

- Se maneja con fluidez frente a los medios de comunicación y mantiene al mismo tiempo una buena relación con la prensa de su área de actuación, desenvolviéndose ante ella con efectividad y eficacia.
- Se maneja con seguridad y desenvoltura frente a los medios en situaciones que se hayan planeado con anticipación y resuelve satisfactoriamente las situaciones inesperadas.
- Posee un adecuado nivel de expresión verbal y utiliza un lenguaje que adapta a las circunstancias junto con un adecuado empleo de la expresión corporal.
- Expone las ideas que planea comunicar sin descuidar la imagen organizacional, y no responde aquello que no ha planeado ni desea decir.
- Es un referente en su área de trabajo por su adecuado manejo de los medios de comunicación y su buena imagen.

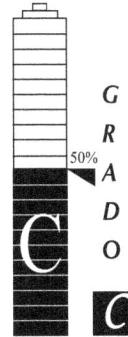

G
R
50% A
D
O

C

- Se maneja con fluidez frente a los medios de comunicación y mantiene al mismo tiempo una buena relación con la prensa de su área de actuación.
- Se maneja con desenvoltura frente a los medios en situaciones que se hayan planeado con anticipación y resuelve las situaciones inesperadas, ante las cuales, si es pertinente, solicita ayuda a sus superiores.
- Posee un adecuado nivel de expresión verbal junto con un correcto uso de la expresión corporal.
- Expone las ideas que planea comunicar y no responde aquello que no ha planeado ni desea decir.
- Es un referente para sus compañeros por su manejo de los medios de comunicación.

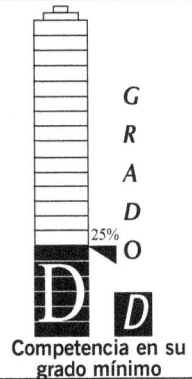

G
R
A
D
25% O

D **D**
Competencia en su grado mínimo

- Se maneja con comodidad frente a los medios de comunicación sin lograr tener una buena relación con la prensa de su área de actuación.
- Si bien en una primera instancia se maneja con comodidad ante la prensa, no logra resolver situaciones inesperadas y en las planeadas con anticipación no logra transmitir el mensaje que se desea comunicar.
- Su tipo de expresión verbal y corporal es siempre el mismo, y no logra adecuarlo a las circunstancias ni a su interlocutor.
- Expone las ideas que planea comunicar pero luego, frente a preguntas o cuestionamientos, responde de manera inadecuada.
- No es considerado por sus compañeros y superiores como una opción adecuada cuando es necesario transmitir un mensaje frente a los medios de comunicación.

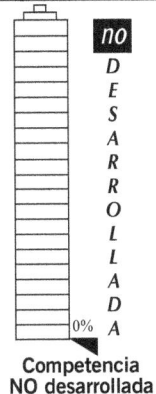

no
D
E
S
A
R
R
O
L
L
A
D
0% A

Competencia
NO desarrollada

significa "perteneciente o relativo a los medios de comunicación" y no debe interpretarse de manera peyorativa. En la situación que nos ocupa hace referencia a la circunstancia de interactuar con los medios de comunicación, como parte de las responsabilidades de un puesto de trabajo.

INFLUENCIA Y NEGOCIACIÓN: Capacidad para persuadir a otras personas, utilizar argumentos sólidos y honestos, y acercar posiciones mediante el ejercicio del razonamiento conjunto, que contemple los intereses de todas las partes intervinientes y los objetivos organizacionales. Implica capacidad para influenciar a otros a través de estrategias que permitan construir acuerdos satisfactorios para todos, mediante la aplicación del concepto ganar-ganar.

Comportamientos cotidianos relacionados con situaciones donde las partes involucradas tienen intereses encontrados	*Los comportamientos se ubican en: Grado*

- Persuade y exhibe actitudes que generan un impacto positivo en los demás, y logra así cambios de opiniones, enfoques o posturas, mediante la utilización de argumentos sólidos y honestos.
- Desarrolla conceptos, demostraciones y explicaciones fundados y veraces, dirigidos a respaldar posiciones y criterios.
- Inclina y acerca posiciones mediante el ejercicio del razonamiento conjunto, y contempla para ello los intereses de las partes y de la organización a fin de alcanzar su objetivo final.
- Diseña estrategias complejas que le permiten influenciar a otros y construir acuerdos satisfactorios para todas las partes, aplicando el concepto ganar-ganar.
- Influye y convence a otros al utilizar hábilmente la posición que ocupa en la organización, o bien como consecuencia de su carisma personal al interactuar con ellos, y logra así su apoyo y compromiso duraderos.

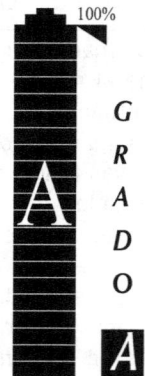

100%

A

G
R
A
D
O

A

- Persuade a otras personas mediante la utilización de argumentos sólidos y honestos.
- Desarrolla, ante situaciones especiales, conceptos, demostraciones y explicaciones fundadas y veraces, dirigidos a respaldar posiciones y criterios.
- Acerca posiciones mediante el ejercicio del razonamiento conjunto, y tiende a satisfacer los intereses de las partes como objetivo final.
- Influencia a otros a través de estrategias que permiten construir acuerdos satisfactorios para todas las partes, y procura para ello utilizar técnicas basadas en el concepto ganar-ganar.
- Convence a otros por medio de técnicas de persuasión efectivas.

75%

B

G
R
A
D
O

B

- Persuade a las personas de las que necesita colaboración, a través de acciones concretas y argumentaciones adecuadas y honestas.
- Lleva a cabo negociaciones que persuaden a la contraparte, para lo cual contempla los intereses de esta y los de la organización.
- Acerca posiciones mediante el uso de herramientas adecuadas para persuadir y superar las objeciones que puedan presentarse.
- Persuade a otros a través de estrategias organizacionales que permiten llegar a acuerdos beneficiosos para ambas partes.
- Impulsa a otros a actuar en una dirección determinada, luego de exponer efectivamente sus razones.

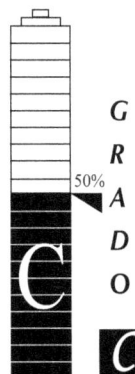

G R A D O

50%

C

C

- Convence a los integrantes de la propia área de trabajo en asuntos específicos que son de su incumbencia, a través de negociaciones y argumentaciones veraces y honestas.
- Logra negociaciones beneficiosas para ambas partes involucradas.
- Consigue superar las objeciones más importantes que se le presentan.
- Utiliza métodos y herramientas organizacionales para persuadir eficazmente a su contraparte.
- Logra interesar e inclinar favorablemente a sus oyentes respecto de sus opiniones, decisiones o ideas.

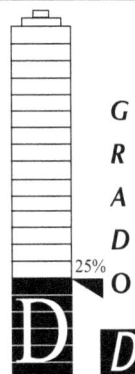

G R A D O

25%

D

D

Competencia en su grado mínimo

- Demuestra escasa preocupación por elaborar estrategias personales que le permitan lograr un impacto positivo en otras personas.
- En ocasiones recurre a argumentos falaces a fin de convencer a su interlocutor.
- No logra superar efectivamente las objeciones que otros plantean a sus objetivos o intereses.
- Influencia a otros para lograr acuerdos satisfactorios para sí mismo, sin tener en cuenta los intereses de la otra parte.
- No utiliza técnicas de persuasión efectivas, por lo que no logra convencer.

no
D E S A R R O L L A D A

0%

Competencia NO desarrollada

INICIATIVA - AUTONOMÍA: Capacidad para actuar proactivamente, idear e implementar soluciones a nuevas problemáticas y/o retos, con decisión e independencia de criterio. Implica capacidad para responder con rapidez, eficacia y eficiencia ante nuevos requerimientos. Capacidad para promover y utilizar las aplicaciones tecnológicas, herramientas y recursos cuando sea pertinente y aprovechar al máximo las oportunidades que se presentan en el entorno.

Comportamientos cotidianos relacionados con el tipo de reacción frente a las diversas situaciones que se presentan: problemáticas, nuevas, difíciles, nuevos requerimientos, etcétera	*Los comportamientos se ubican en: Grado*

- Fija políticas organizacionales destinadas a que los colaboradores actúen proactivamente.
- Diseña métodos de trabajo que permiten idear e implementar soluciones a nuevas problemáticas y/o retos, con decisión e independencia de criterio.
- Desarrolla dentro de la organización la habilidad de responder con rapidez, eficacia y eficiencia ante nuevos requerimientos, y aprovecha las oportunidades del entorno.
- Promueve en todo el ámbito de la organización la utilización de las aplicaciones tecnológicas, herramientas y recursos pertinentes.
- Es un referente en la organización por su iniciativa.

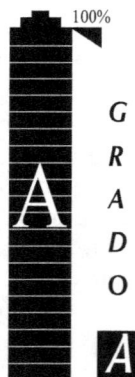

100%

G
R
A
D
O

A

A

- Diseña métodos de trabajo que permiten a sus colaboradores actuar proactivamente.
- Idea e implementa soluciones a nuevas problemáticas y/o retos, con decisión e independencia de criterio.
- Desarrolla y promueve en los colaboradores de su área la habilidad de responder con rapidez, eficacia y eficiencia ante nuevos requerimientos.
- Utiliza las aplicaciones tecnológicas, herramientas y recursos pertinentes, aprovechando al máximo las oportunidades que se presentan, y motiva a sus colaboradores a hacer lo mismo.
- Es un referente en su área por la iniciativa que demuestra.

75%

G
R
A
D
O

B

B

- Actúa proactivamente e incentiva a sus colaboradores a proceder de igual forma.
- Propone soluciones a nuevas problemáticas y/o retos, con decisión e independencia de criterio, y las implementa cuando es pertinente.
- Desarrolla en otros la habilidad de responder con rapidez, eficacia y eficiencia ante nuevos requerimientos.
- Utiliza las aplicaciones tecnológicas, herramientas y recursos cuando corresponde, y aprovecha al máximo las oportunidades que se presentan.
- Aporta ideas que contribuyen a mejorar los procesos y a actuar proactivamente.

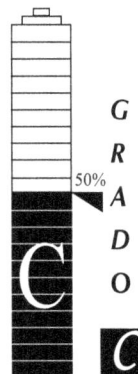

G R A D O

50%

C

- Actúa proactivamente.
- Brinda soluciones a problemas y/o retos.
- Responde con rapidez, eficacia y eficiencia ante nuevos requerimientos, y aprovecha las oportunidades del entorno.
- Utiliza las aplicaciones tecnológicas, herramientas y recursos cuando es pertinente.
- Realiza mejoras en la forma de llevar a cabo su trabajo, a fin de alcanzar satisfactoriamente sus objetivos.

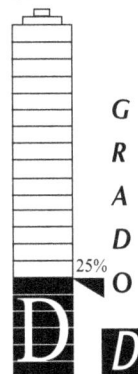

G R A D O

25%

D

Competencia en su grado mínimo

- Consulta permanentemente a sus superiores y necesita asesoramiento continuo para resolver la mayoría de sus tareas.
- Muestra escaso interés por buscar la forma de optimizar su trabajo y por brindar soluciones novedosas a los problemas que se le plantean.
- Ante nuevos requerimientos, no logra responder en tiempo y forma.
- No tiene en cuenta las aplicaciones tecnológicas disponibles y no logra aprovechar al máximo las oportunidades que se presentan.
- Realiza su trabajo siempre de la misma manera, sin aportar ideas que contribuyan a lograr los objetivos que se le plantean.

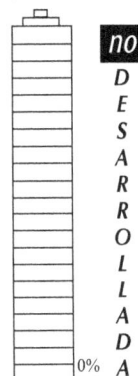

no D E S A R R O L L A D A

0%

Competencia NO desarrollada

MANEJO DE CRISIS: Capacidad para identificar y administrar situaciones de presión, contingencia y conflicto, y, al mismo tiempo, crear soluciones estratégicas, oportunas y adecuadas al marco de la organización.

Comportamientos cotidianos relacionados con situaciones de crisis, presión, contingencia, conflicto y similares	*Los comportamientos se ubican en:* Grado

- Define y diseña estrategias, procesos, cursos de acción y métodos de trabajo que permiten identificar y administrar exitosamente situaciones de presión, contingencia y conflictos para la organización.
- Ante situaciones de crisis o contingencia, considera siempre los objetivos de la organización.
- Crea soluciones oportunas y que resultan siempre adecuadas al marco organizacional.
- Es atento, previsor y agudo para identificar situaciones potencialmente conflictivas, e implementa exitosamente medios para evitar que lleguen a producirse.
- Se constituye como un referente por su manejo de situaciones conflictivas, de contingencia o de presión, y evidencia una visión y proyección de largo plazo.

100%

G R A D O

A

A

- Logra identificar y administrar correctamente situaciones de presión, contingencia y conflicto, y propone y diseña procesos, cursos de acción y métodos de trabajo que permiten optimizar el manejo de tales situaciones.
- Al enfrentar una situación de crisis o contingencia, busca mantenerse siempre atento a los objetivos de la organización.
- Las soluciones que ofrece resultan oportunas y adecuadas al marco organizacional.
- Se muestra siempre atento a identificar potenciales situaciones conflictivas, para lograr implementar medios destinados a evitar que se produzcan.
- Es un ejemplo dentro de su área por su desempeño ante situaciones conflictivas, de contingencia o de presión, y muestra en ella una visión y proyección de mediano plazo.

75% G R A D O

B

B

- Se muestra capaz de identificar y manejar satisfactoriamente situaciones de presión, contingencia y conflicto para la organización, y busca estrategias y medios alternativos para optimizar la administración de tales situaciones.
- Procura manejar situaciones de crisis y contingencia sin perder de vista los objetivos de la organización.
- Propone soluciones oportunas, sin descuidar su adecuación al marco organizacional.
- Logra identificar situaciones potencialmente conflictivas, y busca medios para evitar que lleguen a producirse.
- Se constituye como un ejemplo para sus colaboradores por su manejo de situaciones de presión o conflictivas, basado en una visión y proyección de corto plazo.

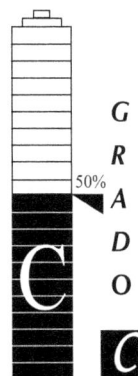

G R A D O

50%

C

C

- Identifica y administra satisfactoriamente situaciones de presión, contingencia y conflicto.
- Considera los objetivos de la organización al enfrentar una situación de crisis.
- Al aportar soluciones a los problemas, busca que resulten adecuadas al marco organizacional.
- Busca identificar las situaciones conflictivas antes de que lleguen a producirse.
- Considera la importancia de manejar las situaciones de crisis o conflicto en función de una visión a futuro de los objetivos de la organización.

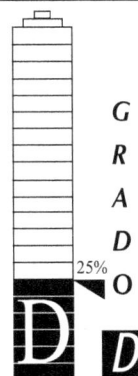

G R A D O

25%

D

D

Competencia en su
grado mínimo

- ○ Muestra poca claridad para identificar adecuadamente las contingencias o situaciones de crisis, y no alcanza a administrar dichas situaciones de un modo satisfactorio.
- ○ No logra mantener la visión de los objetivos de la organización en el manejo de situaciones de conflicto.
- ○ Las soluciones que aporta en momentos críticos no resultan adecuadas al marco organizacional.
- ○ No logra prever potenciales situaciones conflictivas.
- ○ Al manejar situaciones conflictivas sólo considera lo que parece más conveniente en ese momento.

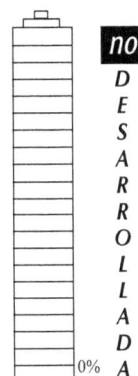

no
D E S A R R O L L A D A

0%

Competencia
NO desarrollada

ORIENTACIÓN A LOS RESULTADOS CON CALIDAD: Capacidad para orientar los comportamientos propios y/o de otros hacia el logro o superación de los resultados esperados, bajo estándares de calidad establecidos, fijar metas desafiantes, mejorar y mantener altos niveles de rendimiento en el marco de las estrategias de la organización. Implica establecer indicadores de logro y hacer seguimiento permanente.

Comportamientos cotidianos relacionados con la obtención de resultados y la calidad de los mismos	*Los comportamientos se ubican en: Grado*

- Promueve y desarrolla, para sí mismo y en la organización en su conjunto, la orientación al logro o la superación de los resultados esperados, y fija para ello estándares retadores de calidad.
- Diseña mecanismos organizacionales que permiten revisar periódicamente el progreso alcanzado con respecto al cumplimiento de las metas de la organización, y corroborar que estas sigan siendo relevantes y válidas.
- Fija nuevos desafíos y metas retadoras para la organización en su conjunto.
- Mantiene y mejora altos niveles de rendimiento que agregan valor al negocio por conducir a mejoras permanentes de la calidad, tanto en la ejecución de las tareas como en los servicios/productos que brinda la organización.
- A través de su ejemplo, fomenta en sus colaboradores y en toda la organización su misma orientación a resultados sobre la base de altos estándares de calidad.

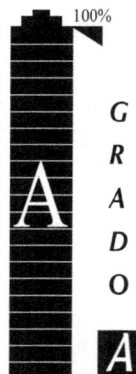

100%

A

G R A D O

A

- Orienta su propia actuación y la del área a su cargo al logro o superación de los resultados esperados, cumpliendo con los estándares de calidad establecidos.
- Participa proactivamente en la fijación de metas realistas y desafiantes, tanto para sí como para sus colaboradores, superiores a los estándares deseados por la organización.
- Sus resultados superan los niveles esperados y su propio rendimiento pasado.
- Periódicamente, revisa el cumplimiento de los objetivos y el desempeño propio y de sus colaboradores a través de indicadores de gestión y análisis del rendimiento que obtiene al utilizar eficientemente las herramientas disponibles en la organización.
- Modifica métodos de trabajo con el propósito de lograr mejoras en el rendimiento propio y del área a cargo, y encuentra formas más eficientes de hacer las cosas.

75%

B

G R A D O

B

- Demuestra una preocupación constante orientada al logro o superación de los resultados esperados, según los estándares de calidad establecidos.
- Asume metas desafiantes, y se orienta a la mejora de sus niveles de rendimiento en el marco de las estrategias de la organización.
- Realiza un adecuado seguimiento de sus tareas y las de sus colaboradores, de acuerdo con los lineamientos establecidos por la organización.
- Cumple satisfactoriamente con los objetivos de su sector y/o puesto, aun en situaciones de presión, y acepta los retos de mejora que se le plantean.
- Realiza modificaciones en sus métodos y procedimientos e implementa herramientas prácticas para obtener mejores resultados.

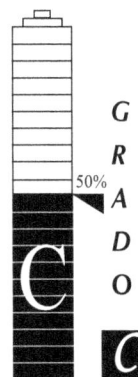

G R A D O
50%
C

- Demuestra una actitud firme y perseverante que le permite cumplir con los objetivos que se le plantean en forma satisfactoria.
- Realiza las modificaciones sugeridas para optimizar sus métodos de trabajo y los resultados que obtiene.
- Realiza un adecuado control de su propio trabajo, evalúa sus procedimientos y ejecuta acciones correctivas cuando observa que se está desviando del objetivo.
- Se muestra dispuesto a asumir metas realistas pero desafiantes.
- Mantiene constante su nivel de desempeño en situaciones normales, pero puede presentar ciertas dificultades en situaciones competitivas o contextos restrictivos, que finalmente logra superar.

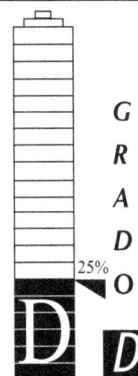

G R A D O
25%
D

Competencia en su grado mínimo

- Se guía por estándares de desempeño de baja exigencia.
- Tiene dificultades para cumplir con objetivos de gestión exigentes en los tiempos y formas requeridos.
- Considera que con lo que sabe puede trabajar respondiendo a las exigencias y necesidades de la organización; no tiene intenciones de adquirir nuevas destrezas o conocimientos ni de enfrentar situaciones exigentes.
- No se preocupa por mejorar su desempeño o por optimizar sus métodos de trabajo aun cuando las circunstancias evidencian que es necesario aplicar medidas correctivas.
- No hace uso de las herramientas de seguimiento y control de las que dispone, por lo cual se conduce basado en información poco fiable o incompleta que obtiene de su propia interpretación.

no DESARROLLADA
0%

Competencia NO desarrollada

ORIENTACIÓN AL CLIENTE INTERNO Y EXTERNO: Capacidad para actuar con sensibilidad ante las necesidades que un cliente y/o conjunto de clientes, actuales o potenciales, externos o internos, que se pueda/n presentar en la actualidad o en el futuro. Implica una vocación permanente de servicio al cliente interno y externo, comprender adecuadamente sus demandas y generar soluciones efectivas a sus necesidades.

Comportamientos cotidianos en relación con los clientes internos y externos	*Los comportamientos se ubican en: Grado*

- Crea un ambiente adecuado para que toda la organización trabaje en pos de la satisfacción de los clientes, a fin de lograr establecer una relación de largo plazo con ellos.
- Diseña políticas y procedimientos que brinden soluciones de excelencia para todos los clientes, y logra de ese modo reconocimiento en el mercado.
- Diseña e implementa mecanismos organizacionales que permiten evaluar en forma constante el índice de satisfacción de los clientes.
- Logra que los clientes reconozcan a la organización, aprecien el valor agregado que les brinda y la recomienden a otros.
- Es un referente en materia de soluciones que satisfacen tanto a los clientes internos como externos.

100% **GRADO A**

- Se anticipa a los pedidos de los clientes tanto internos como externos, y busca permanentemente la forma de resolver sus necesidades.
- Propone acciones de mejora en su área, tendientes a incrementar el nivel de satisfacción y brindar soluciones de excelencia.
- Establece con los clientes relaciones duraderas basadas en la confianza.
- Promueve un ambiente laboral adecuado para que todos sus colaboradores busquen comprender y satisfacer las necesidades de los clientes.
- Propicia trabajar brindando un valor agregado a los clientes internos y externos, y se asegura de que sus colaboradores actúen de igual forma.

75% **GRADO B**

- Actúa orientado a la satisfacción del cliente (interno o externo).
- Comprende y se mantiene atento a las necesidades de los clientes.
- Escucha los pedidos de los clientes tanto internos como externos, así como sus problemas, y responde a ellos de manera efectiva y en tiempo y forma.
- Aporta soluciones a la medida de los requerimientos de los clientes.
- Mantiene relaciones mutuamente beneficiosas con sus clientes.

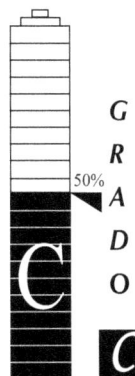

G
R
A
D
O

50%

C

C

- Interpreta las necesidades del cliente (interno o externo).
- Soluciona los problemas de sus clientes y atiende sus inquietudes en la medida de sus posibilidades. En el caso de no estar a su alcance una adecuada solución, busca la ayuda y/o el asesoramiento de las personas pertinentes.
- Revisa periódicamente el grado de satisfacción del cliente.
- Escucha e interpreta adecuadamente las necesidades de los clientes.
- Mantiene un trato amable y cordial con sus clientes.

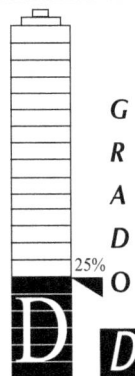

G
R
A
D
O

25%

D

D

Competencia en su
grado mínimo

- No responde a las demandas de los clientes en tiempo y/o forma.
- No logra interpretar las verdaderas necesidades del cliente, tanto interno como externo.
- No utiliza los mecanismos existentes para verificar el grado de satisfacción de los clientes.
- No se toma el tiempo necesario para escuchar y comprender las verdaderas inquietudes o problemas planteados por los clientes.
- Mantiene una comunicación poco fluida con sus clientes.

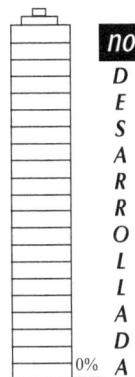

no
D
E
S
A
R
R
O
L
L
A
D
A

0%

Competencia
NO desarrollada

PENSAMIENTO ANALÍTICO: Capacidad para comprender una situación, identificar sus partes y organizarlas sistemáticamente, a fin de determinar sus interrelaciones y establecer prioridades para actuar.

Comportamientos cotidianos relacionados con la comprensión de problemas y situaciones	*Los comportamientos se ubican en:* *Grado*

- Comprende situaciones o problemas complejos y los desagrega en sus diversos componentes.
- Detecta problemas no evidentes que afectan los resultados de su área y de otros sectores de la organización, y determina su impacto.
- Interrelaciona los diversos componentes de una situación o problema para establecer los vínculos causales complejos, y reconoce las posibles causas de un hecho, y las consecuencias de una acción o acontecimiento.
- Identifica las relaciones existentes entre los distintos elementos de problemas o situaciones complejos; anticipa los posibles obstáculos, y planifica los pasos a seguir en función de todos los elementos analizados.
- Desarrolla cursos de acción alternativos en línea con las posibles derivaciones de una situación determinada.

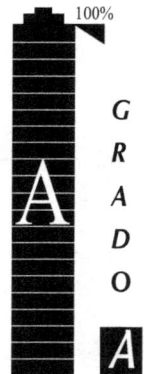

100%

G
R
A
D
O

A

- Interrelaciona los componentes de una situación para establecer las relaciones de causa-efecto que se producen.
- Emplea diferentes métodos para analizar una situación o problema complejo, identificando sus componentes.
- Reconoce las posibles consecuencias de una acción o acontecimiento.
- Identifica las relaciones existentes entre los distintos elementos de problemas o situaciones complejos, y planifica los pasos a seguir.
- Desarrolla cursos de acción alternativos que se podrían aplicar.

75%

G
R
A
D
O

B

- Desagrega las situaciones o problemas en partes, y establece relaciones causales sencillas.
- Identifica las ventajas y desventajas de las decisiones, y marca prioridades en las opciones según su importancia.
- Analiza situaciones o problemas de mediana complejidad, y reconoce sus componentes.
- Reconoce las consecuencias de una acción dentro de su área de trabajo y especialidad.
- Identifica las relaciones existentes entre los distintos elementos de problemas de mediana complejidad.

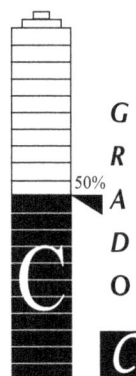

G
R
50% A
D
O

C

C

- Desagrega las situaciones en sus principales componentes.
- Establece las grandes relaciones causales que caracterizan un problema.
- Antes de tomar una decisión analiza sus ventajas y desventajas en función de la información disponible.
- Identifica relaciones de causa-efecto entre datos de un problema simple o habitual que afecta a su puesto de trabajo.
- Identifica las relaciones existentes entre los diversos elementos de un problema simple o habitual relacionado con su posición en la organización.

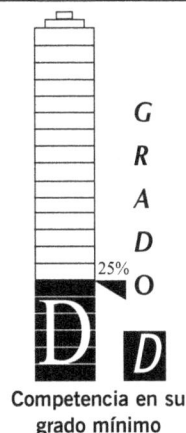

G
R
A
D
25% O

D

D

Competencia en su
grado mínimo

- Por lo general no puede reconocer problemas, y cuando lo hace no logra identificar sus causas ni generar soluciones.
- No logra reconocer los componentes de una situación para establecer sus relaciones de causa-efecto.
- Analiza situaciones o problemas empleando un solo método, por lo que los resultados que obtiene no son muy profundos.
- Reconoce superficialmente las consecuencias de una acción o acontecimiento, sin tener en cuenta la totalidad de las posibles consecuencias.
- No procura desarrollar ni utilizar cursos de acción alternativos que se podrían aplicar.

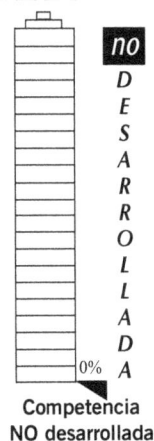

no
D
E
S
A
R
R
O
L
L
A
0% D
A

Competencia
NO desarrollada

PENSAMIENTO CONCEPTUAL: Capacidad para identificar problemas, información significativa/clave y vínculos entre situaciones que no están obviamente conectadas, y para construir conceptos o modelos, incluso en situaciones difíciles. Capacidad para entender situaciones complejas, descomponiéndolas en pequeñas partes y puntos clave, identificar paso a paso sus implicaciones y las relaciones causa-efecto que se generan, con el objetivo de actuar de acuerdo con un orden de prioridades a fin de conseguir la mejor solución. Implica la aplicación de razonamiento creativo, inductivo o conceptual.

Comportamientos cotidianos relacionados con la identificación de problemas, información relevante o clave, conceptos, modelos, etcétera	*Los comportamientos se ubican en: Grado*

- Diseña métodos de trabajo organizacionales que permiten identificar problemas, detectar información significativa o clave, realizar vínculos entre situaciones que no están obviamente conectadas y construir conceptos o modelos, incluso en situaciones complejas.
- Promueve en otros el desarrollo de la capacidad de entender situaciones complejas, descomponiéndolas en pequeñas partes y puntos clave e identificando paso a paso sus implicaciones.
- Identifica las relaciones causa-efecto de los problemas actuales y potenciales, y establece prioridades para llegar a una solución. A su vez, promueve en los miembros de la organización esta misma forma de proceder.
- Aplica y promueve el razonamiento creativo, inductivo o conceptual.
- Es un referente dentro y fuera de la organización en materia de pensamiento conceptual.

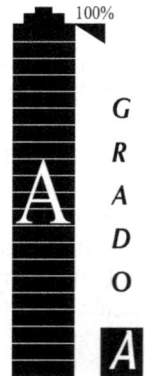

100%

G
R
A
D
O

A

- Diseña métodos de trabajo para su área que permiten identificar problemas, detectar información significativa o clave, realizar vínculos entre situaciones que no están obviamente conectadas y construir conceptos o modelos, incluso en situaciones complejas.
- Entiende situaciones complejas, descomponiéndolas en pequeñas partes y puntos clave e identificando paso a paso sus implicaciones.
- Identifica relaciones causa-efecto en los problemas que analiza, motivando a los colaboradores de su área de trabajo a proceder de igual forma.
- Aplica el razonamiento creativo, inductivo o conceptual.
- Es un referente en materia de pensamiento conceptual dentro de su área de trabajo.

75%
G
R
A
D
O

B

- Implementa procesos de trabajo para identificar problemas, información significativa o clave, vínculos entre situaciones que no están obviamente conectadas, y construir modelos, incluso en situaciones complejas.
- Entiende situaciones complejas, descomponiéndolas en pequeñas partes y puntos clave.
- Identifica las relaciones causa-efecto en los problemas que analiza, estableciendo prioridades entre ellos, con vistas a su resolución.
- Aplica un razonamiento creativo, inductivo o conceptual, siempre y cuando las circunstancias se lo permitan.
- Es considerado un ejemplo a seguir por los colaboradores de su sector, en materia de pensamiento conceptual.

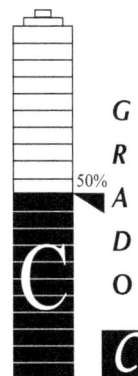

G
R
A
D
O

50%

C

C

- Identifica problemas, información significativa/clave y vínculos entre situaciones que no están obviamente conectadas.
- Logra desagregar las situaciones en sus principales componentes.
- Identifica algunas relaciones de causa-efecto sobre la base de datos no muy complejos.
- Utiliza un razonamiento inductivo o conceptual.
- Reconoce los orígenes y causas de los problemas que percibe.

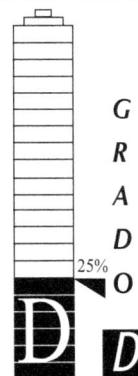

G
R
A
D
O

25%

D

D

Competencia en su
grado mínimo

- No logra identificar problemas ni información significativa o clave, dado que no utiliza los procesos diseñados para tal fin.
- Ante situaciones complejas, se desorienta y no logra comprenderlas.
- No logra reconocer los componentes de una situación para establecer sus relaciones de causa-efecto.
- Simplifica la información y aplica siempre un mismo tipo de razonamiento, sin ser creativo aunque las circunstancias se lo permitan.
- No es considerado un ejemplo en materia de pensamiento analítico-conceptual, dado que los análisis que realiza son superficiales.

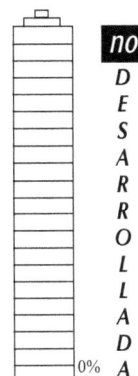

no
D
E
S
A
R
R
O
L
L
A
D
A

0%

Competencia
NO desarrollada

PENSAMIENTO ESTRATÉGICO: Capacidad para comprender los cambios del entorno y establecer su impacto a corto, mediano y largo plazo en la organización, optimizar las fortalezas internas, actuar sobre las debilidades y aprovechar las oportunidades del contexto. Implica la capacidad para visualizar y conducir la organización como un enfoque integral, y lograr objetivos y metas retadores, que se reflejen positivamente en el resultado organizacional.

Comportamientos cotidianos relacionados con la comprensión del entorno y sus cambios	*Los comportamientos se ubican en: Grado*

- Se anticipa a los cambios del entorno y establece su impacto a corto, mediano y largo plazo.
- Diseña políticas y procedimientos que permiten optimizar el uso de las fortalezas internas de la organización y actuar sobre sus debilidades.
- Detecta y aprovecha las oportunidades del entorno logrando beneficios para la organización.
- Fija la visión de la organización y conduce a esta como un sistema integral, para lograr objetivos y metas retadoras, que se reflejen positivamente en el resultado corporativo.
- Es considerado en el mercado como una autoridad en materia de pensamiento estratégico.

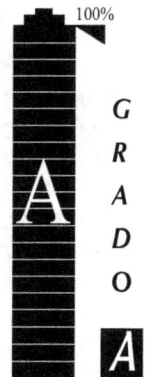

100%

G
R
A
D
O

A

- Comprende los cambios del entorno y establece su impacto a corto, mediano y largo plazo.
- Modifica procedimientos del área a su cargo a fin de optimizar las fortalezas internas de la organización, actuar sobre sus debilidades y aprovechar las oportunidades que se presentan.
- Comprende y aprovecha las oportunidades del entorno logrando beneficios para su área de trabajo.
- Conduce el área bajo su responsabilidad teniendo en cuenta que la organización es un sistema integral, donde las acciones y resultados de un sector repercuten sobre la totalidad.
- Comprende que el objetivo último es que las acciones de las distintas áreas se vean reflejadas positivamente en el resultado corporativo.

75% G
R
A
D
O

B

* Comprende los cambios del entorno y establece su impacto a corto y mediano plazo.
* Propone mejoras sobre aspectos relacionados con su ámbito de actuación para la mejor utilización de los recursos y fortalezas y la minimización de las debilidades.
* Lleva a cabo los planes empresariales y de negocios que define la organización para el logro de los objetivos planteados, y los implementa en su grupo de trabajo.
* Conduce el grupo a su cargo teniendo siempre presente que actúa en función de los objetivos corporativos en su conjunto.
* Reconoce la importancia que tienen tanto sus acciones como las de su grupo, y cómo estas repercuten en el resultado corporativo.

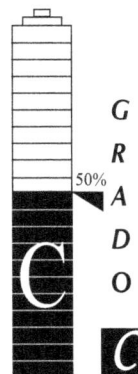

G
R
50%
A
D
O

C

C

* Se adecua a los cambios del entorno.
* Detecta nuevas oportunidades en el área de su especialidad en función de las necesidades y características organizacionales.
* Trabaja utilizando los procesos y procedimientos que le indica la organización para lograr un mejor resultado en sus tareas y de esta forma colaborar con el objetivo final de la empresa.
* Comprende que la organización donde trabaja es un sistema integrado.
* Realiza su trabajo consciente de que sus acciones tienen incidencia en el resultado corporativo.

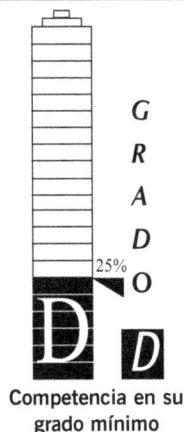

G
R
A
D
25%
O

D

D

Competencia en su
grado mínimo

o No se adecua en tiempo y forma a los cambios del entorno.
o Modifica los procedimientos que se le indican impidiendo optimizar fortalezas internas y actuar sobre las debilidades.
o Realiza sus tareas sin ser consciente de la repercusión que tienen en el resultado corporativo.
o Tiene dificultades para comprender las oportunidades del entorno.
o No logra identificar a las personas que podrían ayudarlo a realizar sus tareas y alcanzar sus objetivos para así contribuir de una mejor manera a los fines de la organización.

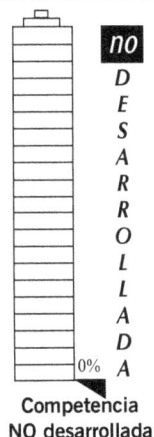

no
D
E
S
A
R
R
O
L
L
A
D
0%
A

Competencia
NO desarrollada

PRODUCTIVIDAD: Capacidad para fijarse objetivos de alto desempeño y alcanzarlos exitosamente, en el tiempo y con la calidad requeridos, agregar valor y contribuir a que la organización mantenga e incremente su liderazgo en el mercado.

Comportamientos cotidianos relacionados con la fijación de objetivos de desempeño	*Los comportamientos se ubican en:* Grado

- Plantea para sí mismo y para otros metas superiores a lo esperado por la organización, y logra alcanzarlas exitosamente.
- Fomenta entre los colaboradores de la organización la capacidad para establecer metas desafiantes, para sí mismo y para los demás.
- Diseña metas ambiciosas y factibles, que logra transmitir a los demás involucrándolos en su logro, a fin de mantener e incrementar el liderazgo de la organización en el mercado.
- Desarrolla procesos y sistemas que permiten alcanzar los objetivos con el grado de calidad deseado y requerido.
- Es considerado un referente a nivel organizacional en materia de productividad.

100%

G
R
A
D
O

A

- Establece objetivos de trabajo por encima de los esperados por la organización, y logra alcanzarlos.
- Supera los requerimientos que la organización determina para su área.
- Contribuye a mantener el liderazgo de la organización en el mercado.
- Implementa los procesos y sistemas que permiten alcanzar los objetivos con el grado de calidad deseado y requerido.
- Alcanza los resultados buscados, sobre la base de la eficiencia y la calidad de los procesos necesarios para alcanzarlos.

75% G
R
A
D
O

B

- Cumple con los requerimientos planteados y trata de superar las expectativas puestas en él y su área.
- Mejora los objetivos establecidos en el tiempo y la forma requeridos.
- Sigue una ruta lógica para la obtención de resultados, ejecutando las tareas planteadas.
- Utiliza los procesos organizacionales tendientes a mejorar la productividad individual, y motiva a sus colaboradores a hacer lo mismo.
- Logra los resultados propuestos y mantiene un adecuado nivel de efectividad en el desempeño de sus tareas.

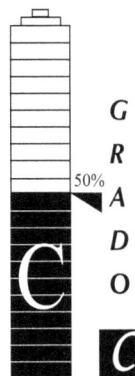

G R A D O

50%

C

- Cumple con lo que le solicitan en el tiempo y con la calidad adecuados.
- Realiza acciones, dentro de su esfera de actuación, para mejorar la obtención de resultados y ser más eficiente.
- Realiza cambios en la manera de ejecutar las tareas (dentro de su nivel de responsabilidad), a fin de mejorar y lograr así un desempeño superior.
- Su nivel de efectividad responde a los estándares fijados para la posición en la que se desempeña.
- Utiliza los procesos organizacionales con el propósito de mejorar la productividad individual.

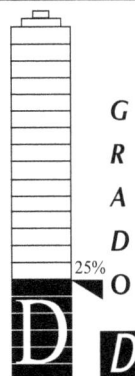

G R A D O

25%

D

Competencia en su
grado mínimo

- Tiene presente los resultados que persigue, pero no es constante en el cumplimiento de los plazos establecidos ni la calidad requerida.
- Cumple con los objetivos básicos establecidos sin preocuparse por superar los requerimientos de la organización.
- Su nivel de efectividad no responde a los estándares fijados, y no realiza acciones para mejorar su desempeño.
- No instrumenta los mecanismos organizacionales tendientes a mejorar la productividad individual.
- No logra identificar ni ejecutar las correcciones que debe hacer en su accionar a fin de disminuir la cantidad de errores en sus tareas y mejorar su productividad.

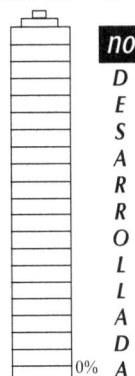

no D E S A R R O L L A D A

0%

Competencia
NO desarrollada

PROFUNDIDAD EN EL CONOCIMIENTO DE LOS PRODUCTOS: Capacidad para conocer los productos y/o servicios de la organización y evaluar la factibilidad de su adaptación a los requerimientos, preferencias y necesidades de los clientes. Implica la capacidad para relacionar las ventajas de los productos o servicios que se ofrecen con las necesidades de los clientes, y presentar propuestas o soluciones que agreguen valor.

Comportamientos cotidianos relacionados con el conocimiento de productos o servicios	*Los comportamientos se ubican en: Grado*

- Conoce en profundidad cada uno de los servicios y productos que ofrece la organización, y relaciona sus ventajas con las necesidades del cliente.
- Presenta propuestas o soluciones adecuadas, y explica al cliente el valor que los productos y servicios agregan a su negocio y los beneficios que producen.
- Se anticipa a las observaciones que los clientes pueden realizar a la propuesta/solución presentada.
- Responde a las objeciones de sus clientes con argumentos sólidos, veraces y fundados.
- Conoce las tendencias del mercado, así como las estrategias y novedades de la competencia, por lo cual detecta oportunidades para los productos y servicios de la organización y para el lanzamiento de otros nuevos en el mercado.

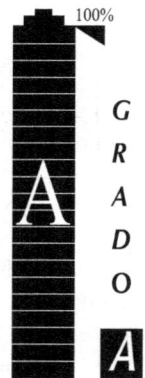

100%

G R A D O

A

- Conoce a fondo los productos y servicios ofrecidos por la organización.
- Realiza propuestas de calidad de acuerdo con las características particulares de cada cliente.
- Responde con argumentos convincentes a las objeciones que los clientes presentan.
- Comunica claramente el valor agregado y los beneficios de las soluciones ofrecidas para el negocio del cliente.
- Conoce las estrategias y las ventajas y desventajas de los productos y servicios de la competencia, por lo cual detecta oportunidades para los de la propia organización.

75%

G R A D O

B

- Conoce adecuadamente los productos y servicios de la organización.
- Presenta adecuadamente los beneficios fundamentales de los productos y servicios ofrecidos, y brinda a los clientes un eficaz asesoramiento al respecto.
- Expone las ventajas de los productos y servicios a través de adecuadas propuestas que explican cómo agregan valor al negocio del cliente.
- Responde en forma clara y consistente a las observaciones de los clientes respecto de las propuestas y soluciones ofrecidas.
- Conoce las ventajas y desventajas de los productos y servicios de la competencia, por lo cual detecta oportunidades para los de la propia organización.

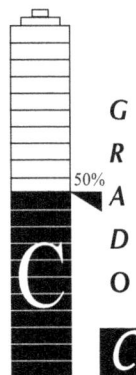

G
R
50%
A
D
O

C

C

- Conoce los productos y servicios que se manejan en su área de especialidad.
- Comunica a los clientes las ventajas de los productos y servicios que ofrece.
- Responde efectivamente a las objeciones de los clientes y, en el caso de no tener una respuesta, se compromete a investigar o buscar ayuda (según corresponda) para proporcionarla a la brevedad.
- Muestra los beneficios de las soluciones ofrecidas para el negocio del cliente.
- Expone los beneficios de los productos de la empresa en forma concisa.

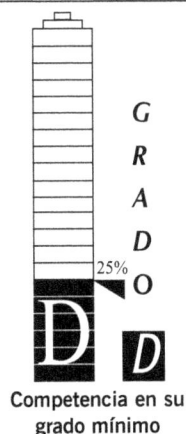

G
R
A
D
25%
O

D

D

Competencia en su
grado mínimo

- Conoce deficientemente los productos de la organización y manifiesta poco interés por aprender acerca de ellos.
- No maneja adecuadamente las objeciones que los clientes tienen para con los productos de la organización, y no muestra interés por satisfacer sus necesidades.
- Le cuesta explicar las ventajas y desventajas de los productos de la empresa frente a los de la competencia.
- Utiliza propuestas estándar sin adaptarlas a las características particulares de cada cliente.
- No detecta el valor agregado y los beneficios de las soluciones ofrecidas para el negocio del cliente.

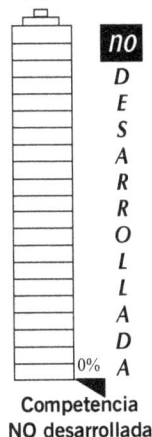

no
D
E
S
A
R
R
O
L
L
A
0%
D
A

Competencia
NO desarrollada

RELACIONES PÚBLICAS[4]: Capacidad para establecer relaciones con redes complejas de personas cuya colaboración es necesaria para tener influencia sobre los referentes sociales, económicos y políticos de la comunidad, o bien sobre los clientes o
proveedores. Implica poseer conocimientos no sólo referidos al área de especialidad,
sino también a aspectos generales de la cultura, lo que le permite relacionarse y
desenvolverse en el medio empresario en los momentos y las formas adecuados.
Capacidad de identificar quién es quién, y a qué personas se debe recurrir en caso
de necesitar ayuda o consejo, y efectivamente hacerlo cuando es pertinente.

Comportamientos habituales en relación con el medio en el cual se actúa	Los comportamientos se ubican en: Grado
• Establece rápida y efectivamente relaciones con redes complejas de personas. • Logra la cooperación de las personas necesarias para tener influencia sobre los principales actores de los ámbitos de su interés. • Genera vínculos positivos orientados a imponer la imagen de la organización y a lograr los resultados que se requieren. • Posee un profundo conocimiento de la cultura en general, el cual utiliza como una herramienta eficaz al relacionarse con personas provenientes de ámbitos distintos al propio con las cuales desea entablar relaciones de negocios. • Es un referente en su propia organización y en el mercado por el hábil manejo que demuestra de las relaciones y por su destreza en la conducción de temas vinculados a la comunicación con la comunidad, en situaciones habituales y de crisis.	100% **A** G R A D O **A**
• Establece adecuadas relaciones con redes complejas de personas. • Logra apoyo y cooperación a largo plazo de las personas adecuadas, de acuerdo con sus objetivos. • Establece los lazos y maneja la información con la comunidad, de acuerdo con las pautas que determina la máxima conducción de la organización. • Mantiene los vínculos necesarios para lograr los objetivos de la organización, actuando de acuerdo con la imagen establecida de ella. • Enriquece y profundiza sus vínculos con los integrantes de la comunidad de negocios que pueden ayudar a su organización en el presente o en el futuro, y establece con ellos intereses afines no sólo basados en la especialidad profesional sino también en aspectos culturales.	75% G R A D O **B** **B**

4   La competencia *Relaciones públicas* no hace referencia al conocimiento de la disciplina que lleva este
mismo nombre sino a la capacidad para generar relaciones con otras personas con fines específicos, tal
cual surge de la definición dada a la competencia.

- Establece relaciones con contactos puntuales convenientes para la organización.
- Logra la cooperación de las personas adecuadas de acuerdo con las circunstancias y objetivos.
- Se relaciona con facilidad con personas del ámbito empresarial, con las cuales construye relaciones productivas para la organización.
- Se conduce con efectividad y de acuerdo con las normas sociales en eventos públicos en los que actúa como representante de la organización y puede brindar su opinión en conversaciones ajenas al ámbito empresarial gracias a sus conocimientos de cultura general y sobre la actualidad.
- Es un portavoz eficaz de la empresa en situaciones habituales o de crisis menores.

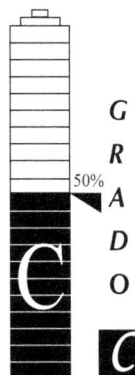

G
R
A
D
O

C

C

50%

- En ocasiones favorables, o en contextos conocidos, puede establecer relaciones convenientes para la organización.
- Entre las personas pertenecientes a su red de contactos puede obtener la cooperación y el apoyo necesarios, a fin de lograr los objetivos buscados por la organización.
- Trabaja sobre relaciones puntuales, de acuerdo con los requerimientos organizacionales.
- Posee un adecuado conocimiento de los aspectos generales de la cultura que le permite desenvolverse con efectividad en diversas circunstancias o eventos sociales o empresariales.
- Es un adecuado representante de la organización en eventos públicos.

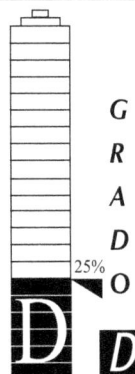

G
R
A
D
O

D

D

25%

Competencia en su
grado mínimo

- Le cuesta establecer relaciones con redes complejas de personas.
- Le resulta difícil conseguir apoyo y cooperación de actores influyentes de acuerdo con las necesidades organizacionales.
- Tiene dificultades para obtener apoyo de otras personas, para los fines organizacionales, sin el apoyo de algún superior o compañero que lo guíe.
- Sólo se maneja adecuadamente cuando se mueve dentro de los vínculos conocidos.
- Demuestra grandes dificultades al desenvolverse en medios ajenos al suyo o en los cuales debe interactuar con personas provenientes de ámbitos diferentes al propio.

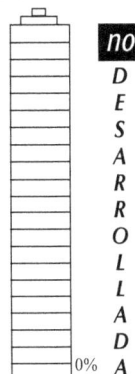

no
D
E
S
A
R
R
O
L
L
A
D
A

0%

Competencia
NO desarrollada

RESPONSABILIDAD: Capacidad para encontrar satisfacción personal en el trabajo que se realiza y en la obtención de buenos resultados. Capacidad para demostrar preocupación por llevar a cabo las tareas con precisión y calidad, con el propósito de contribuir a través de su accionar a la consecución de la estrategia organizacional. Capacidad para respetar las normas establecidas y las buenas costumbres tanto en el ámbito de la organización como fuera de ella.

Comportamientos cotidianos relacionados con la preocupación y el compromiso frente a las tareas a realizar y la búsqueda de mejores formas de llevarlas a cabo.	*Los comportamientos se ubican en:* Grado

- Encuentra satisfacción personal en el trabajo que realiza y en la obtención de buenos resultados, tanto personales como de la organización en su conjunto.
- Fomenta en toda la organización la satisfacción por la tarea realizada y por la obtención de buenos resultados a través de las acciones individuales y grupales.
- Demuestra preocupación por realizar las tareas con precisión y calidad con el propósito de contribuir, a través de su accionar, a la consecución de la estrategia organizacional con un enfoque de largo plazo.
- Diseña normas y políticas organizacionales para fomentar la responsabilidad personal y las buenas costumbres.
- Es un referente por su responsabilidad profesional y personal tanto en el ámbito de la organización como en la comunidad donde actúa.

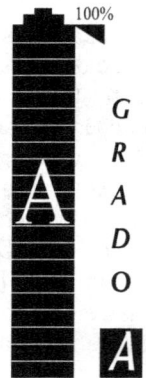

100%

G R A D O

A

- Encuentra satisfacción personal en el trabajo que realiza y en la obtención de buenos resultados, tanto personales como de su área.
- Fomenta dentro de su área la satisfacción por la tarea realizada y en la obtención de buenos resultados a través de las acciones individuales y grupales.
- Demuestra preocupación por realizar las tareas con precisión y calidad con el propósito de contribuir, a través de su accionar, a la consecución de la estrategia organizacional con un enfoque de mediano plazo.
- Implementa normas y políticas organizacionales para fomentar la responsabilidad personal y las buenas costumbres.
- Es un referente por su responsabilidad profesional y personal tanto dentro de su área como en el ámbito de la organización.

75% G R A D O

B

- Encuentra satisfacción personal en el trabajo que realiza y en la obtención de buenos resultados, tanto personales como de su sector.
- Fomenta dentro de su sector la satisfacción por la tarea realizada y por la obtención de buenos resultados a través de las acciones individuales y grupales.
- Demuestra preocupación por realizar las tareas con precisión y calidad, con el propósito de contribuir, a través de su accionar, a la consecución de la estrategia organizacional con un enfoque de corto plazo.
- Implementa dentro de su sector los lineamientos recibidos y aplica normas y políticas en relación con la responsabilidad personal y las buenas costumbres.
- Es un referente por su responsabilidad profesional y personal tanto dentro de su sector como en el ámbito del área donde actúa.

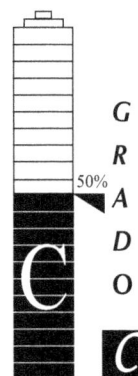

G R A D O

C

- Encuentra satisfacción personal en el trabajo que realiza y en la obtención de buenos resultados.
- Fomenta entre sus compañeros la satisfacción por la tarea realizada y por la obtención de buenos resultados.
- Demuestra preocupación por realizar las tareas con precisión y calidad, con el propósito de contribuir a los objetivos fijados para su sector de trabajo.
- Implementa los lineamientos recibidos de sus superiores y aplica normas y políticas en relación con la responsabilidad personal y las buenas costumbres.
- Es un referente para sus compañeros por su responsabilidad profesional y personal.

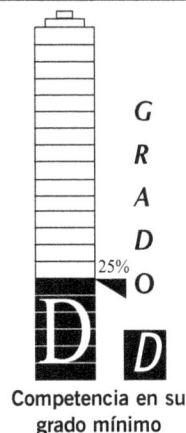

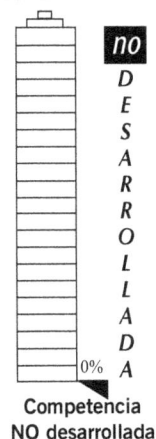

G R A D O

D

Competencia en su grado mínimo

- No encuentra satisfacción personal en el trabajo que realiza ni en la obtención de buenos resultados.
- No comparte la posición de otros compañeros que fomentan la satisfacción por la tarea realizada y por la obtención de buenos resultados.
- Demuestra preocupación por realizar las tareas pero no presta especial atención ni a la precisión ni a la calidad.
- Trabaja según las instrucciones recibidas de sus superiores sin dar relevancia a las normas y políticas en relación con la responsabilidad personal y las buenas costumbres.
- No es un referente para sus compañeros por su responsabilidad profesional y personal.

no DESARROLLADA

Competencia NO desarrollada

TEMPLE Y DINAMISMO: Capacidad para actuar con serenidad, determinación, firmeza, entusiasmo y perseverancia a fin de alcanzar objetivos retadores o para llevar a cabo acciones y/o emprendimientos que requieran compromiso y dedicación. Implica mantener un alto nivel de desempeño en todas las situaciones y con interlocutores diversos.

Comportamientos cotidianos relacionados con la capacidad para actuar con serenidad en situaciones diversas	*Los comportamientos se ubican en: Grado*

- Actúa con serenidad, determinación, firmeza, entusiasmo y perseverancia tanto en su vida profesional como personal.
- Trabaja con compromiso y dedicación en situaciones y/o emprendimientos que conducen al cumplimiento de objetivos retadores, y promueve en otros un comportamiento similar.
- Supera los obstáculos con firmeza y determinación, y logra los objetivos propuestos.
- Mantiene un nivel de desempeño óptimo aun en circunstancias de alta exigencia o ante interlocutores muy diversos.
- Es un referente, tanto en la organización como en el mercado en general, en materia de temple y dinamismo.

100%

G
R
A
D
O

A

- Actúa con determinación, firmeza, perseverancia y compromiso a fin de llevar a cabo las acciones que permiten alcanzar los objetivos asignados al área que conduce.
- Trabaja con compromiso en situaciones que conducen al cumplimiento de objetivos retadores.
- Supera las situaciones exigentes con éxito.
- Mantiene en toda ocasión un nivel de desempeño acorde a los estándares establecidos para su posición.
- Es un ejemplo para su área de trabajo en materia de firmeza y dinamismo.

75%
G
R
A
D
O

B

- Mantiene su firmeza y perseverancia en la realización de aquellas acciones que permiten alcanzar los objetivos asignados a su sector/puesto de trabajo.
- Resuelve situaciones difíciles conservando la serenidad.
- Mantiene un nivel constante en su desempeño.
- Se compromete con el cumplimiento de los objetivos asignados a su área y a su puesto de trabajo.
- Promueve el dinamismo y la perseverancia en su área de trabajo y actúa del mismo modo.

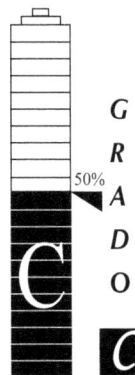

G
R
A 50%
D
O

C

C

- Trabaja con un adecuado nivel de constancia y firmeza en pos del logro de los resultados que se le plantean.
- Se compromete con los objetivos específicos que le son asignados.
- Mantiene un nivel de desempeño acorde con lo esperado.
- Resuelve situaciones que están a su alcance conservando la serenidad. Pide ayuda en situaciones en las cuales se siente inseguro.
- Mantiene el dinamismo y la constancia en su labor diaria y así es percibido por superiores y compañeros de trabajo.

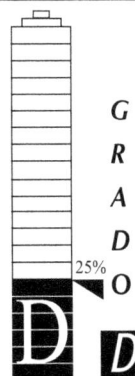

G
R
A
D
O 25%

D

D

Competencia en su
grado mínimo

- No es perseverante en la consecución de los objetivos asignados al área que conduce y/o en relación con su puesto de trabajo, según corresponda.
- Trabaja sin el debido compromiso en situaciones relacionadas con el cumplimiento de objetivos.
- En situaciones muy exigentes no puede actuar con firmeza y determinación, dado que se siente inseguro.
- No es estable en su nivel de desempeño; le cuesta llegar a los estándares establecidos para su posición.
- No es considerada una persona dinámica y constante dentro de su equipo de trabajo y/o por sus superiores.

no
D
E
S
A
R
R
O
L
L
A
D
A 0%

Competencia
NO desarrollada

TOLERANCIA A LA PRESIÓN DE TRABAJO: Capacidad para trabajar con determinación, firmeza y perseverancia a fin de alcanzar objetivos difíciles o para concretar acciones/decisiones que requieren un compromiso y esfuerzo mayores a los habituales. Implica mantener un alto nivel de desempeño aun en situaciones exigentes y cambiantes, con interlocutores diversos que se suceden en cortos espacios de tiempo, a lo largo de jornadas prolongadas.

Comportamientos frente a condiciones de alta exigencia y/o dificultad en el trabajo	*Los comportamientos se ubican en:* Grado

- Trabaja con determinación, firmeza y perseverancia para alcanzar con eficacia objetivos difíciles.
- Diseña políticas y procedimientos que permiten llevar a cabo los planes organizacionales en contextos complejos.
- Toma decisiones que requieren compromiso y esfuerzo mayores a los habituales.
- Trabaja con energía y mantiene un alto nivel de desempeño aun en situaciones exigentes y cambiantes, con interlocutores diversos en cortos espacios de tiempo, durante jornadas intensas y prolongadas.
- Es un ejemplo para la organización al cuidar las relaciones interpersonales en momentos difíciles y motivar a otros a obrar del mismo modo, a fin de establecer un clima laboral armónico y de alta productividad.

100%

G R A D O

A

- Trabaja con determinación y perseverancia para alcanzar con eficacia objetivos difíciles.
- Diseña procedimientos y métodos de trabajo que permiten llevar a cabo los planes para su área en contextos complejos.
- Toma decisiones dentro de su nivel de responsabilidad que requieren compromiso y esfuerzo mayores a los habituales.
- Trabaja con energía y mantiene un alto nivel de desempeño aun en situaciones exigentes y cambiantes, con interlocutores diversos en espacios de tiempo acotados, durante jornadas intensas y prolongadas.
- Es un ejemplo para su área al cuidar las relaciones interpersonales en momentos difíciles y motivar a sus colaboradores a obrar del mismo modo, a fin de establecer un clima laboral armónico y de alta productividad.

75% G R A D O

B

- Trabaja con perseverancia para alcanzar con eficacia objetivos difíciles.
- Implementa procedimientos y métodos de trabajo que permiten llevar a cabo los planes para su sector en contextos complejos.
- Implementa las decisiones de sus superiores que requieren compromiso y esfuerzo mayores a los habituales.
- Trabaja con energía y mantiene un alto nivel de desempeño aun en situaciones exigentes y cambiantes, con interlocutores diversos y en jornadas intensas y prolongadas.
- Es un ejemplo para sus colaboradores al cuidar las relaciones interpersonales en momentos difíciles y motivarlos a obrar del mismo modo, a fin de establecer un clima laboral armónico y de alta productividad.

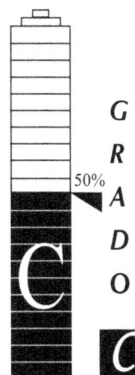

G
R
A
D
O

50%

C

C

- Trabaja con perseverancia y eficacia para alcanzar los objetivos que se le han fijado.
- Aplica procedimientos y métodos de trabajo que permiten llevar a cabo sus labores en contextos complejos.
- Actúa de acuerdo con las decisiones de sus superiores que requieren compromiso y esfuerzo mayores a los habituales.
- Trabaja con energía y mantiene el nivel de desempeño esperado aun en situaciones exigentes y cambiantes, durante jornadas intensas y prolongadas.
- Es un ejemplo para sus compañeros en momentos difíciles.

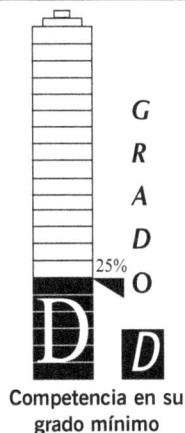

G
R
A
D
O

25%

D

D

Competencia en su
grado mínimo

- Trabaja con esmero pero sin eficacia, por lo cual no logra alcanzar los objetivos que se le fijan.
- Aplica las indicaciones de sus superiores sin constatar si respetan los procedimientos y métodos de trabajo establecidos por la organización.
- Actúa de acuerdo con las decisiones de sus superiores en la medida en que no impliquen un esfuerzo mayor al habitual.
- Trabaja utilizando siempre los mismos recursos personales, los cuales no modifica frente a situaciones exigentes y cambiantes, y no se ofrece a colaborar cuando el trabajo exige una dedicación horaria mayor a la habitual.
- No es un ejemplo para sus compañeros en momentos difíciles.

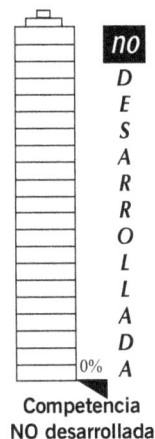

no
D
E
S
A
R
R
O
L
L
A
D
A

0%

Competencia
NO desarrollada

TOMA DE DECISIONES: Capacidad para analizar diversas variantes u opciones, considerar las circunstancias existentes, los recursos disponibles y su impacto en el negocio, para luego seleccionar la alternativa más adecuada, con el fin de lograr el mejor resultado en función de los objetivos organizacionales. Implica capacidad para ejecutar las acciones con calidad, oportunidad y conciencia acerca de las posibles consecuencias de la decisión tomada.

Comportamientos cotidianos relacionados con el análisis de opciones diferentes y la toma de decisiones	*Los comportamientos se ubican en: Grado*
• Encara el proceso de toma de decisiones mediante el desarrollo sistemático de opciones viables y convenientes, que consideran las circunstancias existentes, los recursos disponibles y su impacto en el negocio. • Convence a sus colaboradores de la necesidad de generar opciones múltiples frente a cada situación a resolver, y especialmente en el caso de cuestiones críticas para la organización. • Establece mecanismos de selección de opciones que contemplan el mejor resultado, desde diversos puntos de vista, en función de los objetivos organizacionales. • Controla el desarrollo de las opciones elegidas para asegurarse que las mismas respetan las pautas de calidad y oportunidad fijadas, tomando conciencia acerca de sus consecuencias. • Anticipa y prevé el alcance y profundidad del impacto que sus decisiones pueden tener en el cumplimiento de la estrategia y los objetivos	100% **A** G R A D O *A*
• Toma decisiones mediante el desarrollo de opciones viables y convenientes, que consideran las circunstancias existentes, los recursos disponibles y su impacto en el negocio. • Genera opciones múltiples frente a cada situación a resolver, y especialmente en el caso de cuestiones críticas o sensibles para la organización. • Aplica y promueve el mecanismo de selección de opciones establecido, para obtener el mejor resultado, desde diversos puntos de vista, en función de los objetivos organizacionales. • Ejecuta y supervisa las opciones elegidas con calidad y oportunidad. • Resuelve en tiempo y forma problemas de gran relevancia para su área, gracias a la gran ejecutividad que demuestra al determinar las acciones a seguir.	75% **B** G R A D O *B*

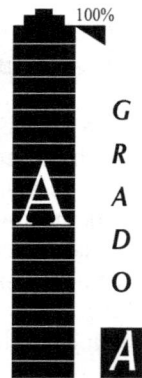

- Toma decisiones considerando las circunstancias y el impacto que tendrán en su sector de trabajo.
- Genera claras opciones frente a cada situación a resolver, y especialmente en el caso de cuestiones críticas o sensibles para su área.
- Utiliza el mecanismo de selección de opciones establecido, para obtener el mejor resultado, desde diversos puntos de vista, en función de los objetivos organizacionales.
- Ejecuta con calidad las opciones elegidas.
- Analiza las variantes de acción teniendo en cuenta los lineamientos preestablecidos por la organización.

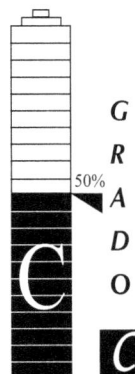

G
R
A
D
O

50%

C

C

- Toma decisiones que permiten un óptimo aprovechamiento de los recursos existentes.
- Genera más de una opción frente a cada situación a resolver.
- Aplica el mecanismo de selección de opciones establecido.
- Ejecuta con los procedimientos vigentes las opciones elegidas.
- Realiza un adecuado análisis de la información disponible para tomar decisiones acertadas.

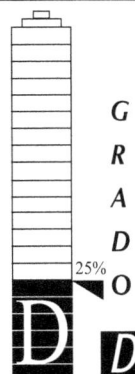

G
R
A
D
O

25%

D

D

Competencia en su grado mínimo

- ○ Al momento de seleccionar un curso de acción no evalúa las posibles consecuencias y la disponibilidad de recursos.
- ○ No logra generar claras opciones frente a situaciones a resolver, aun en el caso de cuestiones críticas para la organización.
- ○ Aplica mecanismos de selección de opciones propios, sin tener en cuenta los objetivos organizacionales.
- ○ Ejecuta las opciones elegidas sin controlar su calidad y viabilidad.
- ○ Evita, cada vez que es posible, tomar decisiones, y delega esta responsabilidad en otras personas.

no
D
E
S
A
R
R
O
L
L
A
D
A

0%

Competencia NO desarrollada

TRABAJO EN EQUIPO: Capacidad para colaborar con los demás, formar parte de un grupo y trabajar con otras áreas de la organización con el propósito de alcanzar, en conjunto, la estrategia organizacional, subordinar los intereses personales a los objetivos grupales. Implica tener expectativas positivas respecto de los demás, comprender a los otros, y generar y mantener un buen clima de trabajo.

Comportamientos relacionados con la participación en grupos con objetivos comunes y el grado de compromiso asumido con ellos	Los comportamientos se ubican en: Grado

- Fomenta el espíritu de colaboración en toda la organización.
- Promueve el intercambio entre áreas y orienta el trabajo de pares y colaboradores a la consecución de la estrategia organizacional.
- Expresa satisfacción por los éxitos de otros, pertenecientes o no al grupo inmediato de trabajo, y alienta a todos a obrar del mismo modo.
- Subordina los intereses personales a los objetivos grupales, con el propósito de alcanzar las metas organizacionales de corto, mediano y largo plazo, y apoyar el trabajo de todas las áreas que forman parte de la organización.
- Es un ejemplo de colaboración en toda la organización, y se destaca por comprender a los otros y generar y mantener un buen clima de trabajo.

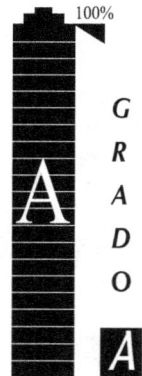

100%

G
R
A
D
O

A

- Fomenta el espíritu de colaboración dentro de su área.
- Promueve el intercambio con otras áreas y orienta el trabajo de pares y colaboradores a la consecución de la estrategia organizacional.
- Expresa satisfacción por los éxitos de otros, pertenecientes o no al grupo inmediato de trabajo.
- Subordina los intereses personales a los objetivos grupales, con el propósito de alcanzar las metas organizacionales de corto y mediano plazo, apoya el trabajo de otras áreas que forman parte de la organización.
- Es un ejemplo de colaboración dentro de su área, y se destaca por comprender a los otros y generar y mantener un buen clima de trabajo.

75% G
R
A
D
O

B

- Fomenta el espíritu de colaboración en su sector.
- Promueve el intercambio con otros sectores y orienta el trabajo de pares y colaboradores a la consecución de objetivos fijados.
- Reconoce los éxitos de otros, pertenecientes o no al grupo inmediato de trabajo.
- Subordina los intereses personales a los objetivos grupales, con el propósito de alcanzar las metas organizacionales de corto y mediano plazo, y apoya el trabajo de otras áreas que forman parte de la organización.
- Es un ejemplo para sus colaboradores por su estilo positivo de cooperación y por mantener un buen clima de trabajo.

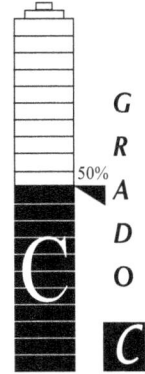

G R A D O

50%

C

C

- Colabora con otras personas pertenecientes a su grupo de trabajo.
- Coopera con personas de otros sectores de la organización con el propósito de alcanzar los objetivos fijados.
- Reconoce los éxitos y aportes de otras personas.
- Subordina los intereses personales a los objetivos grupales y apoya el trabajo de otros sectores de la organización.
- Es un ejemplo para sus compañeros por su cooperación y buen trato con todas las personas.

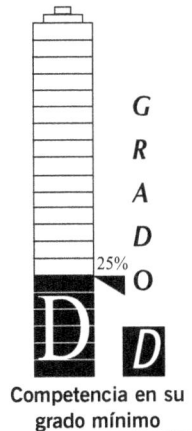

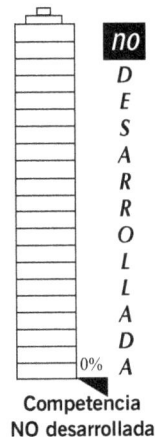

G R A D O

25%

D

D

Competencia en su grado mínimo

- Colabora con los integrantes de su grupo de trabajo y compañeros en general, sólo cuando sus superiores se lo solicitan; en caso contrario, se limita a realizar su tarea.
- Coopera con personas de otros sectores de la organización, tanto de un nivel superior como colegas, sólo cuando sus superiores se lo solicitan.
- No reconoce los éxitos y aportes de otras personas.
- Subordina los intereses grupales a los personales cuando por algún motivo surge un conflicto de intereses.
- No es un ejemplo para sus compañeros por su cooperación y buen trato con todas las personas.

no D E S A R R O L L A D A

0%

Competencia NO desarrollada

Otras competencias

Otras competencias según las diferentes estrategias y actividades organizacionales

- *Actitud dinámica y positiva*
- *Adaptabilidad al cambio - Flexibilidad*
- *Anticipación a los eventos del entorno*
- *Autodesarrollo y desarrollo de personas*
- *Autodesarrollo y desarrollo del talento*
- *Calidad de trabajo y excelencia*
- *Calidad en los resultados*
- *Calidad y excelencia*
- *Capacidad analítica*
- *Capacidad de análisis, planificación y organización*
- *Capacidad para adaptarse a viajes y otras culturas*
- *Capacidad para aprender*
- *Capacidad para cuidar a otros*
- *Capacidad para cuidar de sí mismo*
- *Capacidad para emprender*
- *Capacidad para transformarse en un jefe entrenador*
- *Claridad en los conceptos técnicos*
- *Comprender el negocio del cliente*
- *Compromiso con el cliente (interno y externo)*
- *Compromiso con el medio ambiente*
- *Compromiso con la reducción de costos y la mejora continua*

- *Compromiso con la rentabilidad y el crecimiento sostenido*
- *Compromiso con la rentabilidad y la eficiencia económica*
- *Compromiso con los objetivos de la organización*
- *Compromiso con los valores organizacionales*
- *Compromiso social*
- *Conducción de gente*
- *Conocimiento de la industria, del mercado y de los productos*
- *Conocimiento del negocio y manejo de relaciones*
- *Cosmopolitismo*
- *Cosmopolitismo externo*
- *Cosmopolitismo interno*
- *Creatividad aplicada a la tarea*
- *Creatividad aplicada a los negocios*
- *Creatividad aplicada a los procesos*
- *Desarrollo de equipos de alto desempeño*
- *Desarrollo de la relación con el cliente*
- *Desarrollo de relaciones*
- *Desarrollo estratégico de los recursos humanos*
- *Detección de necesidades*
- *Dirección de equipos de alto desempeño*
- *Dirección de personas*
- *Eficiencia y mejora continua*
- *Establecimiento de prioridades*
- *Ética e integridad*
- *Franqueza - Confiabilidad - Integridad*
- *Innovación aplicada a la tarea*
- *Innovación aplicada a los negocios*
- *Innovación aplicada a los procesos*
- *Innovación para crecer*
- *Innovación y flexibilidad*
- *Inspirar confianza*

- *Integridad y compromiso*
- *Integridad y confiabilidad*
- *Manejo de crisis y contingencias*
- *Manejo de relaciones de negocios*
- *Manejo de relaciones profesionales*
- *Motivar a otros*
- *Nivel de compromiso - Disciplina personal*
- *Orientación al consumidor*
- *Pensamiento estratégico y sistémico*
- *Pensamiento global*
- *Pensamiento sistémico*
- *Perseverancia*
- *Perspectiva internacional del negocio*
- *Preocupación por el orden y la calidad*
- *Productividad con calidad*
- *Profundo conocimiento de los productos*
- *Relación con el entorno y articulación de redes*
- *Resolución de problemas comerciales*
- *Trabajo en equipo centrado en objetivos*
- *Visión de conjunto*
- *Visión estratégica y sistémica*

Otras competencias incluidas en versiones anteriores de esta obra[1]

- *Adaptabilidad al cambio*
- *Alta adaptabilidad - Flexibilidad*

---

1   Si bien los nombres de las competencias presentadas en esta obra, en algunos casos, pueden ser parecidos o iguales, sin embargo las definiciones de las mismas, así como sus aperturas en grados, son diferentes. Del mismo modo, los comportamientos relacionados serán diferentes ya que, en todos los casos, tienen relación con la definición de la competencia y su apertura en grados.

- *Aprendizaje continuo*
- *Autocontrol*
- *Búsqueda de información*
- *Calidad de trabajo*
- *Capacidad de aprender*
- *Capacidad de entender a los demás*
- *Capacidad de planificación y organización*
- *Colaboración*
- *Competencia "del náufrago"*
- *Compromiso*
- *Comunicación*
- *Conciencia organizacional*
- *Confianza en sí mismo*
- *Conocimiento de la industria y el mercado*
- *Construcción de relaciones de negocios*
- *Credibilidad técnica*
- *Desarrollo de las personas*
- *Desarrollo de relaciones*
- *Desarrollo de su equipo*
- *Desarrollo estratégico de recursos humanos*
- *Dinamismo - Energía*
- *Dirección de equipos de trabajo*
- *Empowerment*
- *Entrepreneurial*
- *Ética*
- *Flexibilidad*
- *Fortaleza*
- *Franqueza - Confiabilidad - Integridad*
- *Habilidad analítica*
- *Habilidades mediáticas*
- *Impacto e influencia*

- *Iniciativa*
- *Iniciativa - Autonomía*
- *Iniciativa - Autonomía - Sencillez*
- *Innovación*
- *Integridad*
- *Justicia*
- *Liderazgo*
- *Liderazgo para el cambio*
- *Manejo de relaciones de negocios*
- *Modalidades de contacto*
- *Negociación*
- *Nivel de compromiso - Disciplina personal - Productividad*
- *Orientación a los resultados*
- *Orientación al cliente*
- *Orientación al cliente interno y externo*
- *Pensamiento analítico*
- *Pensamiento conceptual*
- *Pensamiento estratégico*
- *Perseverancia*
- *Portability - Cosmopolitismo - Adaptabilidad*
- *Preocupación por el orden y la claridad*
- *Presentación de soluciones comerciales*
- *Productividad*
- *Profundidad en el conocimiento de los productos*
- *Prudencia*
- *Relaciones públicas*
- *Resolución de problemas comerciales*
- *Responsabilidad*
- *Sencillez*
- *Temple*
- *Tolerancia a la presión*
- *Trabajo en equipo*

Otras competencias para redes de conocimiento[2]

- *Apoyo a los compañeros*
- *Autodirección basada en el valor*
- *Competencias de los profesionales del conocimiento*
- *Comprensión del negocio del cliente*
- *Comunicación para compartir conocimientos*
- *Conocimiento inteligente*
- *Creación de equipos de alto rendimiento que ofrezcan oportunidades desafiantes*
- *Demostrar valor*
- *Desarrollo de la relación con el cliente*
- *Desarrollo de profesionales inteligentes*
- *Desarrollo de redes flexibles*
- *Desarrollo de redes inteligentes*
- *Expectativas de desarrollo profesional*
- *Gerenciamiento (management) de proyectos*
- *Herramientas al servicio del negocio*
- *Innovación del conocimiento*
- *Manejo de relaciones de negocios (networking)*
- *Metodología para la calidad*
- *Motivaciones para el cambio*
- *Orientar y desarrollar a otras personas*
- *Profesionales inteligentes*
- *Redes a partir de comunidad de intereses*
- *Responsabilidad personal*
- *Trabajo en equipo centrado en objetivos*

---

2   En las ediciones anteriores estas competencias se han denominado *Competencias del conocimiento*. Algunos nombres pueden parecer similares a otros, pero no así sus definiciones.

Otras competencias para organizaciones virtuales[3]

- *Adaptabilidad al cambio*
- *Competencia asesina*
- *Competencia "del náufrago"*
- *Construcción de relaciones de negocios*
- *Empowerment*
- *Entrepreneurial digital*
- *Expectativas de desarrollo profesional*
- *Desarrollo del equipo*
- *Desarrollo estratégico de los recursos humanos*
- *Dinamismo - Energía*
- *Dirección de equipos de trabajo*
- *Habilidades mediáticas*
- *Innovación*
- *Liderazgo para el cambio*
- *Manejo de relaciones de negocios (networking)*
- *Modalidades de contacto*
- *Motivaciones para el cambio*
- *Pensamiento estratégico*
- *Portability - Cosmopolitismo - Adaptabilidad*
- *Relaciones públicas*
- *Temple*

---

3   En las ediciones anteriores estas competencias se han denominado *E-competences*. Algunos nombres pueden parecer similares a otros, pero no así sus definiciones.

Anexos

Anexo I. Cómo tratan la temática de *competencias* otros autores

En esta sección, a modo de estado del arte, se presenta un breve análisis de los autores que han tratado la temática desde diferentes vertientes.

Anexo II. Libros de Martha Alles relacionados con *Gestión por competencias*

Se ha tratado *Gestión por competencias* en una serie de obras previas de la misma autora. En esta sección se explica el tratamiento de la temática en los diversos libros que ha publicado.

Anexo III. Herramientas de la Metodología Martha Alles International para *Gestión por competencias*

En esta sección se describen las diferentes herramientas diseñadas con el propósito de poner en práctica los diversos aspectos de *Gestión por competencias*.

ANEXO I

Cómo tratan la temática de *competencias* otros autores

En esta sección, a modo de estado del arte[1], se presenta un breve análisis de los autores que han tratado la temática desde diferentes vertientes.

Competencias laborales y conductuales. Diferencias

Existe en diversos medios, aun en los académicos, una profunda confusión sobre términos que, siendo parecidos, significan cosas muy diferentes: *las competencias laborales* y *las competencias conductuales*.

La Organización Internacional del Trabajo (OIT) impulsa a nivel mundial una serie de programas tendientes a lograr la certificación en *competencias laborales* de personas que no poseen un título o certificado que permita acreditar sus conocimientos o especialidad. Estos programas de certificación son impulsados, a su vez, desde los gobiernos de los respectivos países.

Veamos una definición dada por Cinterfor (Centro Interamericano de Investigación y Documentación sobre Formación Profesional), perteneciente a la OIT: *Existen múltiples y variadas definiciones en torno a la competencia laboral. Un concepto generalmente aceptado la establece como una capacidad efectiva para llevar a cabo exitosamente una actividad laboral plenamente identificada. La competencia laboral no es una probabilidad de éxito en la ejecución del trabajo; es una capacidad real y demostrada.*

La mayoría de las definiciones de competencias laborales plantean una mezcla de conceptos necesarios para desempeñarse adecuadamente en un puesto de trabajo: conocimientos específicos y habilidades necesarias para un desempeño adecuado.

A modo de ejemplo comentaremos un documento del Consejo de Normalización y Certificación (CoNoCer) de competencias laborales de México, de 1998, donde se presenta el modelo a aplicar en ese país en materia de

---

1   Los párrafos de este anexo fueron tomados de la tesis doctoral de la autora, titulada *Incidencia de las competencias en la empleabilidad de profesionales.* Universidad de Buenos Aires, junio de 2007.

competencias laborales. La definición de competencias laborales para este organismo es: *Capacidad productiva de un individuo que se define y mide en términos de desempeño en un determinado contexto laboral, y no solamente de conocimientos, habilidades, destrezas y actitudes; estas son necesarias pero no suficientes por sí mismas para un desempeño efectivo.*

Dice el mencionado documento: *Se reconoce, de manera general, que una persona es competente para hacer algo cuando demuestra que lo sabe hacer. Si el algo a que se ha hecho referencia tiene que ver con el trabajo, puede decirse que la persona es competente en su trabajo; es decir, tiene o posee competencia laboral. La competencia laboral es, entonces, uno más de los diferentes atributos de la persona —en su carácter de trabajador— y dicha competencia es, por lo tanto, identificable en la persona misma. La identificación de la competencia laboral de un trabajador resulta posible si y sólo si está también definido el referente laboral en el que se aplicará la competencia.*

En otras partes del mencionado documento se plantea la necesidad de establecer parámetros comparativos por segmento de la economía y/o por zonas geográficas. Asimismo, se consigna que la norma se refiere a *un trabajador que se ha hecho en la práctica, como es frecuente que suceda en países como los nuestros (los latinoamericanos).*

Las competencias laborales se relacionan con oficios y por extensión se aplican a profesiones de tipo universitario, y en algunos países se han aplicado en relación con la educación. Más allá del nivel educacional que abarque, en nuestra opinión, la principal diferencia que esta concepción de las competencias tiene con la metodología de Gestión por competencias radica en el punto de partida.

En resumen, las competencias laborales fijan su atención en el individuo, que puede pertenecer o no a una organización. La OIT promueve la certificación de las competencias laborales de los individuos como una forma de incrementar su empleabilidad. Si se desea trabajar sobre la empleabilidad de las personas, en especial sobre la de aquellos que no tienen trabajo, promover este tipo de programas será una gestión muy útil para la sociedad.

Cuando se desea trabajar desde el ámbito de las organizaciones se requiere el uso de los denominados modelos de management o de gestión, que permiten "manejar" los recursos humanos de la entidad con el propósito de alinearlos a su estrategia de negocios. Cuando esta modelización se hace correctamente, da lugar a una relación de ganar-ganar entre el empleado y el empleador, ya que es beneficioso, al mismo tiempo, tanto para uno como para el otro. Estos modelos se basan, usualmente, en las denominadas "competencias conductuales". En la práctica, tanto académica como profesional, a las "competencias conductuales" se las llama "competencias" sin aditamento alguno, y a las que se definieron en la OIT, "competencias laborales".

Los estudios de competencias basados en las conductas se apoyan en los trabajos de David McClelland: *Human Motivation* (obra original de 1987) y otros, posteriores, del mismo autor. Entre los principales exponentes sobre la temática de competencias –seguidores de McClelland– se puede distinguir a los norteamericanos Spencer & Spencer, que definen el concepto de competencia como *una característica subyacente de un individuo que está causalmente relacionada a un estándar de efectividad y/o a una performance superior en un trabajo o situación* (1993: 9). El trabajo de estos autores aporta un esquema completo sobre cómo implantar, en una organización, un modelo de competencias. Otro exponente muy reconocido es la profesora francesa Claude Levy-Leboyer (1992).

Las competencias laborales en ningún caso se plantean como un modelo de management o administrativo, aunque pueden ser aplicadas en el marco de las organizaciones. Tal es así que, si se observa, en la mayoría del material existente al respecto se podrá apreciar que los ejemplos que se presentan son –mayoritariamente– en relación con posiciones de tipo operativo, como por ejemplo operarios, enfermeros, vendedores, etcétera.

Según Cinterfor, *la certificación es la culminación de un proceso de reconocimiento formal de las competencias de los trabajadores; implica la expedición, por parte de una institución autorizada, de una acreditación acerca de la competencia poseída por el trabajador. En muchas instituciones de formación la certificación se otorga como un reconocimiento a la culminación de un proceso de formación, basada en el tiempo de capacitación y práctica, así como en los contenidos evaluados. Ello no necesariamente asegura que se esté haciendo una evaluación de competencias.*

A lo largo de los años he consultado abundante bibliografía sobre la temática de competencias y para mi trabajo he elegido una de las vertientes existentes de la concepción de competencias, en la firme creencia de que es la que se relaciona con el marco organizacional y la Administración de Empresas.

En esta parte de la obra se presentará la temática de *Gestión por competencias* según algunos autores seleccionados, que representan las

Competencias laborales

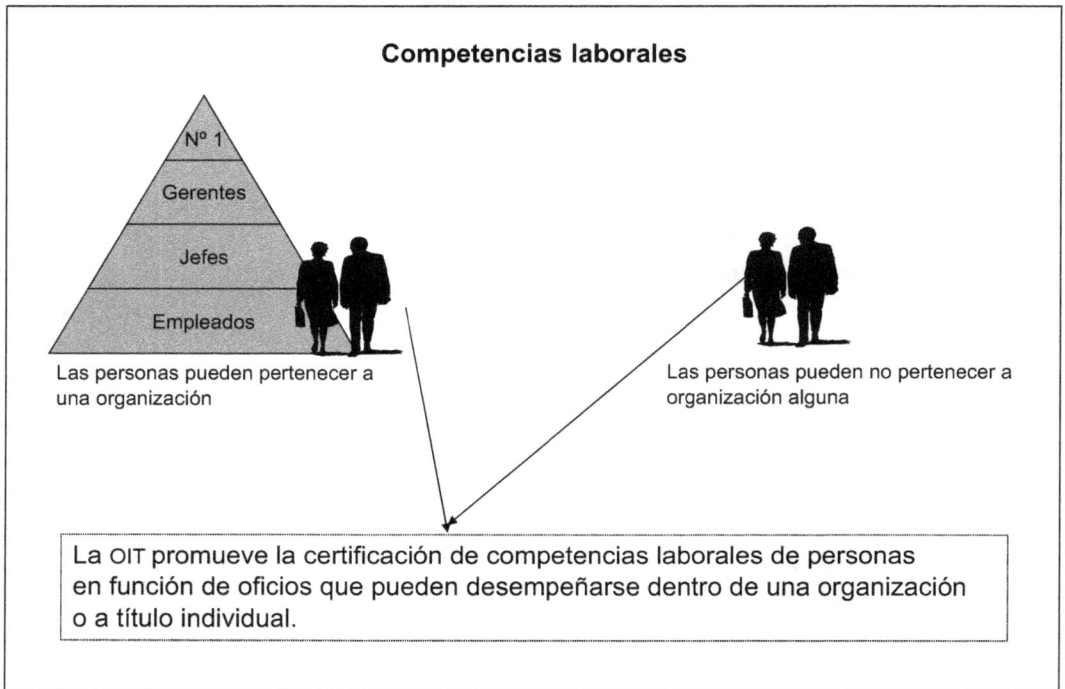

N° 1

Gerentes

Jefes

Empleados

Las personas pueden pertenecer a una organización

Las personas pueden no pertenecer a organización alguna

La OIT promueve la certificación de competencias laborales de personas en función de oficios que pueden desempeñarse dentro de una organización o a título individual.

tendencias más divulgadas y que, a su vez, exponen de manera más precisa los distintos aspectos relacionados. En el capítulo denominado *Las buenas prácticas en Recursos Humanos. Gestión por competencias* se integran los diferentes temas de la metodología de Gestión por competencias desde la perspectiva de quien esto escribe, sobre la base de la experiencia práctica en consultoría.

Orígenes de la Gestión por competencias

Unánimemente se considera la obra de David C. McClelland (más precisamente su libro *Human Motivation* –1999, publicado en su origen en 1987–) como la base sobre la cual luego se construye la metodología de Gestión por competencias. Este libro, como su nombre lo indica, está dedicado al estudio de la motivación humana.

Comprender la motivación humana lleva a una definición del término *motivo,* entendido como el interés recurrente para el logro de un objetivo basado en un incentivo natural; un interés que energiza, orienta y selecciona comportamientos.

La explicación de los términos clave de esta definición debería ayudarnos a clarificar y resumir lo que los psicólogos han aprendido acerca de la motivación humana. Básicamente, un motivo puede darse cuando se piensa con frecuencia acerca de un objetivo, es decir, se trata de un interés recurrente y no de pensamientos ocasionales. Una persona que acaba de comer puede a veces pensar acerca de estar sin alimento, pero una persona que piensa continuamente en la posibilidad de verse privada de alimentos, aun cuando no está hambrienta, es aquella que podríamos caracterizar como fuertemente motivada por la comida.

Los estudios de David McClelland sobre la motivación describen los logros en el conocimiento acerca de qué son los motivos y cómo pueden ser medidos, avances que han llevado a un progreso sustancial en la comprensión de tres importantes sistemas motivacionales (definidos por este autor) que gobiernan el comportamiento humano:

- *Los logros como motivación.* La primera motivación que se investigó intensamente fue la determinada *por el logro* o *"n achievement".* A medida que se progresó en esta investigación fue resultando evidente que podría haber sido mejor denominarla *eficiencia,* porque representa un interés recurrente por hacer algo mejor. Hacer algo *mejor* implica algún estándar de comparación interno o externo, y quizá sea mejor concebido en términos de eficiencia o como un ratio *input/output.* Mejorar significa obtener el mismo *output* con menos trabajo, obtener un mayor *output* con el mismo trabajo o, lo mejor de todo, obtener un mayor *output* con menos trabajo.
De esta manera, la gente con alto *"n achievement"* prefiere actuar en situaciones donde hay alguna posibilidad de mejoras de esta clase. Esas personas no son atraídas por situaciones donde no hay posibilidades de lograr mejoras, esto es, en trabajos muy fáciles o muy difíciles; y por lo tanto no trabajan más duro cuando deben desempeñarse en ellos. Las personas con alta orientación al logro prefieren tener responsabilidad personal por el resultado. Si es bueno, les da

información de cuán bien lo están haciendo. Los *entrepreneurs* exitosos tienen alto *"n achievement"*.

- *El poder como motivación.* La necesidad de poder como clave en el pensamiento asociativo representa una preocupación recurrente que impacta sobre la gente y quizá también sobre las cosas. Se ha demostrado, con experiencias que involucran sentimientos de fortaleza física o psicológica, que los más altos resultados han sido recolectados de individuos con alto *"n power"*.
Altos niveles de *"n power"* están asociados a muchas actividades competitivas y asertivas con un interés en obtener y preservar prestigio y reputación. Sin embargo, desde que la competencia y particularmente las actividades agresivas son altamente controladas por la sociedad, debido a sus efectos potencialmente destructivos, la *válvula de escape* para esta motivación por el poder varía considerablemente de acuerdo con las normas que las personas han internalizado como comportamientos aceptables.

- *La pertenencia como motivación.* Se sabe menos de esta motivación que sobre las dos anteriores. Derivaría de la necesidad de estar con otros, pero no hay certeza de cuál es la causa natural del amor o el deseo de estar con otras personas como motivación.

Estas motivaciones se combinan con otras características para determinar acción.

Los autores que se mencionarán a continuación provienen de diversos países. De los Estados Unidos hemos seleccionado a Lyle y Signe Spencer; de Francia, a Claude Levy-Leboyer; del Reino Unido, a Gerald Cole, y varios otros de Italia. De este modo se pretende mostrar la uniformidad de ciertos criterios que pueden considerarse como básicos dentro de la metodología de Gestión por competencias.

Para una mejor explicación de la teoría sobre Gestión por competencias se dividirá el tema en los siguientes aspectos:

- Definiciones, donde se explicará qué significa el término competencias y la Gestión por competencias y cómo se definen las mismas en el marco de una organización.

- Asignación de competencias a puestos.

Gestión por competencias. Definiciones

Definición de competencias según Spencer & Spencer

En la obra *Competence at work* (1993: 9-11), estos autores aportan una definición de competencia, considerando que es una *característica profunda* de un individuo que se encuentra *causalmente relacionada con un desempeño efectivo (que se toma como criterio de referencia) y/o superior* en un puesto de trabajo o situación laboral.

"Característica profunda" significa que la competencia es una parte integradora y permanente de la personalidad de un individuo, por lo que puede predecir el comportamiento en una gran variedad de situaciones y tareas laborales.

"Causalmente relacionada" significa que la competencia es la causa o predice el comportamiento y desempeño de la persona que la posee.

"Criterio de referencia" significa que la competencia realmente predice quién hará algo bien o mal, y se mide en relación con un estándar o *criterio específico*. Los ejemplos de criterio: volumen de ventas en dólares para las personas de ventas, o la cantidad de pacientes que permanecen "sobrios" para los consejeros de alcohólicos.

Las competencias son *características profundas* del hombre e indican "formas de comportamiento o de pensar", habituales en diferentes situaciones y que permanecen por un largo período.

Cinco tipos de características:

1. *Motivación.* Aquellas cosas que una persona considera o desea en forma consistente. Las motivaciones "dirigen, conllevan y seleccionan" el comportamiento hacia ciertas acciones u objetivos y lo alejan de otros. Ejemplo: las personas motivadas que desean éxito se establecen objetivos, constantemente toman responsabilidad propia para alcanzarlos y utilizan la retroalimentación para desempeñarse mejor.

2. *Rasgos.* Características físicas y respuestas consistentes a situaciones o información.
   Ejemplo: reacción rápida y buena vista son ejemplos de competencias físicas para los pilotos de combate.
   El autocontrol y la iniciativa son "respuestas consistentes a situaciones" más complejas. Algunas personas no "molestan" a otras y actúan

"por encima y más allá del llamado del deber" para resolver problemas bajo estrés. Estas competencias son características de los gerentes exitosos.

Los motivos y las competencias son rasgos intrínsecos o "características supremas" propias de un individuo que determinan cómo se desempeñará en su puesto de trabajo a largo plazo sin una supervisión cercana.

3. *Concepto de uno mismo.* Lo que cada persona considera que es, con respecto a sus valores, características, actitudes e imagen.
Ejemplo: *autoconfianza,* la confianza que una persona tiene en sí misma con relación a su propio desempeño.
Los *valores* de un individuo permiten predecir cómo se desempeñará en su puesto a corto plazo y en situaciones donde otras personas están a cargo. Por ejemplo, es más probable que una persona que valora ser líder demuestre un comportamiento de liderazgo si se le dice que la tarea o empleo representa "una evaluación de su habilidad de liderazgo".
Por lo general, las personas que desean ser gerentes pero no les gusta o no consideran como un valor el hecho de influenciar a otros y motivarlos, pueden ser designados en puestos de gerencia o jefatura, pero fracasan en ese rol.

4. *Conocimiento.* La información que una persona posee sobre áreas específicas.
Ejemplo: conocimiento quirúrgico de los nervios y músculos en el cuerpo humano.
El conocimiento es una competencia compleja. En general, las evaluaciones de conocimiento no logran predecir el desempeño laboral (futuro) porque usualmente no es posible medir el conocimiento y las habilidades considerando con precisión la manera como se utilizarán en el puesto de trabajo. En primer lugar, muchas evaluaciones del conocimiento miden la memoria, cuando lo que realmente importa es cómo se usa la información. El conocimiento basado en la memoria respecto de hechos específicos es menos importante que la capacidad de determinar cuáles son los hechos relevantes frente a un problema determinado. O, desde otra perspectiva, saber cómo encontrar ciertos conocimientos cuando estos son necesarios es más

importante que "recordarlos". En segundo lugar, las evaluaciones de conocimiento miden, generalmente, la habilidad de la persona para determinar cuál es la respuesta adecuada entre una serie de alternativas, pero no se evalúa si una persona puede actuar sobre la base del conocimiento. Por ejemplo, la habilidad para determinar el mejor argumento es muy diferente a la habilidad para enfrentar una situación conflictiva y discutir persuasivamente. En tercero y último lugar, el conocimiento predice lo que una persona *puede* hacer, no lo que realmente hará.

5. *Habilidad*. Se refiere a la capacidad de desempeñar adecuadamente ciertas tareas físicas o mentales.
Ejemplo: la habilidad física de un dentista para arreglar una caries sin dañar el nervio; la habilidad de un programador de organizar 50.000 líneas de código en un orden lógico secuencial.
Entre las competencias mentales o cognoscitivas se incluyen las de *pensamiento analítico* (procesamiento de conocimiento y datos, determinando causa y efecto, organizando datos y planos) y *pensamiento conceptual* (reconocimiento de características en datos complejos).

El tipo o el nivel de las competencias tiene implicaciones prácticas para el planeamiento de recursos humanos. Como lo ilustra el gráfico "Modelo del iceberg", las competencias de conocimiento y habilidad tienden a ser características de las personas de tipo visible y relativamente superficiales (en el sentido de que están en la superficie de la personalidad, por lo que son fácilmente observables). El concepto de uno mismo o propio, los rasgos de personalidad y las motivaciones están más escondidos, en una zona más profunda de la mente de las personas.

El conocimiento y las competencias en relación con ciertas habilidades son relativamente fáciles de desarrollar; la manera más adecuada y efectiva de mejorar estas capacidades es mediante el entrenamiento y la capacitación.

Las motivaciones y los rasgos de personalidad presentan una dificultad mucho mayor tanto para su evaluación como para su desarrollo; lo más adecuado –siempre que sea posible– será *seleccionar* empleados que ya posean las características de personalidad y las motivaciones requeridas para cada posición.

Modelo del iceberg

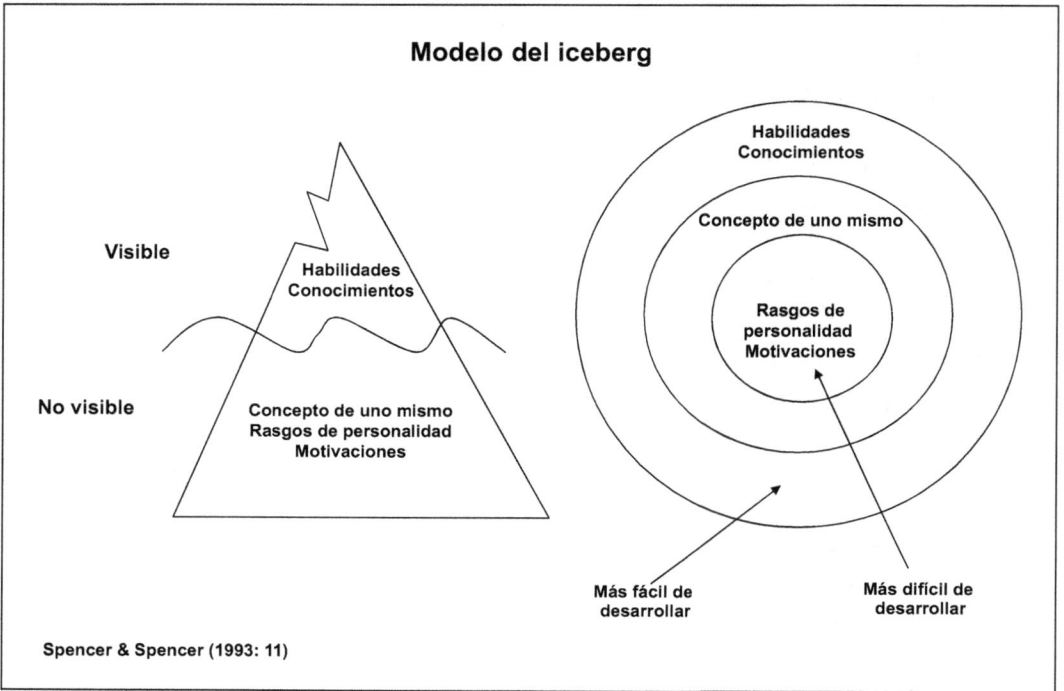

Visible

Habilidades
Conocimientos

No visible

Concepto de uno mismo
Rasgos de personalidad
Motivaciones

Habilidades
Conocimientos

Concepto de uno mismo

Rasgos de
personalidad
Motivaciones

Más fácil de
desarrollar

Más difícil de
desarrollar

Spencer & Spencer (1993: 11)

En la obra *Competence at work* (Spencer & Spencer, 1993) dicen sus autores (p. 12) que *muchas organizaciones seleccionan en base a conocimiento superficial y habilidades (contratamos a* MBA *de buenas universidades) y asumen que los nuevos empleados poseen la motivación fundamental y las características necesarias o que estas competencias se pueden infundir mediante buen management. Probablemente, lo contrario sea más económico: las organizaciones deberían seleccionar en base a buenas competencias de motivación y características y enseñar el conocimiento y habilidades que se requieren para los puestos específicos.*

En los puestos complejos, las competencias son más importantes que las habilidades relacionadas a la tarea, la inteligencia o las credenciales para predecir un desempeño superior.

En empleos de niveles superiores –técnicos, de management y profesionales–, casi todos poseen un coeficiente intelectual alto y estudios avanzados en una buena universidad. Lo que distingue a los que se desempeñan mejor en estos puestos es la motivación, habilidades interpersonales y habilidades políticas, las cuales son competencias. Los estudios de competencia son la manera más económica para cubrir estas posiciones.

Continuando con la definición de Spencer & Spencer, estos autores mencionan los siguientes conceptos y a su vez los explican del siguiente modo:

Causalmente relacionada. La motivación, los rasgos de personalidad y el concepto de uno mismo predicen el comportamiento, que a la vez predice el desempeño laboral (ver el gráfico siguiente, "Flujo del comportamiento relacionado").

Las competencias siempre incluyen o se inician en una *intención,* que es el motivo o la característica que origina el comportamiento; se podría decir que es la causa de la acción para lograr un resultado. Por ejemplo, el conocimiento y las habilidades siempre incluyen un motivo, ciertas características o rasgos de personalidad, y el concepto de uno mismo, que proporciona la dirección o el "empuje" para que el conocimiento o la habilidad puedan ser utilizados.

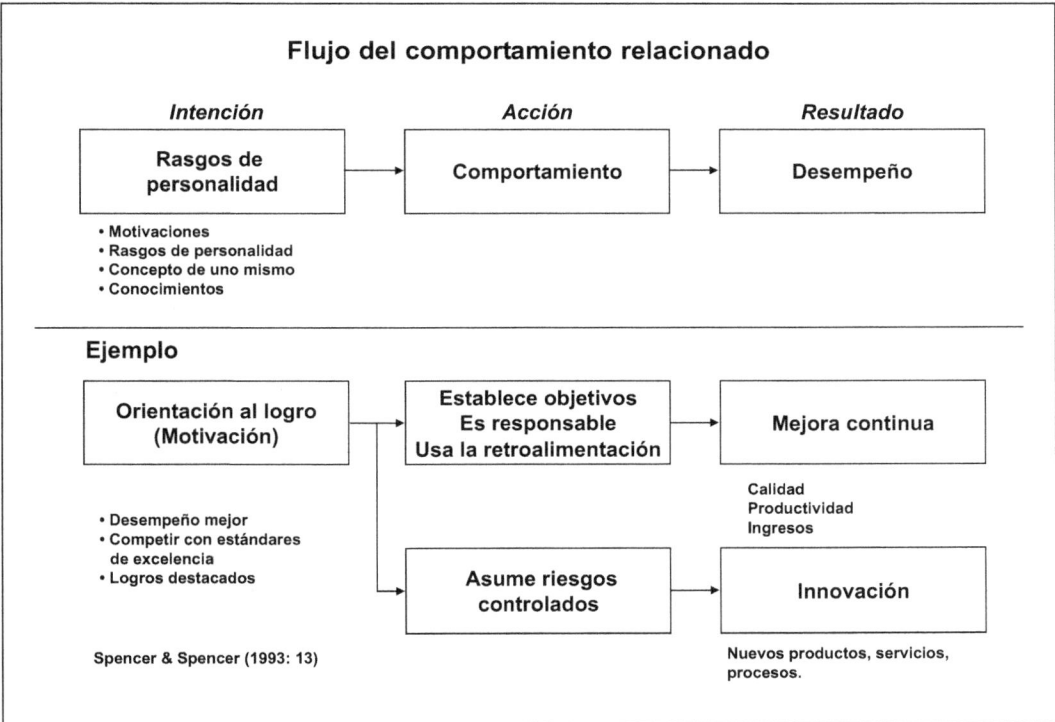

Flujo del comportamiento relacionado

Intención	*Acción*	*Resultado*
Rasgos de personalidad	Comportamiento	Desempeño

- Motivaciones
- Rasgos de personalidad
- Concepto de uno mismo
- Conocimientos

Ejemplo

Orientación al logro (Motivación)	Establece objetivos Es responsable Usa la retroalimentación	Mejora continua

- Desempeño mejor
- Competir con estándares de excelencia
- Logros destacados

Calidad
Productividad
Ingresos

	Asume riesgos controlados	Innovación

Spencer & Spencer (1993: 13)

Nuevos productos, servicios, procesos.

El comportamiento sin intención no define una competencia. Un ejemplo podría ser: "se observa a un gerente caminando por la oficina". Si quien observa no sabe *por qué* esa persona camina o pasea por la oficina, no podrá saber qué competencia está utilizando o qué se está observando. El motivo del gerente que lo lleva a caminar puede ser: aburrimiento, un calambre en una pierna, supervisar el trabajo de sus colaboradores y comprobar si todo está bien, o sólo el deseo de "ser visible", como una forma –quizá– de que los empleados trabajen más.

Los comportamientos pueden incluir pensamientos no visibles, que preceden y predicen el comportamiento. Ejemplos: motivación (pensar en desempeñarse mejor), planeamiento, o análisis de un problema previo a su resolución.

Criterio de referencia. Los autores de *Competence at work* (p. 13) continúan diciendo que el criterio de referencia es esencial para la definición de competencias. *Un rasgo o característica no es una competencia a menos que prediga algo importante en el mundo real.* El psicólogo William James aseguró que la regla principal de los científicos debería ser: "una diferencia que no *hace* diferencia no *es* diferencia". Una característica o credencial que no hace diferencia en el desempeño no es una competencia y no debería utilizarse como referencia para evaluar personas.

Los criterios que se utilizan con más frecuencia en los estudios de competencia son:

- *Desempeño superior.* Es una desviación tipo por encima del promedio de desempeño. Aproximadamente una de cada diez personas alcanza el nivel superior en una situación laboral.

- *Desempeño eficaz.* Por lo general, esto significa un nivel "mínimamente aceptable" de trabajo. Es el punto que debe alcanzar un empleado; de lo contrario, no se lo consideraría competente para el puesto.

Categorías de competencias

Las competencias se dividen en dos categorías: "punto inicial" y "diferenciales" (Spencer & Spencer, 1993: 13):

- *Competencias de punto inicial.* Son características esenciales (generalmente conocimientos o habilidades básicas) que se necesitan en un empleo para desempeñarse adecuadamente. Competencias de punto inicial son, por ejemplo, para un vendedor, el conocimiento del producto que ofrece y la habilidad para hacer facturas.

- *Competencias diferenciales.* Estos factores distinguen a las personas de niveles superiores de las demás. Por ejemplo, la competencia *Orientación al logro,* que implica establecerse objetivos más altos que los que la organización requiere.

Según Spencer & Spencer, las competencias se pueden clasificar en:

Competencias de logro y acción:
- *Orientación al logro o a los resultados*
- *Preocupación por el orden, la calidad y la precisión*
- *Iniciativa*
- *Búsqueda de información*

Competencias de ayuda y servicio:
- *Entendimiento interpersonal*
- *Orientación al cliente*

Competencias de influencia:
- *Influencia e impacto*
- *Construcción de relaciones*
- *Conciencia organizacional*

Competencias gerenciales:
- *Desarrollo de personas*
- *Dirección de personas*
- *Trabajo en equipo y cooperación*
- *Liderazgo*

Competencias cognoscitivas:
- *Pensamiento analítico*
- *Razonamiento conceptual*
- *Experiencia técnica/profesional/de dirección*

Competencias de eficacia personal:
- *Autocontrol*
- *Confianza en sí mismo*

- *Comportamiento ante los fracasos*
- *Flexibilidad*

En la obra ya citada (pp. 343-344), Spencer & Spencer presentan una serie de competencias para niveles ejecutivos y gerenciales. Dado que el libro de referencia fue publicado hace más de diez años, lo que en aquel entonces se denominó "del futuro" se podría interpretar como "actual".

Para ejecutivos:
- *Pensamiento estratégico*
- *Liderazgo de cambio*
- *Relaciones públicas (habilidad para establecer relaciones e influenciar sobre redes complejas de personas)*

Para gerentes:
- *Flexibilidad*
- *Implementación del cambio*
- *Innovación*
- *Relaciones interpersonales*
- *Empowerment*
- *Dirección de equipos*
- *Adaptabilidad*

Para concluir el análisis sobre estos autores, transcribimos la siguiente reflexión de la obra *Competence at work* (p. 347): *La dirección de recursos humanos agrega valor cuando ayuda a que las personas y las organizaciones mejoren el nivel actual de desempeño. Los métodos de competencia descriptos se centran en la identificación de las características humanas que se pueden medir y desarrollar y que (con una buena concordancia persona-puesto) predicen desempeño superior y satisfacción laboral, sin discriminar por raza, edad, sexo, cultura o educación. El enfoque por competencias es más justo, más libre y más eficaz. Las competencias proporcionan un lenguaje y un método en común que pueden integrar todas las funciones y servicios de recursos humanos —selección, evaluación de desempeño, planeamiento de carrera y sucesión, capacitación y desarrollo, y remuneración— para ayudar a que las personas, las firmas e incluso las sociedades sean más productivas en los difíciles años que vienen.*

Definición de competencias según Levy-Leboyer

En la obra *Gestión de las competencias* (1996: 54) Levy-Leboyer define competencias como *repertorios de comportamientos que algunas personas dominan mejor que otras, lo que las hace eficaces en una situación determinada.*

Esos comportamientos son observables en la realidad cotidiana del trabajo e, igualmente, en situaciones de evaluación. Ponen en práctica, de forma integrada, aptitudes, rasgos de personalidad y conocimientos adquiridos.

Las competencias *representan un trazo de unión entre las características individuales y las cualidades requeridas para llevar a cabo misiones profesionales precisas.*

En este punto deseamos señalar que esta autora incluye el concepto de *comportamientos* en la definición de competencias, aspecto que considero muy importante ya que es clave a la hora de implantar una metodología de Gestión por competencias en el marco de una organización.

Levy-Leboyer presenta un listado de competencias universales para los cuadros superiores:

- *Presentación oral*
- *Comunicación oral*
- *Comunicación escrita*
- *Análisis de problemas de la organización*
- *Comprensión de los problemas de la organización*
- *Análisis de los problemas de fuera de la organización*
- *Comprensión de los problemas de fuera de la organización*
- *Planificación y organización*
- *Delegación*
- *Control*
- *Desarrollo de sus subordinados*
- *Sensibilidad*
- *Autoridad sobre individuos*
- *Autoridad sobre grupos*
- *Tenacidad*
- *Negociación*
- *Vocación para el análisis*

- *Sentido común*
- *Creatividad*
- *Toma de riesgos*
- *Decisión*
- *Conocimientos técnicos y profesionales*
- *Energía*
- *Apertura a otros intereses*
- *Iniciativa*
- *Tolerancia al estrés*
- *Adaptabilidad*
- *Independencia*
- *Motivación*

La autora plantea diferentes listados de competencias. Uno que resulta interesante es el de aquellas que denomina *supracompetencias:*

Intelectuales:
- *Perspectiva estratégica*
- *Análisis y sentido común*
- *Planificación y organización*

Interpersonales:
- *Dirección de colaboradores*
- *Persuasión*
- *Decisión*
- *Sensibilidad interpersonal*
- *Comunicación oral*

Adaptabilidad:
- *Adaptación al medio*

Orientación a resultados:
- *Energía e iniciativa*
- *Deseos de éxito*
- *Sensatez para los negocios*

¿Las competencias son individuales? Si es así, ¿cuál es su relación con las empresas? Para Levy-Leboyer las competencias individuales y competencias clave de la empresa están en estrecha relación: las competencias de la empresa están constituidas ante todo por la integración y la coordinación de las competencias individuales, al igual que, a otra escala, las competencias individuales representan una integración y una coordinación de *savoir faire,* conocimientos y cualidades individuales. De ahí la importancia, para la empresa, de administrar bien su stock de competencias individuales, tanto actuales como potenciales.

En otras palabras, así como las competencias individuales son la base del desempeño de las personas, y muy importantes para ellas, las competencias de la empresa también lo son para esta.

¿Cómo se identifican unas y otras? Las competencias individuales se identifican a través del análisis de los comportamientos. Las competencias de la empresa, en cambio, utilizando métodos de análisis de mercado y de evolución de los proyectos de la organización.

Los diagnósticos de competencias individuales permiten saber lo que cada persona aporta al ejercicio de una misión que le ha sido encargada para realizarla lo mejor posible. El análisis de las competencias de la empresa permite definir los espacios del mercado en los que la empresa es competitiva a largo y corto plazo.

Las competencias individuales son patrimonio del individuo. Las competencias de la empresa son desarrolladas en común por los individuos, pero pertenecen a la empresa.

De todos modos, los diferentes autores coinciden en que la supervivencia de las empresas depende de su capacidad para crear conocimiento en sus recursos humanos, y utilizarlo.

Definición de competencias según otros autores

Lucia y Lepsinger (1999: 6-7) aportan una mirada interesante sobre el modelo de competencias, desde una perspectiva diferente de las que hemos visto hasta aquí.

Se realiza una distinción entre competencias innatas y adquiridas, presentando un gráfico ilustrativo que denominan *"Competency Pyramid". Un modelo de competencias* –dicen– *debería incluir las habilidades innatas y las adquiridas. De este modo sería esencialmente una pirámide construida sobre la base de los talentos inherentes (innatos) e incorporando los tipos de habilidades y conocimientos que pueden ser adquiridos a través del estudio, el esfuerzo y la experiencia. El tope de la pirámide es un conjunto específico de comportamientos que son la manifestación de todas las habilidades innatas y adquiridas (...).*

Expresar aquellas habilidades en términos de comportamientos es importante por dos razones: 1) permite definir ejemplos para su más sencilla evaluación y 2) los comportamientos se pueden desarrollar de alguna manera.

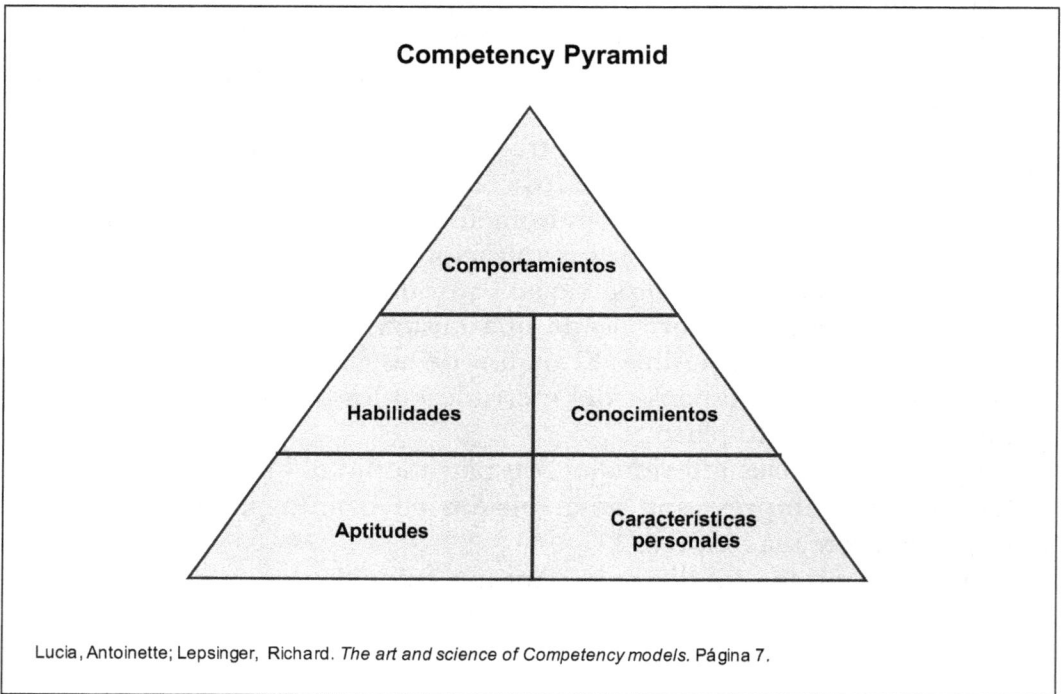

Competency Pyramid

Comportamientos

Habilidades

Conocimientos

Aptitudes

Características
personales

Lucia, Antoinette; Lepsinger, Richard. *The art and science of Competency models.* Página 7.

Para Colardyn (1996: 53) las competencias se pueden definir como *el conjunto de las capacidades demostradas en la vida profesional y social presente. Las competencias son individuales, son particulares de cada individuo y están íntimamente ligadas y dependen del contexto social general donde el individuo actúa o se desenvuelve y, muy especialmente, en relación con su campo de actividad, su especialidad y el sector profesional en el cual él vive cotidianamente.*

La autora hace una diferenciación interesante entre *competencias* y *calificaciones;* incluiremos a continuación sólo algunos de los ejemplos que la autora brinda (p. 54).

Calificaciones	Competencias
Capacidades adquiridas y reconocidas por la educación formal	Capacidades demostradas en la vida profesional y social presente
Certificadas por examen	Evaluación de competencias (observación de comportamientos)
Se centran en el conocimiento de ciertas disciplinas	Se centran en la producción de resultados relacionados a un contexto profesional o personal preciso

Para la autora francesa Nadine Jolis (1998: 29-30) las competencias se correlacionan entre sí y se dividen en:

a) *Competencias teóricas.* Por ejemplo: conectar saberes adquiridos durante la formación con la información.

b) *Competencias prácticas.* Por ejemplo: traducir la información y los conocimientos en acciones operativas o enriquecer los procedimientos con calidad.

c) *Competencias sociales.* Por ejemplo: lograr que trabaje un equipo o capacidad para relacionarse.

d) *Competencias del conocimiento (combinar y resolver).* Por ejemplo: conjugar información con saber, coordinar acciones, buscar nuevas soluciones, poder (y saber) aportar innovaciones y creatividad.

Las tres primeras categorías convergen en la última.

Relación entre las competencias

Competencias teóricas

Competencias prácticas

Competencias sociales

Competencias del conocimiento (combinar y resolver)

Obrar en la práctica (implementación)

Jolis, Nadine. *Compétences et Compétitivité.*

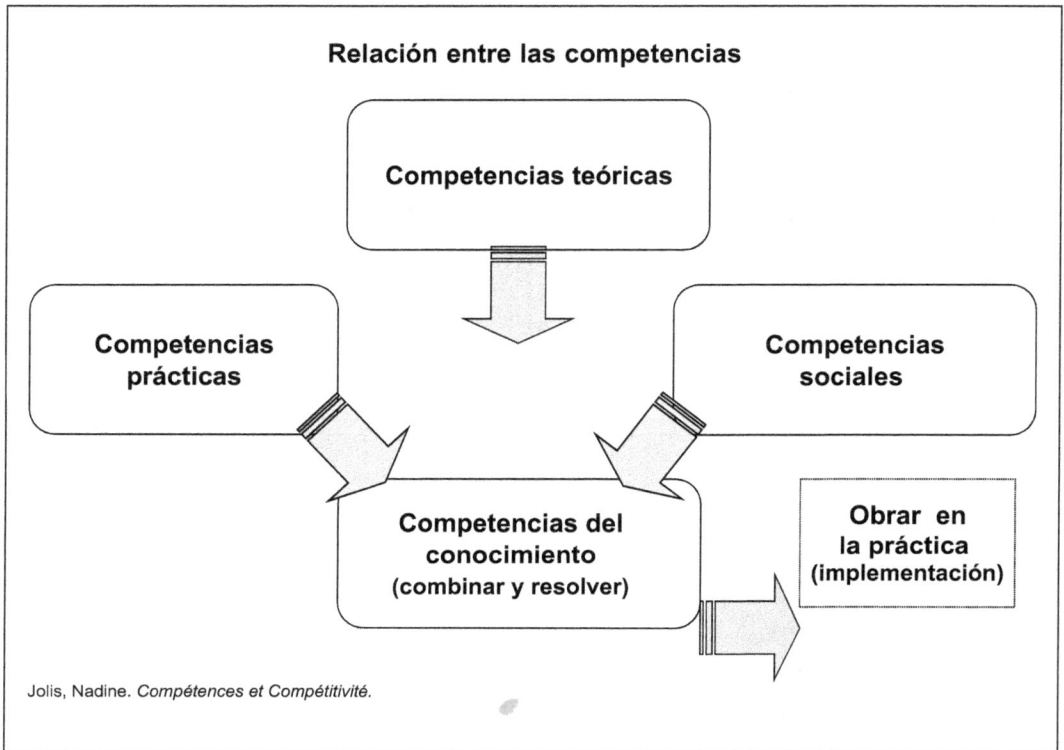

El reconocimiento de las diferentes competencias tiene mucha importancia en la implementación de los procesos de Recursos Humanos. Para capacitar o evaluar al personal podrá ser de gran ayuda comprender las diferencias entre unas y otras, ya que pueden requerir diferentes caminos o soluciones a desarrollar.

Una reflexión sobre las definiciones de competencias

Como se aprecia en los apartados anteriores, el concepto de competencias es complejo e implica una serie de elementos a tener en cuenta. Lamentablemente, en la práctica profesional, en especial en Argentina, se le ha dado al término un uso corriente, quitándole su verdadero significado.

Para referirse a competencias se debe tener en cuenta que se trata de características profundas de personalidad que se componen por los rasgos propiamente dichos, las motivaciones y el concepto de uno mismo. Los tres factores en su conjunto determinan el comportamiento del individuo, elemento que luego se utiliza para la medición de las competencias. Ahora bien, una competencia (rasgos, motivaciones y concepto de uno mismo) se entiende con relación "a algo", que es un estándar de efectividad o desempeño superior. Dicen Spencer & Spencer (1993: 9), en su definición de *competencia,* que esta se mide en relación con un estándar o *criterio específico.* Por lo tanto, la metodología de Gestión por competencias difiere del tradicional enfoque referido a las "características de personalidad" evaluadas en base a un estándar poblacional, ya que en Gestión por competencias el criterio o estándar con el cual se mide una competencia es particular de cada organización.

Un modelo estratégico

Renato Boccalari, en una obra que reúne trabajos de varios autores titulada *Competenze. Leva di eccellenza delle persone e delle organizzazioni* (Boccalari *et al.,* 2004), se refiere a la diferencia entre un modelo de competencias psicológico y uno de tipo estratégico. *La máxima conducción de la empresa podrá asegurar la continuidad de la misma sólo desarrollando las competencias distintivas; estas deberán reflejar –a su vez– la fuente duradera donde se recogerá el producto futuro. ¿Cómo definir una "competencia distintiva"? Como aquella que reúne una serie de competencias y tecnologías que permite a una empresa ofrecer un beneficio a su cliente* (p. 24-27). Brinda como ejemplo el de una empresa tradicional de correo privado cuyo lema es la puntualidad en la entrega al cliente. Allí la competencia distintiva se relaciona con una compleja y sofisticada actividad logística. A su vez, la competencia es distintiva cuando:

- Agrega valor para el cliente.

- Diferencia a la empresa de otras que brindan el mismo servicio o producto.

- Permanece en el tiempo (es una característica temporalmente estable y que está presente en los diferentes escenarios donde la organización actúa y en los diversos productos que ofrece).

Más adelante plantea los pasos a seguir:

- *Identificar la competencia distintiva.*
- *Elaborar un programa para su adquisición (de la competencia distintiva).*
- *Construir la nueva competencia.*
- *Distribuir la competencia distintiva a todos los productos, a todos los mercados.*
- *Determinar cómo llevar la competencia distintiva a los gerentes y empleados.*

Este último es –usualmente– el aspecto más difícil. Cómo transformar una competencia organizacional (la competencia distintiva) en competencias individuales.

La estrategia de la organización también es mencionada por Spencer & Spencer en su obra *Competence at work* (1993: 264-265), donde se considera que la evaluación del desempeño es un ciclo donde los gerentes y sus subordinados realizan una serie de pasos o superan determinadas etapas, y mencionan que *para ello se plantean algunos requisitos: 1) Definir la estrategia organizacional. 2) Definir objetivos organizacionales. 3) Definir objetivos por área o unidad de trabajo.*

Si bien tanto estos autores como Boccalari presentan otros métodos para la recolección de competencias, como el estudio de ciertos casos de éxito (Spencer & Spencer, 1993: 94-95), en algunos pasajes de sus respectivas obras introducen la necesidad de considerar los planes estratégicos de la organización dentro del modelo de competencias.

Asignación de competencias a puestos

Para asignar competencias a un puesto de trabajo debe existir una "descripción del puesto o cargo". Para definir un puesto de trabajo hay que tener en cuenta el propósito general del puesto y sus principales responsabilidades (Cole, 1997: 125). De todos modos, la tarea no es sencilla, ya que muchas veces se dejan sin describir pequeños detalles que son fundamentales.

Spencer & Spencer, en el capítulo 18 de su obra *Competence at work,* el cual trata la temática de la selección de personas y la adecuación persona-puesto, plantean (p. 254) los "Métodos de concordancia entre el puesto y la persona" y mencionan que en un modelo de Recursos Humanos fundado en competencias, tanto la selección como la reubicación de personas debe basarse en la adecuación de cada persona con el puesto que ocupa. Retomando lo planteado por estos autores en el capítulo 2 de su obra (pp. 9-13), hay que decir que las competencias de una persona surgen de la combinación de una serie de elementos: los rasgos de personalidad, las motivaciones y el concepto de uno mismo. Por lo tanto, la adecuación persona-puesto implica comparar lo que el puesto requiere con las competencias de las personas, conformadas por los diferentes conceptos mencionados.

En resumen, estos autores aseguran (p. 254) que en *los sistemas de management de Recursos Humanos basados en las competencias, las decisiones de selección y ubicación se basan en el encuadre o concordancia entre los requisitos del puesto, en materia de competencias, y las competencias de la persona. Una premisa importante es que "cuanto mayor sea la concordancia entre los requisitos del puesto y las competencias de la persona, mejor será el desempeño y la satisfacción laboral de esta". El desempeño y la satisfacción elevada, a su vez, predicen la retención (1) porque las personas con un buen desempeño no se despiden; y (2) porque es menos probable que los empleados satisfechos renuncien.*

Boccalari *et al.* han reunido, en la obra *Competenze* (2004, 98 y ss), trabajos de diversos autores relacionados con la práctica profesional en Europa. Entre ellos uno de Enrico Oggioni donde se trata la "mappadura", nombre con el cual llaman a la asignación o identificación del grado necesario de una competencia según el puesto. *Si no se identifica la competencia necesaria, no son posibles ni la medición ni el desarrollo de las competencias. La importancia de una competencia es diferente en cada caso y tiene directa relación con la organización, con cómo esta desea desenvolverse en un futuro. La determinación de "la competencia necesaria" se relaciona con los planes estratégicos de la organización, de sus valores y objetivos.*

La asignación de competencias puede realizarse por roles organizacionales, por funciones y familias de puestos, por procesos, entre otras variantes. La asignación de competencias (mappadura) por funciones o familias de puestos implica reunir a todos aquellos que desempeñen funciones similares o que pertenezcan a una misma familia profesional.

Para una mejor medición de las competencias, estas deben ser abiertas en grados. Renato Boccalari (2004: 60) presenta un ejemplo en el que la competencia es abierta en tres niveles. El siguiente cuadro es una versión resumida del presentado por el autor en relación con los niveles de una competencia que él considera clave para un gerente.

Grado básico	Efectúa la tarea asignada transmitiendo su propia experiencia, verificando la calidad del servicio prestado al cliente.
Grado experto	Organiza y planifica las actividades relacionadas con los clientes; promueve el cambio.
Grado excelente	Realiza seguimiento de las actividades y promueve nuevas acciones con el propósito de afianzar la relación con el cliente.

La apertura de una competencia en grados que corresponden a determinados comportamientos observables será lo que permitirá su evaluación y medición.

A modo de resumen del Anexo I

El término *competencia* hace referencia a las características de personalidad que, en las organizaciones, se las reconoce en la gestión de los recursos humanos, ya sea bajo el nombre de competencias –para los que utilizan esta metodología– o bajo la denominación más universal de *características de personalidad.*

Otro concepto que es importante reiterar: no se trata de una moda. Se trabaja bajo modelos de competencias desde hace decenas de años, con sus variantes y evolución.

Existe en diversos medios, aun en los académicos, una profunda confusión sobre conceptos que, siendo parecidos, significan cosas muy diferentes: las *competencias laborales* y las *competencias conductuales.*

En el caso de las empresas que han implementado un modelo de Gestión por competencias, es importante tener en cuenta que se trata de una metodología de management, una manera de "manejar" los recursos humanos de una organización para lograr alinearlos a la estrategia de negocios. Cuando esta modelización se hace correctamente es beneficiosa, al mismo tiempo, tanto para la empresa como para sus empleados.

La Organización Internacional del Trabajo impulsa a nivel mundial una serie de programas tendientes a lograr la Certificación en *competencias laborales* de personas que no poseen un título o certificado que permita acreditar un conocimiento o especialidad determinado. Estos programas de certificación son impulsados, a su vez, desde los gobiernos de los respectivos países.

La mayoría de las definiciones de competencias laborales plantean una mezcla de conceptos requeridos para un puesto de trabajo: conocimientos específicos y habilidades necesarias para un desempeño adecuado.

Las competencias laborales se relacionan con oficios y por extensión se aplican a profesiones de tipo universitario, y en algunos países se han aplicado en relación con el sistema educativo formal. Más allá del nivel educacional que abarque, en nuestra opinión, la principal diferencia entre competencias laborales y la Gestión por competencias radica en el propósito con que cada una de ellas fue concebida (una para certificar capacidades de los trabajadores, otra como modelo de gestión para las organizaciones).

En la práctica, tanto académica como profesional, a las "competencias conductuales" se las denomina simplemente "competencias", sin aditamento alguno, y a las que se definieron en la OIT, "competencias laborales".

Es decir que respecto del concepto de competencias existen dos definiciones relevantes: la que se origina en la OIT y la que se utiliza en modelos de management –las competencias conductuales–. Estas fueron las consideradas en este trabajo.

Los estudios e investigaciones sobre competencias en las organizaciones se basan en los trabajos de David McClelland (*Human Motivation,* obra original de 1987, y otros posteriores). Entre los principales exponentes sobre la temática de competencias –seguidores de McClelland– se puede distinguir a los norteamericanos Spencer & Spencer, que definen *competencia* como *una característica subyacente de un individuo que está causalmente relacionada a un estándar de efectividad y/o a una performance superior en un trabajo o situación.* La obra de estos autores aporta un esquema completo sobre cómo implantar, en una organización, un modelo de competencias. Otro exponente muy reconocido es la profesora francesa Claude Levy-Leboyer.

Quizá se ha dejado fuera a otros autores que –también– tratan el tema de competencias. No obstante, creo haber citado a los pioneros y más importantes. Esta no es sólo mi opinión, sino que la misma es compartida por otros estudiosos del tema y especialistas en la materia.

ANEXO II

Libros de Martha Alles sobre Gestión por competencias

Serie Martha Alles - Recursos Humanos. Ediciones Granica

Gestión por competencias es una temática tratada por la autora en una serie de obras, las cuales abarcan los diferentes aspectos que la componen.

Cambio cultural	
	Comportamiento organizacional. Cómo lograr un cambio cultural a través de Gestión por competencias En esta obra se trata la temática relacionada con el comportamiento organizacional. En relación con competencias se sugiere al lector: • Capítulo 5. *Nuevas tendencias en management* • Capítulo 6. *Cómo relacionar el comportamiento organizacional con la función y los subsistemas de Recursos Humanos* • Capítulo 7. *Cómo lograr un cambio cultural*
Recursos Humanos y Gestión por competencias. Su aplicación a los distintos subsistemas	
	5 pasos para transformar una oficina de personal en un área de Recursos Humanos Es una obra de tipo introductorio donde a través de seis capítulos se lleva al lector, paso a paso, a lo prometido desde el título: transformar un área de personal donde sólo se atienden temas administrativos y en relación con el cumplimiento de las leyes, en un soporte estratégico de la Dirección General. Los 5 pasos son: 1. *Descripción de puestos* 2. *Formación / selección* 3. *Compensaciones* 4. *Desempeño* 5. *Carreras* Sobre el final se relaciona la obra con Gestión por competencias.

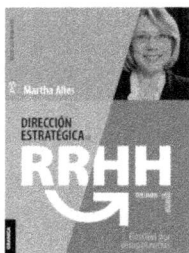

Dirección estratégica de Recursos Humanos. Gestión por competencias. Nueva edición

Para una correcta aplicación de las buenas prácticas en Recursos Humanos se debe comenzar por conocer y poner en uso los distintos subsistemas de Recursos Humanos.
Esta obra es introductoria para los estudiosos del tema, así como para los profesionales del área que deseen conocer acerca de las buenas prácticas.
En el Capítulo 2 se brinda al lector una breve introducción a la Gestión por competencias. A continuación, cada uno de los subsistemas de Recursos Humanos es tratado de manera general y luego, en particular, bajo la metodología de Gestión por competencias.

Esta obra, que fue publicada originalmente en el año 2000, fue revisada en una nueva edición.

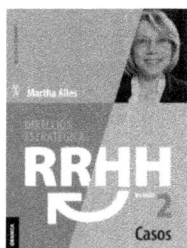

Dirección estratégica de Recursos Humanos. Gestión por competencias. CASOS. Nueva edición (en prensa)

Es una obra complementaria de la anterior. Por lo tanto, para cada capítulo se ofrecen casos prácticos basados en circunstancias reales, con los debidos cambios para no identificar de manera directa a las organizaciones sobre las cuales están basados.

Definición del modelo de competencias. Trilogía

Diccionario de competencias. La Trilogía. Tomo 1

En esta obra se presenta al lector las 60 competencias más utilizadas en el siglo XXI junto a las buenas prácticas en Recursos Humanos en la materia y un glosario de términos. Además: *Cómo explicarle al número 1 por qué implantar Gestión por competencias; La Trilogía. Los tres diccionarios en Gestión por competencias. Su aplicación práctica;* y *Diccionario de competencias. Cómo utilizarlo.*
La obra incluye tres anexos que la complementan. Este es uno de ellos, que se presenta junto con: *Cómo tratan la temática de competencias otros autores* (en esta sección, a modo de "estado del arte", se presentan los autores que han estudiado la temática desde diferentes vertientes) y *Herramientas de la Metodología Martha Alles International para Gestión por competencias* (donde se describen las diferentes herramientas diseñadas con el propósito de poner en práctica los distintos aspectos relacionados con Gestión por competencias).

Diccionario de comportamientos. La Trilogía. Tomo 2 Nueva edición

La nueva edición del *Diccionario de comportamientos* presenta al lector 1.500 comportamientos relacionados con las 60 competencias más utilizadas en el siglo XXI que se exponen en el *Diccionario de competencias. La Trilogía. Tomo 1*.

Se incluye además un capítulo específico para explicar cómo se lee un diccionario de comportamientos y su utilización práctica.

Al igual que la obra mencionada anteriormente, se incluye un capítulo con las buenas prácticas en Recursos Humanos en la materia y un glosario de términos, y *La Trilogía. Los tres diccionarios en Gestión por competencias*.

La obra incluye tres anexos que la complementan. Al igual que el libro referido anteriormente: *Diccionario de competencias. La Trilogía. Tomo 1*, y que *Diccionario de preguntas. La Trilogía. Tomo 3*.

Diccionario de preguntas. La Trilogía. Tomo 3. Nueva edición

La nueva edición de *Diccionario de preguntas* presenta al lector 344 preguntas, relacionadas con las 60 competencias más utilizadas en el siglo XXI, que se presentan en el *Diccionario de competencias. La Trilogía. Tomo 1*.

Se incluye además un capítulo específico para explicar cómo se formulan las preguntas y la utilización práctica del *Diccionario de preguntas*.

Al igual que las dos obras mencionadas anteriormente, se incluye un capítulo con las buenas prácticas en Recursos Humanos en la materia y un glosario de términos, y *La Trilogía. Los tres diccionarios en Gestión por competencias*.

La obra incluye tres anexos que la complementan, al igual que dos de los libros referidos anteriormente: *Diccionario de competencias. La Trilogía. Tomo 1*, y *Diccionario de comportamientos. La Trilogía. Tomo 2*.

Selección y competencias

Selección por competencias. 20 pasos para un proceso exitoso

A través de diez capítulos se tratan todos los temas relacionados con la selección de personas, haciendo foco en la selección por competencias.

Especialmente se destacan los siguientes temas: Talento y competencias; El rol de la motivación; La selección de personas en contextos de alto desempleo; Reclutamiento y selección; Selecciones internacionales y globalización; Quién puede ser un buen selector; Definición del perfil; Planificación de una selección; Gestión por competencias y selección; La entrevista por competencias; La entrevista BEI *(Behavioral Event Interview)* o entrevista por incidentes críticos; *Assessment Center Method* (ACM); Negociación, oferta e incorporación; Comunicación y ética durante un proceso de selección; Aplicación de índices de control de gestión en un proceso de selección.

Elija al mejor. Cómo entrevistar por competencias

Es una obra eminentemente práctica dedicada especialmente a la entrevista. Presenta preguntas para explorar diferentes aspectos del entrevistado, entre ellos, sus competencias.

Fue la primera obra de la autora sobre competencias. La misma apareció por primera vez en el año 1999 y para su nueva edición fue totalmente revisada.

Desempeño y competencias

Desempeño por competencias. Evaluación de 360°.
Nueva edición revisada, 2008

La obra presenta al lector dos tipos bien diferenciados de evaluaciones de desempeño. La evaluación de desempeño vertical, que combina *objetivos* con *competencias,* y las evaluaciones que se realizan para el desarrollo de personas, como la evaluación de 360° y la de 180°. En todos los casos, utilizando competencias.

En este trabajo de la autora se destacan la profusión de formularios, ejemplos y aplicaciones prácticas para ilustrar todos los temas, las distintas evaluaciones y muy especialmente el Capítulo 8: *Caso práctico de evaluación de desempeño por competencias sobre la base de comportamientos observables.*

Se pueden destacar los siguientes temas: Cómo relacionar la estrategia de los negocios con el desempeño; Evaluación de desempeño vertical; Cómo analizar comportamientos; Las Fichas de evaluación en la Metodología Martha Alles; Evaluación de 360°; Evaluación de 180°; Entrenamiento a evaluadores.

Formación y desarrollo de competencias

Desarrollo del talento humano. Basado en competencias.
Nueva edición revisada, 2008

Como su nombre lo indica, esta obra está destinada al desarrollo de competencias.

En este libro la autora plantea que el talento que asegura el éxito en una determinada posición laboral está conformado por las competencias requeridas por el puesto. De esta manera le quita al concepto de *talento* un halo mágico que usualmente lo envuelve, dándole una significación objetiva que permite así definirlo, medirlo y, por sobre todas las cosas, desarrollarlo positivamente, en beneficio de las organizaciones y de las personas que las integran. Muchos sostienen que las competencias se poseen o no. En el libro se plantea, primero, que las competencias se pueden desarrollar.

Luego, la obra explica cómo se desarrollan las competencias y los métodos para el desarrollo de competencias, los cuales, en orden de eficacia, son:

* Autodesarrollo
* Entrenamiento experto
* Codesarrollo

No obstante, su mejor aplicación es sistémica, combinando los tres métodos.

Para el autodesarrollo se plantean una serie de vías, tales como deportes, hobbies, actividades extracurriculares, lecturas, análisis de películas y referentes.

La obra presenta un capítulo sobre *Gestión del conocimiento y el desarrollo de competencias,* y en su Capítulo 8 ofrece un esquema completo para la intranet destinado al desarrollo de personas.

En la nueva edición 2008 se presentan por primera vez nuevas técnicas para el autodesarrollo dentro de la organización bajo el formato de *Guías de desarrollo dentro del trabajo.*

Codesarrollo. Una nueva forma de aprendizaje

El siglo XXI enfrenta a las organizaciones con un problema que incluye a los países desarrollados y, también, a Latinoamérica: la escasez de talento. Por lo tanto, no sólo hay que poder atraerlo sino que, además, se debe retener y desarrollar al propio.

El aprendizaje de adultos no es un tema nuevo y las teorías existentes hasta el presente, si bien son eficaces, no se ven reflejadas en los métodos utilizados por las organizaciones. Ante esta carencia surge un nuevo método de aprendizaje: codesarrollo.

El codesarrollo es un método de aprendizaje que ha surgido del Centro de Investigaciones de Nuevas Aplicaciones de Martha Alles International, firma que lo ha lanzado al mercado hace unos pocos años con notable éxito y experiencias altamente positivas.

A lo largo de siete capítulos se tratan los siguientes temas: Desarrollo de personas fuera del trabajo; Las buenas prácticas en formación; Modelo organizacional de formación; El codesarrollo es un método de aprendizaje; Codesarrollo, la importancia del diseño; Caminos para poner en práctica el codesarrollo; Codesarrollo, estrategia y cambio cultural.

Programas para el desarrollo de personas dentro de la organización

Construyendo talento

Una buena gestión de RRHH implica desarrollar a las personas que integran la organización tanto en conocimientos como en competencias.

En esta obra el lector encontrará una amplia gama de programas internos para el desarrollo de personas, desde aquellos que aseguran la continuidad organizacional, como los planes de sucesión y los diagramas de reemplazo, hasta otros que, dentro de las nuevas tendencias, consideran los diferentes intereses y capacidades de las personas al ofrecer carreras de tipo gerencial (jerárquicas) junto con otras denominadas "de especialista", donde el foco no es el crecimiento vertical.

El libro abarca —también— todos los programas tendientes a generar o crear talento, una verdadera cantera de personas formadas, listas para asumir nuevos desafíos, como los planes de carrera, de jóvenes profesionales y de personas clave.

Por último, la obra trata sobre los programas que involucran a los jefes, como *mentoring,* entrenamiento experto y jefe entrenador.

Para que estos programas sean eficaces, en la primera parte se describe cómo medir las capacidades y cómo elegir entre varias opciones. Y al final, de qué manera plasmar todo en planes individuales y colectivos.

Rol del jefe. Cómo ser un buen jefe

Esta obra está destinada a los jefes de cualquier nivel y los temas allí tratados son enfocados desde la metodología de Gestión por competencias.

La palabra *jefe* implica un concepto referido a todos aquellos que tienen personas a su cargo, sin importar su nivel jerárquico. El número uno de la organización es jefe al igual que otros que reportan a él y también tienen personas a su cargo. Del mismo modo, es jefe aquel que posee una pequeña empresa en la que trabajan otras personas junto a él, familiares o no, y también es jefe el director de una película o de una orquesta, ballet o equipo deportivo.

A partir de ese concepto, se identifica un aspecto totalmente descuidado hasta ahora en la gestión de los recursos humanos en las organizaciones: todo jefe debe cumplir una doble función. Por un lado, la que responde al requerimiento evidente de su puesto, esto es, efectuar las tareas que requiere el día a día de su sector, y, por otra parte, el rol de gestión de los recursos humanos a su cargo, lo que implica que deberá agregar a sus tareas específicas las de seleccionar a sus colaboradores, evaluarlos, delegarles tareas, alentarlos, comunicarles la misión, visión, valores y estrategia organizacionales, entrenarlos y, lamentablemente, desvincularlos cuando ello sea necesario.

En este trabajo se presentan temas complejos con un estilo simple, considerando que la mayoría de los potenciales lectores tienen múltiples responsabilidades y, además, son jefes.

Como complemento de esta obra, se han preparado tres libros-cuaderno: *Cómo ser un buen jefe en 12 pasos, Cómo delegar efectivamente en 12 pasos* y *Cómo transformarse en un jefe entrenador en 12 pasos*. Todos constituyen un material de tipo práctico y de reflexión para mejorar paso a paso el desempeño como jefe.

La mayoría de las obras mencionadas precedentemente tienen sus correspondientes materiales para profesores en *www.competencias.com*, sección *Sala de profesores*.

Allí podrá encontrar material para el dictado de clases y casos prácticos para cada uno de los temas tratados.

PARA TODOS LOS LECTORES
Disponible en formato digital un Anexo donde se ha realizado un análisis detallado de libros y subsistemas que complementa las temáticas abordadas en esta obra.

PARA PROFESORES

La *Trilogía* está compuesta por tres obras relacionadas entre sí:

❖ *Diccionario de competencias*
❖ *Diccionario de comportamientos*
❖ *Diccionario de preguntas*

Para una mejor explicación de la aplicación práctica de la *Trilogía* hemos preparado:

➔ Casos prácticos y/o ejercicios para una mejor comprensión de los temas tratados.
➔ Material de apoyo para el dictado de clases.

Los profesores que hayan adoptado esta obra para sus cursos, tanto de grado como de posgrado, pueden solicitar de manera gratuita las obras:

• *Trilogía. CASOS PRÁCTICOS*
• *Trilogía. CLASES*

Únicamente disponibles en formato digital en *www.marthaalles.com*

ANEXO III

Herramientas de la Metodología Martha Alles International para *Gestión por competencias*

La Metodología de Gestión por competencias y Recursos Humanos de Martha Alles se basa en una serie de desarrollos y herramentales que permiten una implantación sistémica. Se los expone en los siguientes cuadros, organizados tema por tema. Por un lado se mencionan las obras relacionadas, publicadas en su totalidad por Ediciones Granica. Los lectores pueden conocer más acerca de ellas en los respectivos sitios web, tanto de la editorial como los indicados al final de esta obra. Por otro, una serie de productos específicos.

Rogamos que el lector entienda que la información brindada no representa una publicidad de nuestra empresa de consultoría. No se consigna "todo" lo que hace una firma de este tipo, sino sólo aquellos "productos" de utilización práctica, que en todos los casos se diseñan a medida del cliente y en relación con su modelo de competencias. La mayoría de ellos han sido elaborados pensando en el denominado cliente interno (en relación con el área de Recursos Humanos), es decir, personas que trabajen en Ventas, Mercadeo, Producción, Administración, Sistemas, Finanzas, etcétera.

La inclusión de esta información se hace con un propósito informativo, pero también, muy especialmente, tiene el objetivo de enfatizar que los métodos de trabajo planteados en esta y otras obras donde se presenta la Metodología Martha Alles deben ser llevados a su mínimo detalle práctico, ya que serán utilizados por personas no especialistas en el tema que –además– por lo general están muy ocupadas en sus tareas y responsabilidades específicas. Producto de esta preocupación constante es que se ha desarrollado la guía que se expone a continuación.

Tema	El rol del profesional de Recursos Humanos. Los desafíos para el siglo XXI. Cómo agregar valor desde la función de Recursos Humanos o International
Obras relacionadas	*5 pasos para transformar una oficina de personal en un área de Recursos Humanos* *Comportamiento Organizacional. Cómo lograr un cambio cultural a través de Gestión por competencias*
Productos de la firma consultora	Programas ejecutivos: • Cómo agregar valor desde el área de Recursos Humanos[1] • Todo lo que un gerente general debe saber sobre Recursos Humanos[2]

Tema	Indicadores de gestión para el área de Recursos Humanos
Obras relacionadas	*Selección por competencias (Capítulo 10, con indicadores estratégicos para el área de Selección)* *Comportamiento Organizacional. Cómo lograr un cambio cultural a través de Gestión por competencias* *Dirección Estratégica de Recursos Humanos (Capítulo 1)* *Codesarrollo. Una nueva forma de aprendizaje (Capítulo 6)*
Productos de la firma consultora	Programas ejecutivos: • Cómo agregar valor desde el área de Recursos Humanos • Todo lo que un gerente general debe saber sobre Recursos Humanos

---

1   Su lanzamiento fue en el año 2006.
2   Su lanzamiento fue en el año 2006.

Tema	**Revisión de la misión, visión, valores y planes estratégicos. Cultura organizacional**
Obras relacionadas	*Dirección Estratégica de Recursos Humanos. Gestión por competencias* *Dirección Estratégica de Recursos Humanos. Gestión por competencias. Casos* *Comportamiento Organizacional. Cómo lograr un cambio cultural a través de Gestión por competencias*
Productos de la firma consultora	Juegos didácticos Encuesta de satisfacción laboral (también conocida como encuesta de clima) Medición de cultura en base a cuestionarios personalizados Encuestas sobre valores y proyectos personales

Tema	**Modelo de valores** Cuando la organización desea mantener por separado los valores de las competencias
Obras relacionadas	*Comportamiento Organizacional. Cómo lograr un cambio cultural a través de Gestión por competencias* *Diccionario de competencias. La Trilogía. Tomo 1* *Diccionario de comportamientos. La Trilogía. Tomo 2* *Construyendo talento. Programas de desarrollo para el crecimiento de las personas y la continuidad de las organizaciones*
Productos de la firma consultora	Indicadores para la medición de valores Para la evaluación de *valores* se sugiere como técnica el *Assessment Center Method* (ACM) y las *Fichas de evaluación* en sus dos formatos, completas y reducidas. Martha Alles International ha desarrollado, en relación con esta metodología, ambos métodos que se diseñan –en todos los casos– a medida del modelo de cada organización, lo cual no sólo permite una mayor eficacia, sino que asegura que los conceptos mencionados son medidos o evaluados en relación con los objetivos estratégicos de cada modelo. En resumen, con relación a los valores es posible diseñar todos los instrumentos de medición y desarrollo que requieren los distintos subsistemas de Recursos Humanos, como diccionarios de preguntas, su inclusión en la herramienta de selección, *Assessment Center Method* (ACM), codesarrollo, entre otros.

Tema	Armado del modelo de competencias
Obras relacionadas	*Dirección Estratégica de Recursos Humanos. Gestión por competencias* *Dirección Estratégica de Recursos Humanos. Gestión por competencias. CASOS* *Comportamiento Organizacional. Cómo lograr un cambio cultural a través de Gestión por competencias* *Diccionario de competencias. La Trilogía. Tomo 1* *Diccionario de comportamientos. La Trilogía. Tomo 2* *Construyendo talento. Programas de desarrollo para el crecimiento de las personas y la continuidad de las organizaciones*
Productos de la firma consultora	Diccionarios a medida junto con una base de datos de numerosas competencias. Diplomado en Gestión por competencias[3] Diplomados avanzados en Gestión por competencias *Mapa del modelo de competencias.* Permite conocer cómo se interrelacionan las distintas competencias del modelo de cada organización. *Programas de difusión del modelo:* codesarrollo para la difusión del modelo y aplicación de e-learning (en la difusión del modelo). Para la evaluación de *competencias* al inicio de un proceso de implantación de competencias o de *Balanced Scorecard* se sugiere como técnica el *Assessment Center Method* (ACM) y las *Fichas de evaluación* de competencias en sus dos formatos, completas y reducidas. Martha Alles International ha desarrollado, en relación con esta metodología, ambos métodos que se entregan a medida de los modelos de competencias de cada organización.

---

3 *Diplomado.* Actividad de transmisión de conocimientos sobre la Metodología Martha Alles. Implica por parte del participante la aprobación de un examen. El mismo tiene una revalidación gratuita cada dos años. Los programas de Diplomado son realizados directamente por la firma Martha Alles International o en el marco de otras instituciones educativas en las cuales el Diplomado se imparte de manera conjunta. No obstante, en ambos casos, la aprobación del examen y la extensión del respectivo diploma lo hace la empresa mencionada (Martha Alles International) y no se ha conferido a institución alguna la autorización para otorgarlo en nuestro nombre.

Tema	Modelo de conocimientos
Obras relacionadas	*Construyendo talento. Programas de desarrollo para el crecimiento de las personas y la continuidad de las organizaciones*
Productos de la firma consultora	Indicadores para la medición de conocimientos. Se sugiere su diseño para aquellos conocimientos clave de la organización. Para la evaluación de *conocimientos* se sugieren las *Fichas de evaluación* en sus dos formatos, completas y reducidas. Martha Alles International ha desarrollado, en relación con esta metodología, ambos métodos que se entregan a medida de los modelos de cada organización. Para trabajar sobre *conocimientos* se diseñan todos los instrumentos adicionales que requieren los distintos subsistemas de Recursos Humanos, como diccionarios de conocimientos, diccionarios de preguntas, su inclusión en la herramienta de selección, entre otros.

Tema	Análisis y descripción de puestos
Obras relacionadas	*Dirección Estratégica de Recursos Humanos. Gestión por competencias* *Dirección Estratégica de Recursos Humanos. Gestión por competencias. CASOS* *Diccionario de competencias. La Trilogía. Tomo 1*
Productos de la firma consultora	Instructivos específicos Estructura de puestos o cargos Diplomado en Gestión por competencias Diplomados avanzados en Gestión por competencias

Tema	Selección e incorporación de personas
	Assessment Center Method (ACM)
	Entrevistas BEI (Behavioral Event Interview), o Entrevistas por incidentes críticos o eventos conductuales
	Entrevista por competencias
Obras relacionadas	*Selección por competencias*
	Elija al mejor. Cómo entrevistar por competencias
	Diccionario de preguntas. La Trilogía. Tomo 3
	Diccionario de comportamientos. La Trilogía. Tomo 2
Productos de la firma consultora	Juegos didácticos
	Diplomado en Gestión por competencias
	Diplomados avanzados en Gestión por competencias
	Codesarrollo[4] sobre Selección
	Formador de formadores sobre Selección
	Herramientas para selección: *Entrevista estructurada por niveles.* Incluye formularios e instructivos, tanto para los especialistas de Recursos Humanos como para funcionarios de otras áreas de la organización.
	Entrevista BEI (por incidentes críticos); incluye formularios e instructivos.
	Fichas de evaluación de competencias. Consiste en un documento donde el evaluado (cuando realiza su propia evaluación –autoevaluación–), el jefe o ambos, elige/n una serie de comportamientos representativos del cotidiano accionar del individuo sujeto a evaluación. Luego, a través de una fórmula matemática, se determina el grado o nivel de la competencia. Incluye un procesamiento vía Web, lo que permite la aplicación *on line* del método de evaluación.
	Manual de Assessment (Assessment Center Method) en sus versiones estándar[5] y a medida del modelo de competencias de cada organización.

---

4   Codesarrollo: el término implica el desarrollo de una competencia con la ayuda y guía del instructor del taller. Para que el codesarrollo se verifique es necesaria la realización de una serie de pasos, desde "poner en juego la competencia o el conocimiento" hasta inducir al participante a la acción, junto con la preparación de un plan de acción específico que permitirá su desarrollo posterior. Si bien en su primera fase sólo se había diseñado este método para el desarrollo de competencias, a partir del año 2006 se ha preparado un diseño especial de codesarrollo para conocimientos. Es un diseño exclusivo de Martha Alles International, presentado al mercado en diciembre de 2004 e incluido por primera vez en una publicación en la obra *Desarrollo del talento humano. Basado en competencias*, en el año 2005.

5   Su lanzamiento fue en el año 2004.

Tema	**Evaluación de competencias para diferentes momentos de la organización** **Diagnósticos específicos para medir competencias y la adecuación persona-puesto** **Diseño de planes de formación**
Obras relacionadas	*Selección por competencias* *Elija al mejor. Cómo entrevistar por competencias* *Diccionario de preguntas. La Trilogía. Tomo 3* *Diccionario de comportamientos. La Trilogía. Tomo 2*
Productos de la firma consultora	*Fichas de evaluación de competencias*[6]. Consisten en un documento donde el evaluado (cuando realiza su propia evaluación –autoevaluación–), el jefe o ambos, elige/n una serie de comportamientos representativos del cotidiano accionar del individuo sujeto a evaluación. Luego, a través de una fórmula matemática, se determina el grado o nivel de la competencia. Incluye un procesamiento vía Web, lo cual permite la aplicación *on line* del método de evaluación. *Fichas reducidas*. Similares a las anteriores, permiten una evaluación menos sofisticada en menor tiempo. Se recomiendan cuando se debe evaluar a muchas personas y/o mediante un número relevante de evaluadores. Las mismas se ofrecen en diseño Web, lo que permite la aplicación *on line* del método de evaluación o utilizando planillas de cálculo. Estas fichas ya mencionadas son utilizadas como herramienta para la medición de competencias en una Evaluación de 360° (Feedback 360°) y en una Evaluación de 180°. Asimismo, pueden ser utilizadas para la realización de Diagnósticos (Diagnóstico múltiple circular) en talleres de autoevaluación junto con talleres para evaluaciones múltiples y estas pueden ser –a su vez– realizadas por jefes, clientes internos y externos, etcétera. *Manual de Assessment (Assessment Center Method)* en sus versiones estándar y a medida del modelo de competencias de cada organización.

---

6   Su lanzamiento fue en el año 2003, con una serie de adaptaciones y *up grades* posteriores.

Tema	**Evaluación de desempeño vertical**[7]
	Feedback 360° o Evaluación de 360° y Evaluación de 180°
	Diagnóstico múltiple circular
Obras relacionadas	*Desempeño por competencias. Evaluación de 360°*
	Diccionario de comportamientos. La Trilogía. Tomo 2
Productos de la firma consultora	Juegos didácticos
	Diplomado en Gestión por competencias
	Diplomados avanzados en Gestión por competencias
	Codesarrollo sobre Desempeño
	Formador de formadores sobre Desempeño
	Herramienta de evaluación del desempeño vertical. Incluye formularios e instructivos.
	Fichas de evaluación de competencias. Consisten en un documento donde el evaluado (cuando realiza su propia evaluación –autoevaluación–), el jefe o ambos, elige/n una serie de comportamientos representativos del cotidiano accionar del individuo sujeto a evaluación. Luego, a través de una fórmula matemática, se determina el grado o nivel de la competencia. Incluye un procesamiento vía Web, lo que permite la aplicación *on line* del método de evaluación.
	Las *Fichas de evaluación* en su versión *reducida* son utilizadas para evaluaciones verticales, 180°, 360° y diagnósticos circulares. Incluyen un procesamiento vía Web, lo que permite la aplicación *on line* del método de evaluación.

---

7 Evaluación de desempeño vertical es aquella en la que el jefe evalúa a su colaborador, este se autoevalúa y el jefe del jefe avala el proceso en su conjunto. Usualmente combina Objetivos y Competencias. Para una mayor explicación del tema se sugiere la lectura del Capítulo 1 de la obra *Desempeño por competencias. Evaluación de 360°*.

Tema	Compensaciones
Obras relacionadas	*Dirección Estratégica de Recursos Humanos. Gestión por competencias* *Dirección Estratégica de Recursos Humanos. Gestión por competencias. Casos* *5 pasos para transformar una oficina de personal en un área de Recursos Humanos*
Productos de la firma consultora	Los mencionados en Evaluación del desempeño vertical: • Codesarrollo sobre Desempeño • Formador de formadores sobre Desempeño • Herramienta de evaluación del desempeño vertical (incluye formularios e instructivos)

Tema	Desarrollo de personas (incluye desarrollo de competencias)
Obras relacionadas	*Construyendo talento. Programas de desarrollo para el crecimiento de las personas y la continuidad de las organizaciones* *Codesarrollo. Una nueva forma de aprendizaje* *Desarrollo del talento humano. Basado en competencias* *Diccionario de comportamientos. La Trilogía. Tomo 2*
Productos de la firma consultora	***Mapa del modelo de competencias.*** Permite conocer cómo se interrelacionan las distintas competencias del modelo de cada organización. En relación con Desarrollo es fundamental conocer, además, cuáles competencias potencian a otras y cómo esta relación puede ayudar y apoyar el desarrollo de competencias. Codesarrollo sobre Desarrollo Formador de formadores sobre Desarrollo Diplomado en Gestión por competencias Diplomados avanzados en Gestión por competencias *(continúa en la página siguiente)*

Tema	Desarrollo de personas (incluye desarrollo de competencias)
Productos de la firma consultora	***Manual de Desarrollo con las Guías de Desarrollo***[8] dentro y fuera del trabajo, codesarrollo y otras modalidades para incrementar las capacidades de los programas específicos para jefes, como *Rol del jefe* y *Jefe entrenador*. Estos conceptos se identifican con los siguientes productos: ***Guías de desarrollo de competencias,*** bajo el nombre de *Manual de Desarrollo*. Consiste en una serie de actividades que permiten el desarrollo de competencias de las personas en función de los gustos y preferencias de cada uno. Las guías se acompañan con una breve descripción teórica e instructivos para su utilización, tanto para el usuario como para el área de Recursos Humanos. Las guías de desarrollo se han diseñado en dos variantes: • *Dentro del trabajo.* Acciones sugeridas para el desarrollo de competencias a realizar en el ámbito laboral. • *Fuera del trabajo.* Como su nombre lo indica, sugerencias para el desarrollo de competencias que no tienen relación alguna con el ámbito laboral. Ambas guías, dentro y fuera del trabajo, se confeccionan por niveles: Básico, Intermedio e Intensivo. A su vez, en las guías fuera del trabajo se diferencian dos caminos posibles: *Reflexionar para cambiar* y *Entrando en acción*. ***Codesarrollo:*** actividades de formación especialmente diseñadas para el desarrollo de competencias de las personas bajo el concepto de *Formador de formadores* (para cada una de las competencias del modelo de competencias y a medida de cada organización). Formador de formadores sobre las distintas temáticas. Codesarrollo para todos los niveles de dirección y jefaturas con el propósito de desarrollar tanto la capacidad de ser un buen jefe como la competencia *Entrenador*. Programas denominados *Rol del jefe* y *Jefe entrenador*. Formador de formadores sobre todas las temáticas mencionadas. *(continúa en la página siguiente)*

[8] Las guías de desarrollo se sustentan en una cuantiosa base de datos que incluye un sinnúmero de actividades que pueden ser utilizadas para el desarrollo de competencias. Martha Alles International realizó una investigación previa de más de dos años antes de lanzar este producto al mercado, en el año 2004.
Estas guías se denominan *Guías de acción* cuando los valores se manejan por separado del modelo de competencias (modelo de valores).

Tema	Desarrollo de personas (incluye desarrollo de competencias)
Productos de la firma consultora	***Mapa y ruta de talentos.*** Manuales prácticos que permiten implementar los distintos programas organizacionales para el desarrollo de personas dentro de la organización. Incluye productos para *medir y evaluar las capacidades de las personas* utilizando, por ejemplo, *Fichas de evaluación* para medir conocimientos, valores y competencias, hasta *Cómo elegir entre varias opciones.* En ambos casos, estos productos cuentan con un soporte en Excel. Esto implica que el usuario sólo debe ingresar los datos, y las fórmulas matemáticas incluidas en el software de apoyo darán el resultado esperado. Los programas para el desarrollo de personas dentro de la organización son: • Planes de sucesión • Diagramas de reemplazo • Carrera gerencial y especialista • Planes de carrera • Plan de jóvenes profesionales • Personas clave • Mentoring • Entrenamiento experto • Jefe entrenador Cuando es aconsejable, estos programas se soportan en un diseño en

Tema	**Programas específicos en relación con el gerenciamiento de personas** **Liderazgo y Empowerment**
Obras relacionadas	*Rol del jefe. Cómo ser un buen jefe* *Cómo ser un buen jefe en 12 pasos* *Cómo delegar efectivamente en 12 pasos* *Cómo transformarse en un jefe entrenador en 12 pasos* *Agenda Ejecutiva 2008* *Agenda Ejecutiva 2009* *Desarrollo del talento humano. Basado en competencias* *Diccionario de comportamientos. La Trilogía. Tomo 2* *Comportamiento Organizacional. Cómo lograr un cambio cultural a través de Gestión por competencias*
Productos de la firma consultora	Programas *Rol del jefe* y *Jefe entrenador:* bajo un esquema similar al denominado *Formador de formadores.* *Codesarrollo.* Se han diseñando una serie de variantes para el desarrollo, en las personas que tienen otras a su cargo o bajo su supervisión, desde las diferentes funciones inherentes a un jefe, hasta la capacidad de ser un *entrenador* de sus colaboradores. Se sugiere una implantación "en cascada" para las actividades mencionadas, es decir, desde la máxima conducción de la organización. Se ha implementado con mucho éxito cuando los mismos jefes imparten las actividades prediseñadas bajo la modalidad de *Formador de formadores.* Codesarrollo para las competencias relacionadas: • Liderazgo: enfoque siglo XXI • Liderar con el ejemplo • Líder emprendedor • Liderazgo para el cambio • Entrepreneurial • Empowerment y Delegación • Sinergia organizacional • Dirección de equipos de trabajo • Trabajo en equipo • Colaboración Entre otros, y siempre diseñados a medida de la organización. *Formador de formadores* sobre todas las temáticas mencionadas.

Bibliografía

Alles, Martha Alicia. *5 pasos para transformar una oficina de personal en un área de Recursos Humanos*. Ediciones Granica, Buenos Aires, 2008.

———. *Codesarrollo. Una nueva forma de aprendizaje*. Ediciones Granica, Buenos Aires, 2009.

———. *Cómo delegar efectivamente en 12 pasos*. Ediciones Granica, Buenos Aires, 2010.

———. *12 pasos para ser un buen jefe*. Ediciones Granica, Buenos Aires, 2008.

———. *Cómo transformarse en un jefe entrenador en 12 pasos*. Ediciones Granica, Buenos Aires, 2010.

———. *Comportamiento organizacional. Cómo lograr un cambio cultural a través de Gestión por competencias*. Ediciones Granica, Buenos Aires, 2008.

———. *Conciliar vida profesional y personal. Dos miradas: organizacional e individual*. Ediciones Granica, Buenos Aires, 2010.

———. *Construyendo talento*. Ediciones Granica, Buenos Aires, 2009.

———. *Desarrollo del talento humano. Basado en competencias*. Ediciones Granica, Buenos Aires. Nueva edición: 2008.

———. *Desempeño por competencias. Evaluación de 360°*. Ediciones Granica. Buenos Aires. Obra original: 2002. Nueva edición revisada: 2009.

———. *Diccionario de comportamientos. Gestión por competencias*. Ediciones Granica, Buenos Aires. Obra original: 2004.

———. *Diccionario de comportamientos. La Trilogía. Tomo 2*. Ediciones Granica, Buenos Aires, 2015.

———. *Diccionario de preguntas. Gestión por competencias*. Ediciones Granica, Buenos Aires. Obra original: 2009.

———. *Diccionario de preguntas. La Trilogía. Tomo 3*. Ediciones Granica, Buenos Aires, 2015.

———. *Diccionario de términos de Recursos Humanos*. Ediciones Granica, Buenos Aires, 2011.

———. *Dirección estratégica de Recursos Humanos. Gestión por competencias*. Ediciones Granica, Buenos Aires, 2015.

———. *Dirección estratégica de Recursos Humanos. Gestión por competencias. CASOS*. Ediciones Granica, Buenos Aires, 2015 (en preparación).

———. *12 pasos para conciliar vida profesional y personal. Desde la mirada individual*. Ediciones Granica, Buenos Aires, 2013.

————. *Elija al mejor. Cómo entrevistar por competencias.* Ediciones Granica, Buenos Aires. Obra original: 1999. Última versión revisada y ampliada: 2003.

————. *Incidencia de las competencias en la empleabilidad de profesionales.* Universidad de Buenos Aires, junio de 2007.

————. *La marca Recursos Humanos.* Ediciones Granica, Buenos Aires, 2014.

————. *Las 50 herramientas de Recursos Humanos que todo profesional debe conocer.* Ediciones Granica, Buenos Aires, 2011.

————. *Rol del jefe.* Cómo ser un buen jefe. Ediciones Granica, Buenos Aires, 2008.

————. *Selección por competencias. 20 pasos para un proceso exitoso.* Ediciones Granica, Buenos Aires, 2006.

————. *Social media y Recursos Humanos.* Ediciones Granica, Buenos Aires, 2012.

Bacal, Robert. *Performance Management.* McGraw-Hill, New York, 1999.

Becker, Brian E.; Huselid, Mark A.; Ulrich, Dave. *El cuadro de mando de Recursos Humanos.* Gestión 2000, Barcelona, 2002.

Bell, Chip R. *Managers as mentors.* Berrett-Koehler Publishers, San Francisco, 1998.

Boccalari, R.; Caroni, L.; Oggioni, E.; Piccolo, A.; Rullani, E.; Vergeat, M. *Competenze. Leva di eccellenza delle persone e delle organizzazioni.* Franco Angeli, Milano, 2004.

Bonani, Gian Paolo. *La sfida del capitale intellettuale. Principi e strumenti di Knowledge Management per organizzazioni intelligenti.* Franco Angeli, Milano, 2002.

Boulding, Kenneth E. *Las tres caras del poder.* Paidós, Barcelona, 1993.

Brooking, Annie. *El capital intelectual.* Paidós, Buenos Aires, 1997.

Carretta, Antonio; Dalziel, Murray M.; Mitrani, Alain. *Dalle Risorse Umane alle Competenze.* Franco Angeli Azienda Moderna, Milano, 1992.

Colardyn, Danielle. *La gestion des compétences. Perspectives internationales.* Presses Universitaires de France, Paris, 1996.

Cole, Gerald. *Personnel Management.* Letts Educational Aldine Place, London, 1997.

————. *Organisational Behaviour.* DP Publications, London, 1995.

Corominas, Joan. *Breve diccionario etimológico de la lengua castellana.* Gredos, Madrid, 1998.

Dessler, Gary. *Administración de Personal.* Prentice-Hall Hispanoamericana, México, 1994.

Diccionario de la Lengua Española. Real Academia Española (www.rae.es).

Diccionario Latino-Español Sopena. Editorial Ramón Sopena, Barcelona, 1999.

Diccionario Moderno Océano. Langenscheidt, Barcelona, 1999.

Drucker, Peter F. *Las nuevas realidades.* Editorial Sudamericana, Buenos Aires, 1995.

Edvinsson, Leif; Malone, Michael. *El capital intelectual.* Norma, Bogotá, 1998.

Fernández Loureiro de Pérez, Emma. *Estadística no paramétrica. A modo de introducción.* Ediciones Cooperativas, Buenos Aires, 2000.

Ferrater Mora, José. *Diccionario de Filosofía.* Ariel Filosofía, Barcelona, 1999.

Fulmer, Robert M.; Conger, Jay A. *Growing your company's leaders.* Amacom, New York, 2004.

Gil Aluja, Jaime. *La gestión interactiva de los Recursos Humanos en la incertidumbre.* Editorial Centro de Estudios Ramón Aredes, Madrid, 1996.

Gómez-Mejía, Luis R.; Balkin, David B.; Cardy, Robert L. *Gestión de Recursos Humanos.* Prentice-Hall, Madrid, 1998.

Harrison, Michael I.; Shiron, Arie. *Organizational diagnosis and assessment.* Sage Publications, Thousand Oaks (California), 1999.

Hax, Arnoldo; Majluf, Nicolás. *Estrategias para el liderazgo competitivo. De la visión a los resultados.* Ediciones Granica, Buenos Aires, 1997.

Heene Aim; Sanchez, Ron (editores). *Competence Based. Strategic Management.* John Wiley & Sons, London, 1997.

Jaques, Elliott. *La organización requerida.* Ediciones Granica, Buenos Aires, 2000.

Jolis, Nadine. *Compétences et Compétitivité.* Les éditions d'organisation, Paris, 1998.

Kelly, Charles M. *The interrelationship of ethics and power in today's organizations.* Organizational Dynamics, 1987, 16, Summer, 5:18.

Kets de Vries, Manfred F. R.; Florent-Treacy, Elizabeth. *Los nuevos líderes globales.* Grupo Editorial Norma, Colombia, 1999.

Kolb, David A. *Experience as the source of learning and development.* Prentice-Hall, New Jersey, 1984.

Lazzari, Luisa L.; Machado, Emilio A. M.; Pérez, Rodolfo H. *Teoría de la Decisión Fuzzy.* Ediciones Macchi, Buenos Aires, 1998.

Levy-Leboyer, Claude. *Gestión de las competencias.* Gestión 2000, Barcelona, 1997.

Lucia, Antoinette; Lepsinger, Richard. *The art and science of Competency models.* Jossey-Bass / Pfeiffer, San Francisco, 1999.

Majchrzak, Ann; Wang, Qianwei. "Romper la mentalidad funcional en las organizaciones orientadas a los procesos". En: Dave Ulrich (comp.), *Evaluación de resultados,* Ediciones Granica, Barcelona, 2000.

Malone, Thomas W. *The Future of Work.* Harvard Business School Press, Boston, 2004.

Maslow, Abraham H. *El management según Maslow.* Paidós Empresa, Barcelona, 2005.

Mathis, Robert L.; Jackson John H. *Human Resource Management.* South-Western College Publishing, a division of Thompson Learning; Cincinatti, Ohio; 2000.

McClelland, David C. *Human Motivation.* Cambridge University Press, Cambridge, England, 1999. (Obra original de 1987.)

————. *Intelligence is not the best predictor of job performance.* Current Directions in Psychological Science, 1993, 2(1), 5:6.

————, David C.; Boyatzis, Richard E. *Opportunities for counselors from the Competency Assessment Movement.* The Personnel and Guidance Journal, 1980, Jan, 368:72.

————, David C.; Burnham, David H. *Power is the great motivator.* Harvard Business Review, 1976, March-April, 100-110 (Reimp. 1995, Jan-Feb, 126:39).

————, David C.; Franz, Carol E. *Motivational and other sources of work accomplishments in mid-life: a longitudinal study.* Journal of Personality, 1992, 60(4), 679:707.

————, David C.; Teague, Gregory. *Predicting risk preferences among power-related tasks.* Journal of Personality, 1975, 43, 266:85.

————, David C.; Watson, Robert Jr. *Power motivation and risk-taking behavior.* Journal of Personality, 1973, 41(1) 121:39.

————, David C. *How motives, skills, and values determine what people do?* American Psychologist, 1985, 40(7), 812:25.

————, David C. *Identifying competencies with Behavioral-event interviews.* Psychological Science, 1998, 9(5), 331:9.

————, David C. *Motivational factors in health and disease.* American Psychologist, 1989, 44(4), 675:83.

————, David C. *The knowledge - testing - educational complex strikes back.* American Psychologist, 1994, 49(1), 66:9.

————, David C.; Koestner, Richard; Weinberger, Joel. *How do self-attributed and implicit motives differ?* Psychological Review, 1989, 96(4), 690:702.

McLagan, Patricia. *Competencies.* Training & Development, 1997, May, 40:7.

Michaels, Ed; Handfield-Jones, Helen; Axelrod, Beth. *The war for talent.* Harvard Business School Press. Boston, 2001.

Milkovich, George T.; Boudreau, John W. *Dirección y Administración de Recursos Humanos.* Addison-Wesley Iberoamericana, México, 1994.

Mintzberg, Henry; Ahlstrand, Bruce; Joseph, Lampel. *Safari a la estrategia.* Ediciones Granica, Barcelona, 1999.

Montironi, Marina. *Capitale Umano e Imprese di Servizi.* Il Sole 24 Ore Media e Impresa, Milano, 1997.

New Oxford Advanced Learner's Dictionary. University Press, New York, 2000.

Okumbe, Joshua Abong'o. *Human Resources Management an Educational Perspective.* Educational Development and Research Bureau. Nairobi, Kenya; 2001.

Ordóñez Ordóñez, Miguel. *La nueva gestión de los recursos humanos.* Gestión 2000, Barcelona, 1995.

Orpen, Christopher. *Patterned behavior description interviews versus unstructured interviews: A comparative validity study.* Journal of Applied Psychology, 70(4), 774:6.

Orr, John M.; Sackett, Paul R.; Mercer, Michael. *The role of prescribed and nonprescribed behaviors in estimating the dollar value of performance.* Journal of Applied Psychology, 1989, 74(1), 34:40.

Pascale, Richard Tanner; Millermann, Mark; Gioja, Linda. "Cambiar la forma en que cambiamos". En: Dave Ulrich (comp.), *Evaluación de resultados,* Ediciones Granica, Barcelona, 2000.

Peretti, Jean-Marie. *Gestion des ressources humaines.* Librairie Vuibert, Paris, 1998.

Realin, Joseph A. *From generic to organic competencies.* Human Resource Planning, 1996, Spring, 24:33.

Renckly, Richard G. *Human Resources,* Barron's Educational Series, Nueva York, Estados Unidos, 1997.

Rothwell, William J. *Effective Succession Planning.* Amacom, New York, 2005.

———; Jackson, Robert D.; Knight, Shaun C.; Lindholm, John E. *Career Planning and Succession Management.* Praeger Publishers, Westport, 2005.

Schein, Edgar H. *Psicología de la Organización.* Prentice-Hall Hispanoamericana, México, 1982.

———. *Organizational Culture and Leadership.* Jossey-Bass Publishers, San Francisco, 1992.

Seco Reymundo, Manuel; Andrés Puente, Olimpia; Ramos González, Gabino. *Diccionario del Español Actual.* Aguilar - Grupo Santillana de Ediciones, Madrid, 1999.

———. *Diccionario de dudas de la Real Academia Española.* Espasa Plus, Editorial Espasa, Madrid, 1998.

Sherman, Arthur; Bohlander, George; Snell, Scott. *Administración de Recursos Humanos.* Thomson Internacional, México, 1999.

Spangler, William D. *Validity of questionnaire and TAT Measures of need for achievement: two Meta-Analyses.* Psychological Bulletin, 1992, 112(1), 140:54.

Sparrow, John. *Knowledge in organizations.* Sage Publications, London, 1998.

Spencer, Lyle M.; Spencer, Signe M. *Competence at work, models for superior performance.* John Wiley & Sons, Inc., New York, 1993.

Stemmer, Paul; Brown, Bill; Smith, Catherine. *The employability skills portfolio.* Educational Leadership, 1992, March, 32:5.

Stewart, Thomas A. *La nueva riqueza de las organizaciones: el capital intelectual.* Ediciones Granica, Buenos Aires, 1998.

Teal, Tomas. *The human side of management.* Harvard Business Review, 1996, Nov-Dec, 35:44.

Tissen, René; Andriessen, Daniel; Lekanne Deprez, Frank. *El valor del conocimiento. Para aumentar el rendimiento en las empresas.* Prentice-Hall, Madrid, 2000.

Ulrich, Dave. *Recursos Humanos Champions.* Ediciones Granica, Buenos Aires, 1997.

———. *Evaluación de resultados.* Ediciones Granica, Barcelona, 2000.

———; Becker, Brian E.; Huselid, Mark A. *The HR Scorecard. Linking People, Strategy, and Performance.* Harvard Business School Press, USA, 2001.

———; Brockbank, Wayne. *The HR Value Proposition.* Harvard Business School Press, Boston, 2005.

Verna, Michele Angelo. *Fare la differenza con le risorse umane.* Franco Angeli, Milano, 2006.

Werner, Jon M.; DeSimone, Randy L. *Human Resource Development.* Thomson Higher Education, Mason, Ohio, 2006.

Winter, David. *The contributions of David McClelland to personality assessment.* Journal of Personality Assessment, 1998, 71(2), 129:45.

Anexo a la bibliografía

Instituciones que han estudiado la temática

El tema de competencias es abordado desde diferentes perspectivas; una de ellas, la de mayor desarrollo, es la impulsada desde la OIT para el desarrollo de habilidades y oficios. Numerosos organismos nacionales e internacionales, ONGs, estudian y trabajan sobre las competencias laborales; sólo por citar algunos:

– Organización Internacional del Trabajo. Cinterfor, Centro Interamericano de Investigación y Documentación sobre Formación profesional.

– Conocer, miembro de Cinterfor (México).

– SENA, Servicio Nacional de Aprendizaje (Colombia).

– INEM. Instituto de Empleo. Servicio Público de Empleo Estatal. Ministerio de Trabajo y Asuntos Sociales (España).

– Consejo Federal de Cultura y Educación (Argentina).

– National Qualifications Authority of Ireland (Reino Unido).

– Australian Qualification Framework (Australia).

– Compétences Québec (Canadá).

– OECD (Organisation for Economic Co-operation and Development; OCDE por su nombre en español). Países miembros de OECD: Alemania, Australia, Austria, Bélgica, Canadá, Corea, Dinamarca, España, Estados Unidos, Finlandia, Francia, Grecia, Hungría, Irlanda, Islandia, Italia, Japón, Luxemburgo, México, Noruega, Nueva Zelanda, Países Bajos, Polonia, Portugal, República Checa, República de Eslovaquia, Rumania, Suecia, Suiza y Turquía.

– General National Vocational Qualifications (Reino Unido).

– National Council for Vocational Qualifications (NCVQ). Inglaterra, Gales e Irlanda del Norte.

– Consejo Australiano de Sindicatos (ACTU).

– Organización de Estados Iberoamericanos para la Educación, la Ciencia y la Cultura.

Unas palabras sobre la autora

Martha Alicia Alles es Doctora por la Universidad de Buenos Aires, área Administración. Su tesis doctoral se presentó bajo el título *La incidencia de las competencias en la empleabilidad de profesionales*. Su primer título de grado es Contadora Pública Nacional (UBA). Posee una amplia experiencia como docente universitaria, en diversos posgrados tanto de la Argentina como del exterior.

Con más de cuarenta títulos publicados hasta el presente, es la autora argentina que ha escrito la mayor cantidad de obras sobre su especialidad. Cuenta con colecciones de libros de texto sobre Recursos Humanos, Liderazgo y Management personal, que se comercializan en toda Hispanoamérica.

De su colección sobre **Recursos Humanos** ha publicado:
- Temas generales de Recursos Humanos y Comportamiento Organizacional:
  - *Dirección Estratégica de Recursos Humanos. Gestión por competencias* (nueva edición revisada, 2015).
  - *Dirección Estratégica de Recursos Humanos. Gestión por competencias. Casos* (nueva edición revisada, 2015). (En preparación.)
  - *5 pasos para transformar una oficina de personal en un área de Recursos Humanos* (2005).
  - *Comportamiento organizacional* (2007).
- Específicos sobre modelos de competencias:
  - *Gestión por competencias. El diccionario* (2002, y 2ª edición revisada, 2005).
  - *Diccionario de comportamientos. Gestión por competencias* (2004).
  - *Diccionario de preguntas. Gestión por competencias* (2005).
- Nuevas obras preparadas sobre la base de un enfoque diferente de la metodología de Gestión por competencias:
  - *Diccionario de competencias. La trilogía. Tomo 1* (2015).
  - *Diccionario de comportamientos. La trilogía. Tomo 2* (2015).
  - *Diccionario de preguntas. La trilogía. Tomo 3* (2015).
- Sobre selección:
  - *Empleo: el proceso de selección* (1998, y nueva edición revisada, 2001).
  - *Empleo: discriminación, teletrabajo y otras temáticas* (1999).
  - *Elija al mejor. Cómo entrevistar por competencias* (1999, y nueva edición revisada y ampliada, 2005).
  - *Selección por competencias* (2006).
- Sobre desempeño:
  - *Desempeño por competencias. Evaluación de 360°* (2004, y nueva edición revisada y ampliada, 2008).
- Sobre desarrollo de personas:
  - *Desarrollo del talento humano. Basado en competencias* (2005, y nueva edición revisada y ampliada, 2008).
  - *Codesarrollo. Una nueva forma de aprendizaje* (2009).
  - *Construyendo talento* (2009).
- Sobre Recursos Humanos, liderazgo y management:
  - *Diccionario de términos de Recursos Humanos* (2011).
  - *Las 50 herramientas de Recursos Humanos que todo profesional debe conocer* (2012).
  - *Social media y Recursos Humanos* (2012).
  - *La Marca Recursos Humanos* (2014).

De los siguientes títulos están disponibles solo en Internet (**www.marthaalles.com**, sección sala de profesores), materiales exclusivos para profesores, una edición de *Casos* y otra edición de *Clases: Comportamiento organizacional, Codesarrollo, Construyendo talento, Dirección estratégica de Recursos Humanos* (nueva edición 2015), *Desempeño por competencias, Desarrollo del talento humano. Selección por competencias, La trilogía (Diccionario de competencias. La trilogía. Tomo 1; Diccionario de comportamientos. La trilogía. Tomo 2 y Diccionario de preguntas. La Trilogía. Tomo 3), 200 modelos de currículum* y *Mitos y verdades en la búsqueda laboral.*

- De la serie **Liderazgo** podemos mencionar:
  - *Rol del jefe* (2008).
  - *12 pasos para ser un buen jefe* (2008).
  - *Conciliar vida profesional y personal* (2010).
  - *Cómo transformarse en jefe entrenador en 12 pasos* (2010).
  - *Cómo delegar efectivamente en 12 pasos* (2010).
  - *12 pasos para conciliar vida profesional y personal* (2013).
- Su colección de libros destinados al **Management Personal** está compuesta por:
  - *Las puertas del trabajo* (1995).
  - *Mitos y verdades en la búsqueda laboral* (1997, y nueva edición revisada y ampliada, 2008).
  - *200 modelos de currículum* (1997, y nueva edición revisada y ampliada, 2008).
  - *Su primer currículum* (1997).
  - *Cómo manejar su carrera* (1998).
  - *La entrevista laboral* (1999).
  - *Mujeres, trabajo y autoempleo* (2000).
- En la colección de **Bolsillo** se publicaron:
  - *La entrevista exitosa* (2005 y 2009).
  - *La mujer y el trabajo* (2005).
  - *Mi carrera* (2005 y 2009).
  - *Autoempleo* (2005).
  - *Mi búsqueda laboral* (2009).
  - *Mi currículum* (2009).
  - *Cómo llevarme bien con mi jefe y con mis compañeros de trabajo* (2009).
  - *Cómo buscar trabajo a través de Internet* (2009).

Martha Alles es habitual colaboradora en revistas y periódicos de negocios, programas radiales y televisivos de la Argentina y de otros países hispanoparlantes, y conferencista invitada por diferentes organizaciones empresariales y educativas, tanto locales como internacionales. En los últimos dos años ha dictado conferencias y seminarios en Bolivia, Colombia, Costa Rica, Chile, Ecuador, El Salvador, Estados Unidos, Guatemala, México, Nicaragua, Panamá, Paraguay, Perú, República Dominicana, Uruguay, Venezuela, entre otros, además de numerosos seminarios en su país, Argentina.

Es consultora internacional en Gestión por competencias y presidenta de Martha Alles International, firma regional que opera en toda Latinoamérica y USA, lo que le permite unir sus amplios conocimientos técnicos con su práctica profesional diaria. Cuenta con una experiencia profesional de más de veinticinco años en su especialidad.

Es casada, tiene tres hijos, dos nietas y un nieto.

Martha Alles SA
Talcahuano 833 (Talcahuano Plaza), piso 2
Buenos Aires, Argentina
Teléfono: (54-11) 4815 4852
@marthaalles

Libros de Martha Alles de la serie Recursos Humanos, publicados por Ediciones Granica

Guía de lecturas: secuencia sugerida

- Comportamiento organizacional

- 5 pasos para transformar una oficina de personal en un área de Recursos Humanos

- Dirección estratégica de Recursos Humanos. Gestión por competencias.
- Dirección estratégica de Recursos Humanos. Gestión por competencias. CASOS

Trilogía:
- Diccionario de competencias. Tomo 1
- Diccionario de comportamientos. Tomo 2
- Diccionario de preguntas. Tomo 3

Libros complementarios de la **Serie Management Personal**

- Mitos y verdades en la búsqueda laboral
- 200 modelos de currículum

- Selección por competencias
- Elija al mejor. Cómo entrevistar por competencias

- Desempeño por competencias. Evaluación 360º

- Desarrollo del talento humano. Basado en competencias

- Construyendo talento
- Codesarrollo: una nueva forma de aprendizaje

Libros de Martha Alles publicados por Ediciones Granica relacionados con ambas series:

Recursos Humanos y Liderazgo

- Diccionario de términos de Recursos Humanos
- Las 50 herramientas de Recursos Humanos que todo profesional debe conocer
- Social media y Recursos Humanos
- La Marca Recursos Humanos

Libros de Martha Alles de la serie Liderazgo publicados por Ediciones Granica

Guía de lecturas: secuencia sugerida

- Rol del jefe. Cómo ser un buen jefe

- 12 pasos para ser un buen jefe

- Cómo llevarme bien con mi jefe y con mis compañeros de trabajo. (Serie Bolsillo)

- Conciliar vida profesional y personal

- Cómo transformarse en un jefe entrenador en 12 pasos

- Cómo delegar efectivamente en 12 pasos

- 12 pasos para conciliar vida profesional y personal

Este libro se terminó de imprimir en el mes de noviembre de 2015
en los Talleres Gráficos Color Efe, Paso 192, Avellaneda,
Buenos Aires, Argentina

www.ingramcontent.com/pod-product-compliance
Lightning Source LLC
Chambersburg PA
CBHW051204200326
41519CB00025B/7003